동남아 투자의 명암

동남아 투자의 명암

동남아 주요국의 외국인 투자제도와 한국의 대동남아 투자 효과 분석

강문성·이홍식·송백훈·김한성·윤혜령·김남효·변상필

KU PRESS
고려대학교
출판문화원

책머리에

동남아시아에 대한 한국인의 관심이 높아지고 있습니다. 동남아 국가와의 경제협력이 가속되면서 현지에서의 비즈니스 기회를 살펴보거나, 아름다운 자연환경과 다양한 먹거리로 관광 차원에서도 동남아시아를 방문하는 한국인들이 늘어나는 추세입니다.

특히 미국과 중국이 기술 패권, 무역분쟁 등으로 경쟁이 격화하는 과정에서 한국은 공급망 및 해외 수출시장 다변화 측면에서 동남아 경제권과의 협력이 더욱 강조되고 있습니다. 이에 이 책은 한국의 동남아시아 투자가 한국경제에 어떤 영향을 주고 있는지를 분석하였습니다. 특히, 한국의 동남아시아 투자가 한국의 고용상황, 수출, 국내 투자 등에 어떠한 영향을 미치고 있는지 계량적으로 분석할 필요가 있습니다. 또한 한국의 투자가 집중되고 있는 베트남, 인도네시아, 미얀마, 말레이시아, 캄보디아, 필리핀 등 6개국의 외국인 투자 관련 제도와 정책 역시 분석되었습니다.

이 책은 고려대학교 국제대학원 강문성 교수의 주도적 역할 아래 고려대학교 경제학과 이홍식 교수, 동국대 송백훈 교수, 아주대 김한성 교수가 참여하였고, 집필 당시 국제대학원 재학생이었던 윤혜령 박사, 김남효 석사, 변상필 석사 역시 연구에 참여하고 직접 집필하였습니다. 저자 일동은 이 책이 발간될 수 있도록 지원해 주신 대외경제정책연구원에 감사드리며, 출판 관련 행정과 편집 등을 도와주신 고려대학교출판문화원 김상용 전 원장님과 편집실에 감사드립니다.

2022년 12월

저자 일동

차례

제1장 서론

동남아시아는 세계지도에서 인도차이나 반도와 그 동남쪽의 말레이 제도로 구성되어 있다. 이 지역은 풍부한 천연자원을 보유하고 있고 상대적으로 풍부한 노동 인력과 젊은 인구구조를 지니고 있다. 이처럼 우수한 경제적 잠재력을 바탕으로 경제성장 역시 가시적인 결과를 보여주기 시작하였다. 지정학적으로도 동남아시아 지역은 한국, 일본, 중국 등 동북아시아 지역의 에너지 수요를 중동 지역의 에너지 공급망과 연결하는 전략적 요충지이다.

개별 동남아 국가의 사회적, 문화적, 종교적 배경은 매우 상이하고, 이에 따라 정치, 사회, 경제개발의 단계 역시 다른 모습을 보여주었다. 〈그림 1-1〉에 나

그림 1-1. 동남아시아 국가의 식민지

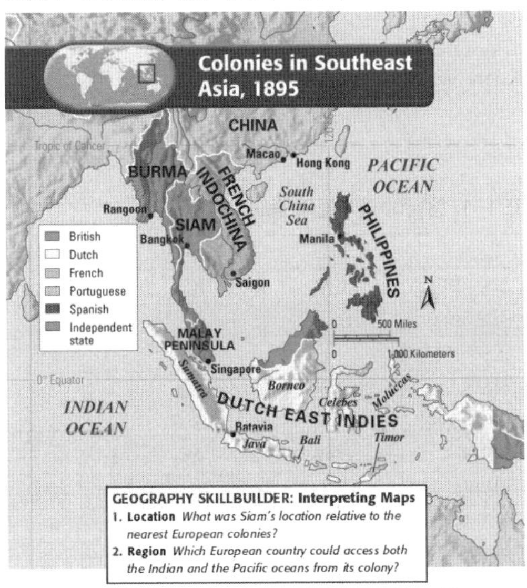

* 자료: Colonies in Southeast Asia, 1895(http://images.classwell.com/)

타난 바와 같이 역사적으로 태국을 제외한 동남아 국가들은 19-20세기 영국(말레이시아, 미얀마, 브루나이), 프랑스(베트남, 캄보디아, 라오스), 네덜란드(인도네시아), 스페인/미국(필리핀), 포르투갈(동티모르) 등의 식민지를 겪으면 다른 정치, 사회, 문화를 보유하게 되었다.

정치체제의 측면에서 필리핀, 인도네시아, 태국(2014년 이후)에서는 민주주의가 발달하였고, 말레이시아, 싱가포르, 캄보디아, 미얀마에서는 과도기적 민주주의 제도를 운용하고 있지만, 브루나이, 라오스, 베트남에서는 권위주의적 정치제도를 가지고 있다[Cheibub, Gandhi, and Vreeland (2010)]. 〈표 1-1〉에 나타난 바와 같이 종교적으로도 불교(캄보디아, 라오스, 미얀마, 태국, 베트남), 이슬람(브루나이, 인도네시아, 말레이시아), 기독교(필리핀) 등이 동남아 국가에 혼재하고 있다.

하지만, 이처럼 다른 정치, 사회, 문화, 경제발전 단계의 배경을 지닌 동남아시아 지역은 동북아 지역에 비해 오랜 경제통합의 역사를 지니고 있다. 동남아시아의 인도네시아, 말레이시아, 싱가포르, 필리핀, 태국 등 5개 국가는 1967년 '동남아시아 국가연합(Association of South East Asian Nations, ASEAN, 이하 아세안)'을 형성하였고, 그 이후 브루나이(1984

표 1-1. 동남아 국가들의 종교

	불교	기독교	힌두교	이슬람교	토착/기타
브루나이	13%	10%	-	67%	10%
캄보디아	95%	-	-	-	5%
인도네시아	1%	8%	2%	88%	1%
라오스	60%	2%	-	-	38%
말레이시아	22%	9%	5%	58%	6%
미얀마	89%	4%	-	4%	3%
필리핀	3%	92%	-	5%	-
싱가포르	28%	19%	9%	4%	40%
태국	94%	1%	-	4%	1%
베트남	54%	8%	-	1%	37%

* 자료: Southeast Asia(https://wc1-southeastasia.weebly.com/)

년), 베트남(1995년), 라오스, 미얀마(이상 1997년), 캄보디아(1999년) 등이 추가 가입하여 현재 10개 회원국을 보유하고 있다. 제2장에서 논의되는 바와 같이 국제정치적 요인에 의해 설립된 초기의 아세안이 경제통합체로서 다시 태어나 성장하고 있다.

적도를 중심으로 주로 북반부에 위치한 아세안 10개 회원국은 총 449만㎢에 달하는 방대한 영토에 걸쳐 있다. 인도네시아의 영토가 약 191만㎢로 전체 아세안 영토의 42.7%를 차지하고 있으며, 뒤를 이어 미얀마(67.7만㎢, 15.1%), 태국(51.3만㎢, 11.4%) 등의 순으로 넓은 영토를 보유하고 있으며, 반면에 싱가포르와 브루나이의 영토가 아세안 영토에서 차지하는 비중은 미미하다.

이러한 동남아시아는 한국인에게 매력적인 관광지 외에도 투자지역으로 대두되고 있다. 동남아시아의 값싼 노동력과 풍부한 천연자원을 활용하려는 한국 기업은 동남아시아 경제가 발전할수록 시장적인 측면에서도 잠재력이 풍부해 적극적으로 투자하고 있기 때문이다. 특히 중국의 인건비 상승에 따른 대체 투자지역으로 동남아시아가 관심을 받기 시작하면서 수많은 한국 기업이 동남아시아에 진출하고 있다.

그러나 앞서 지적한 바와 같이 동남아시아 국가들은 경제적 발전 수준이 상이하고 사회, 종교, 문화적 배경 역시 다양하여, 많은 한국 기업이 동남아시아로의 투자를 고려할 때 동일한 기준으로 해당 국가를 평가하고 동일한 전략으로 해당 국가에 진출하였다가 실패를 경험한다. 예를 들어 싱가포르처럼 선진적인 경제시스템을 구축하고 4차 산업혁명을 적극적으로 활용할 준비가 되어 있는 국가가 있는 반면 캄보디아, 라오스, 미얀마와 같이 유엔으로부터 최빈개도국(LDCs: Least-Developed Countries)으로 지정되어 국제기구와 선진국의 도움이 필요한 국가 역시 동시에 존재한다. 앞서 지적한 바와 같이 문화적으로도 태국, 미얀마, 라오스 등과 같이 불교문화권인 국가, 베트남과 같은 유교문화권인 국가, 인도네시아, 말레이시아, 브루나이 등과 같은 이슬람 문화권인 국가, 필리핀과 같이 가톨릭 문화권인 국가가 공존한다. 따라서 동남아시아는 하나의 지역이지만 다양한 모습을 갖추고 있어 동남아시아 관련 주제를 분석할 경우 세밀한 연구가 필요하다.

또한 앞서 지적한 바와 같이 동남아시아 국가들은 '아세안'을 형성한 이후 통합을 가속해 왔다. 그러나 아세안은 유럽연합(EU)과 같이 높은 수준의 통합이 아닌 아직 낮은 수준의 경제통합에 머물러 있다. 그러나 아세안 공동체 형성을 통해 보다 높은 수준의 경제통합으로 가기 위한 회원국 간의 역내 협력이 진행되고 있으며, 풍부한 자원과 노동력, 높은 성장 잠재력, 안정적인 정치 상황 등은 한국뿐만 아니라 아세안에 대한 외부 투자자들의 관심을 높이는 요인이 되고 있다.

민간 차원에서 시장의 힘으로 추진되어 온 한국과 동남아시아의 경제협력 관계는 문재인 행정부 출범 이후 정부 차원의 정책으로 더욱 구체화하고 있다. 문재인 행정부 출범 이후 한국 정부는 '신남방정책'의 추진으로 동남아시아 지역과의 외교, 문화적 교류 외에도 경제적 협력을 더욱 강화하고자 노력하고 있다. 평화(Peace), 번영(Prosperity), 사람(People) 등 신남방정책의 3P 중심축을 중심으로 한국과 동남아시아의 교류협력은 더욱 강화될 것으로 전망된다.

이러한 전망에도 불구하고 한국의 동남아시아 투자는 베트남에 집중되고 있으며, 제2위 유치국인 인도네시아를 제외하고 미얀마, 말레이시아, 캄보디아, 필리핀 등은 연간 2억 달러 수준에 그치고 있다. 따라서 동남아시아 국가들의 외국인 투자 관련 제도와 정책을 연구하는 것 역시 한국의 동남아시아 투자 활동에 중요한 연구과제라 판단된다.

또한 과연 한국의 동남아시아 투자가 한국 경제에 어떤 영향을 주고 있는지 체계적으로 분석한 연구가 미진한 상황이다. 특히 한국의 동남아시아 투자가 한국의 고용상황, 수출, 국내투자 등에 어떠한 영향을 미치고 있는지 계량적으로 분석할 필요가 있다. 제조업 공동화 우려에 따라 한국의 동남아시아 투자로 인해 국내고용이 어떤 영향을 받고 있는지 실증적으로 분석할 필요가 있다. 또한 글로벌 가치사슬(Global Value Chains, GVC)의 확대 및 강화로 인해 한국의 수출기업이 동남아시아 국가에 조립공장과 부품 제조공장을 설립한 이후 국내 생산현장과의 협업을 강화하여 이로 인한 수출실적이 얼마나 나타나고 있는지 역시 분석할 필요가 있다. 또한 동남아시아 투자로 인해 국내투자에 어떠한 영향을 미치는지 역시 분석할 필요가 있다. 이와 같은 분석결과를 활용하여, 본 연구는 한국과 동남아시아 경제협력과 국내 경제활동에 대한 다양한 정책 시사점을 제공할 수 있을 것으로 기대된다.

이와 같은 연구목적을 달성하기 위해 먼저 이 책의 제2장에서는 먼저 아세안의 발전과 형성 과정을 살펴보고 아세안의 최근 경제 현황과 그 특징을 살펴보고자 한다. 또한 제2장에서는 한국의 동남아시아 투자가 어떻게 진행되고 있는지 그 현황과 특징을 살펴본다. 이 분석에서는 한국의 투자가 집중되고 있는 베트남, 인도네시아, 미얀마, 말레이시아, 캄보디아, 필리핀 등 6개국에 초점을 둔다. 제3장에서는 상기 동남아시아 6개국의 외국인 투자 관련 제도와 정책을 살펴본다. 제4장에서는 한국의 동남아시아 국가에 대한 투자가 한국의 고용, 수출, 국내투자 등을 중심으로 한국 경제에 어떤 영향을 미치는지 정량적으로 분석한다. 제5장에서는 2-4장의 분석결과를 요약하고, 정책적 시사점을 제시한다.

제2장 동남아 경제와 한국의 동남아 투자

2.1 ASEAN 경제 개관

지리적으로 동남아시아에 위치한 국가들의 연합인 동남아시아 국가연합(아세안)은 브루나이, 캄보디아, 인도네시아, 라오스, 말레이시아, 미얀마, 필리핀, 싱가포르, 태국 및 베트남까지 총 10개국이 참여하고 있다. 아세안 선발 참여(1984년까지) 6개국(브루나이, 인도네시아, 말레이시아,

그림 2-1. 동남아시아 국가연합(아세안)

* 자료: 구글 검색(www.google.com)

필리핀, 싱가포르, 태국, 이상 아세안-6)은 1980년대 수출주도형 공업화 전략을 추진한 국가이며 단기간에 빠른 경제성장을 이룩하였다는 공통점을 지니고 있으며, 후발 참여국으로 분류되는 캄보디아, 라오스, 미얀마, 베트남(CLMV)은 인도차이나에 위치하면서 1990년대부터 사회주의 경제체제에서 시장경제를 받아들인 체제전환국이라는 특징을 가지고 있다.

1997년 동아시아 지역을 휩쓸고 간 외환위기의 직격탄을 맞으면서 경제적 위기를 겪었던 아세안 회원국들은 2000년대에 들어 빠른 경제회복과 성장을 보여주었다, 또한 적극적인 대외 경제전략 도입과 빠른 경제성장을 바탕으로 기존에 생산기지로서의 중요성이 부각되었던 아세안 시장은 새로운 소비시장으로 중요성이 높아지고 있다. 이러한 아세안은 한국에게도 높은 잠재력을 지닌 시장으로 정치, 외교뿐만 아니라 경제적으로도 중요한 국가 및 지역으로 부각되었고, 신남방정책[1]의 핵심 지역이 되고 있다.

경제적 발전 정도가 상이하고 다양한 사회, 종교, 문화적 배경을 지닌 아세안은 유럽연합(EU)과 같이 높은 수준의 통합이 아닌 아직까지 낮은 수준의 경제통합(economic integration)에 머물러 있다. 그러나 아세안 공동체 형성 등을 통해 보다 높은 수준의 경제통합으로 가기 위한 회원국 간의 역내 협력이 진행되고 있으며, 풍부한 자원과 노동력, 높은 성장 잠재력, 안정적인 정치상황 등은 아세안에 대한 외부 투자자들의 관심을 높이는 요인이 되고 있다. 본 소절에서는 이러한 아세안의 발전과 형성 과정을 살펴보고 아세안의 최근 경제현황과 아세안 경제의 특징을 살펴보고자 한다.

1 신남방정책은 아세안 10개국 외에도 인도, 스리랑카 등 총 12개국에 초점을 두고 있다.

2.1.1. 아세안의 형성과 진화

2.1.1.1 ASEAN의 설립

동남아시아에 위치한 국가들 간의 정치, 외교, 경제, 안보 협력을 위한 연합체에 대한 논의는 제2차 세계대전 종전 직후부터 시작되었다. 서구 세력에 의한 식민지를 경험하고 제2차 세계대전 직후 독립한 동남아시아 국가들에게 '지역주의(regionalism)'는 매력적인 민족해방 수단이었으며, 지역주의 연대를 통한 탈식민주의 운동과 민족주의 운동이 활발히 진행되었다. 제2차 세계대전 종전 직후부터 동남아시아 지역에는 다양한 수준과 범위의 연합체에 대한 논의가 등장하였다. 베트남은 1945년 종전과 함께 범아시아공동체(Pan-Asiatic Community)와 남아시아 자유인민연방(Federation of Free Peoples of Southern Asia)을 제안하였고 1947년에는 버마(현 미얀마)와 인도네시아가 각각 아시아 연방(Asian Commonwealth)과 동남아연합(Southeast Asian Association)을 제안하였다. 이러한 동남아시아 국가들이 제안한 역내 연합체에 대한 제안은 세부적인 차이를 지니고 있으나 전반적으로 동남아시아 국가들 간의 정치, 안보적 협력을 강조한다는 점에서 공통점을 지니고 있었다. 그러나 당시 동남아시아 국가들은 독립 국가를 유지해야 하는 국내문제가 더욱 시급한 문제로 부각되었고, 동남아시아 국가들 간의 연합에 대한 구상은 역내국들의 관심을 불러올 수 없었다.

1950년대에 들어오면서 1954년 미국은 유럽의 북대서양조약기구(North Atlantic Treaty Organization, NATO)의 아시아판인 동남아시아조약기구(Southeast Asian Treaty Organization, SEATO)를 제안하였다. SEATO는 기존의 연합체에 대한 논의와는 다르게 동남아시아 역내국이 아닌 미국이라는 강대국의 주도로 시도되었고 태국, 필리핀 등 일부 동남아시아 국가들과 영국, 호주 등 서방국가들의 참여를 이끌어 낼 수 있었다. 그러나 서방국가들의 지나친 역내문제 개입을 우려했던 인도네시아와 말레이시아 등의 지지를 이끌어내지 못하였고, 결국 1977년 해체되었다.

1960년대에 들어오면서 동남아시아 연합체 설립에 대해 기존과는 다른 새로운 방향에서의 시도가 시작되었다. 제2차 세계대전 이후 미국과 소련을 중심으로 양분된 냉전체제는 역내 안보에 방점을 찍었던 이전의 접근방식이 원활하게 전개되지 못하게 되는 요인으로 작용하였다. 또한 말레이시아-필리핀의 북보르네오 사바섬(Sabah Island)에 대한 영유권 분쟁이나 인도네시아의 말레이시아에 대한 콘프론타시(Konfrontasi) 정책 등 역내국가들 간의 분쟁도 역내국 간의 정치·안보 협력을 어렵게 만드는 원인이 되었다. 이에 태국은 정치·안보보다는 경제 분야에서의 협력을 강조한 동남아시아연합(Association of Southeast Asia, ASA)을 제안하였고, 1961년 태국과 필리핀, 말레이시아가 참여하는 ASA가 설립되었다.[2]

ASA 설립 이후 동남아시아 지역에서는 새로운 정치, 외교적 변화가 시작되었다. 그 처음은 1963년 말레이시아, 인도네시아, 필리핀 3개국 간에 체결된 외교협정을 들 수 있다. 이들 3국은 영토문제로 인한 분쟁으로 우호적인 관계를 지니기 어려운 상황이었으나 동 협정을 통해 정치, 경제, 사회, 문화 등 전 분야에서 협력을 도모하는 데 합의하였다. 또 다른 변화로는 1949년 중국의 공산화 이후 인도차이나 반도의 국가들이 공산화되면서 이러한 공산화의 물결이 동남아시아 남쪽에 위치한 인도네시아, 필리핀 등에까지 번질 수 있다는 우려가 커지기 시작하였다. 이에 1966년 동남아시아 외무장관회의에서 태국은 기존의 ASA를 발전적으로 해체하면서 태국, 필리핀, 인도네시아, 말레이시아, 싱가포르 등 총 5개국이 참여하는 새로운 지역협력체 결성을 제안하였고

2 Chheun(2020).

1967년 방콕선언을 통해 5개국이 참여하는 아세안이 출범하였다.

2.1.1.2 아세안의 경제협력 강하

1967년 출범한 ASEAN은 명목적으로는 정치적 중립과 경제협력을 강조하고 있었지만 실제로는 안보가 주요 관심사가 되었다. 베트남, 캄보디아, 라오스가 공산화되고 소련과 중국, 미국의 대립이 격화되면서 동남아시아 지역은 새로운 위기에 직면하였고, 이에 아세안도 경제보다는 안보적인 성격이 강한 특징을 보이게 되었다.

그러나 1980년대 후반 냉전이 붕괴되면서 동남아시아에도 안보적 위협이 약화되면서 경제 협력의 필요성이 강조되는 새로운 상황에 직면하게 되었다. 베트남은 쇄신이라는 의미의 도이모이(Doi Moi) 정책을 추진하면서 점진적으로 시장경제를 받아들이기 시작하였고 주변의 라오스, 캄보디아도 사회주의 경제체제에서 탈피하여 시장경제체제를 도입하기 시작하였다. 태국은 1988년 '전장에서 시장으로(from Battle Field to Market) 선언'을 통해 인도차이나 반도에 위치한 공산권 국가들과의 관계 개선과 경제협력을 개시하였다. 이러한 가운데 1992년 싱가포르에서 개최된 아세안 정상회의에서는 아세안이 역내 평화와 번영을 위해 정치, 경제적 협력을 강화하고 선진국의 경제블록에 대응하여 개방적인 경제체제를 촉진하며, 안전보장을 위한 새로운 협력관계를 모색하면서 우호와 상호협력을 바탕으로 인도차이나 반도의 국가들과도 긴밀한 협조관계를 구축한다는 데 합의하였다.

이처럼 탈냉전과 함께 경제협력에 대한 역내국 간의 협력이 강조되면서 이미 1984년에 아세안에 참여한 브루나이와 함께 베트남(1995년), 라오스(1997년), 미얀마(1997년), 캄보디아(1999년)가 차례로 아세안에 참여하면서 현재 아세안-10체제를 완성하였다.

2.1.1.3 아세안 공동체 설립

1994년 아세안은 아세안 회원국 간의 자유무역협정인 아세안 자유무역지대(ASEAN Free Trade Area, AFTA)를 출범시키면서 2020년까지 역내 관세율을 점진적으로 철폐 또는 인하하고 국가들 사이의 비관세장벽을 단계적으로 철폐하여 완전한 자유무역지대를 형성한다는 계획을 발표하였다. 이러한 AFTA의 계획은 이후 아세안도 EU와 같은 높은 수준의 경제통합을 이끌어 내기로 발전적으로 합의하면서 경제공동체와 정치 및 안보 공동체, 사회 공동체로 이루어진 아세안 공동체를 목표를 제시하였다. 이러한 아세안 공동체 2020 비전은 2015년 12월 31일 아세안 경제공동체가 계획보다 5년 앞당겨 출범하면서 구체화되고 있다.

아세안을 하나의 단일 시장으로 묶어주는 아세안 경제공동체의 출범은 냉전의 붕괴와 경제협력의 필요성이 부각되면서 1990년대 초반부터 추진되었다. 이후 1997년 외환위기로 인해 아세안 회원국들이 경제위기를 경험하면서 아세안 국가들 간의 긴밀한 경제협력에 대한 인식이 강화되고, 글로벌 가치사슬(GVC)의 심화와 중국, 인도 등 거대 신흥경제권의 등장은 단순한 자유무역지대를 넘어선 경제공동체로의 발전을 촉진하였다.

2015년 출범한 아세안 경제공동체를 기반으로 향후 정치 및 안보 공동체와 사회 공동체의 출범은 아세안 역내국 관계를 더욱 긴밀하게 연결하는 역할을 수행하게 될 것이다.

2.1.1.4 아세안의 의사결정 및 운영

아세안 체제에서 최상위 의사결정은 아세안 정상회의(ASEAN Summit)가 갖는다. 1976년 최초의 정상회의 개최 이후 매 2년마다 개최되었던 아세안 정상회의는 2008년 아세안 헌장이 발표되면서 연 2회의 정상회의가 개최되고 있다. 아세안 정상회의를 준비하고 정상회의에서 합의된 내용을 집행하는 기능을 담당하는 기구로 아세안조정이사회(ASEAN Coordinating Council)를 두고 있으며 아세안공동체와 관련하여 아세안 정치 및 안보 공동체 이사회와 아세안경제공동체이사회, 아세안 사회 및 문화 공동체 이사회로 구성된 아세안공동체이사회(ASEAN Community Council)가 운영되고 있다. 또한 각 이사회 산하에는 관련 부처의 장관급으로 구성된 관련 장관회의가 조직되어 관련 이슈에 따라 수시로 아세안 회원국 장관들 간의 회의가 진행된다.

연 2회 진행되는 아세안 정상회의나 연 2회 이상 개최되는 아세안공동체이사회, 그리고 그 산하의 관련 장관회의 등 아세안 내에서는 매우 많은 회의가 진행되는 특징을 보인다. 이는 미얀마, 캄보디아와 같은 최빈개도국(Least Developed Countries, LDCs)에서 태국, 인도네시아 등과 같은 개도국, 선진국으로 분류되는 싱가포르까지 다양한 스펙트럼의 경제발전 정도를 가짐에 따라 특정 이슈에 대하여 다양한 의견이 존재

그림 2-2. 아세안 조직도

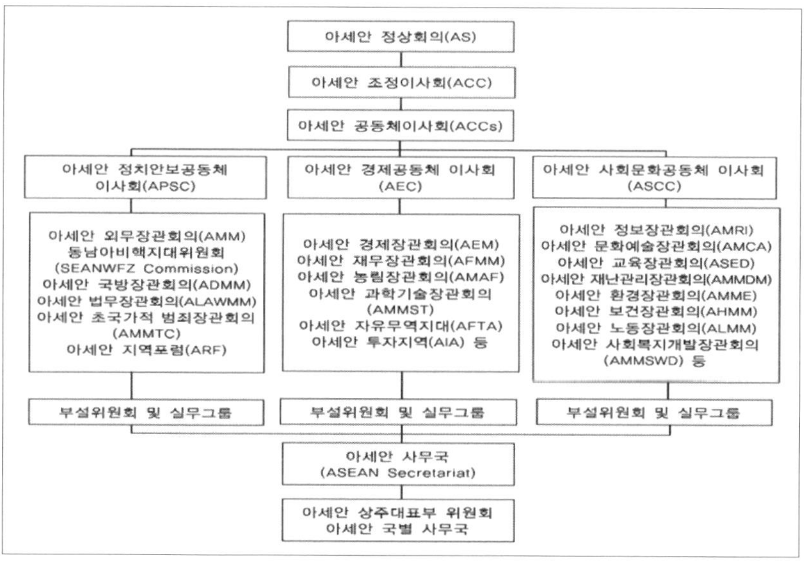

* 자료: 강대창 외(2011), p. 50에서 인용.

할 수밖에 없는 아세안의 특징에 기인하기도 하지만, 아세안을 이끌어 가는 주도국의 부재와 아세안 형성 단계에서부터 특정 국가의 독점적 권한을 인정하기보다는 끊임없는 설득을 통해 합의를 이끌어내는 아세안만의 독특한 의사결정 방식이 반영된 결과로 볼 수 있다.

2.1.2 아세안 경제현황

2.1.2.1 경제성장

2000년대에 들어서면서 아세안은 1997년 외환위기를 극복하면서 빠른 경제성장을 기록하였다. 2000년 약 6천억 달러였던 아세안 GDP는 2006년 1조 달러를 돌파하였고 2008년 약 1조 6천억 달러였던 GDP는 2018년에는 3조 달러에 육박하면서 10여 년간 두 배 가까이 증가하였다. 1인당 국민소득도 2000년 1,195달러에서 2018년 4,601달러로 약

그림 2-3. 아세안 국민총생산 및 1인당 국민소득: 2000-2018년

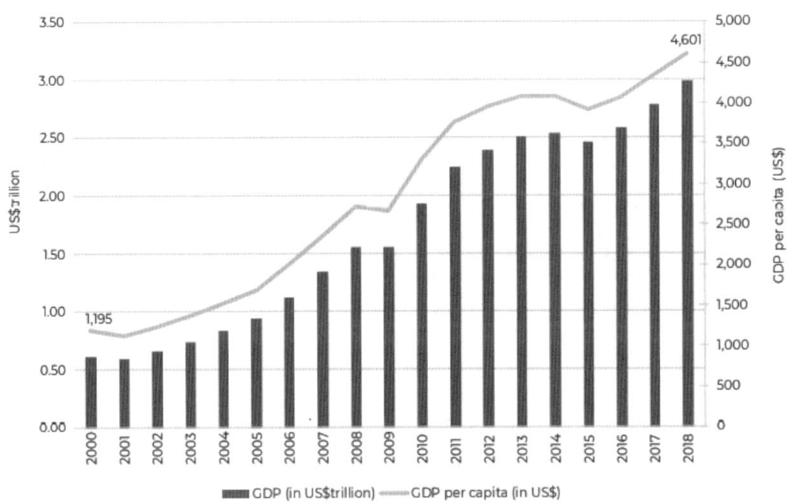

* 자료: ASEAN(2019)

그림 2-4. 주요국 국민총생산 비교: 2018년

(단위: 조 달러)

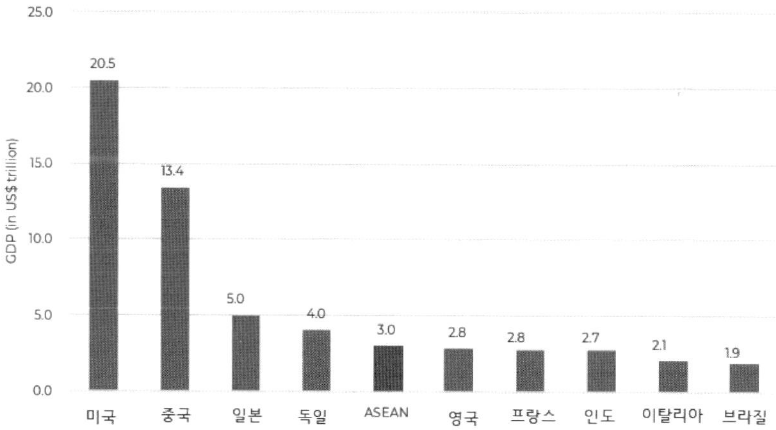

* 자료: ASEAN(2019)

4배 가까운 증가를 기록하였다. 2000년대에 들어서면서 아세안 경제는 글로벌 금융위기를 겪었던 2008-2009년을 제외하고는 꾸준한 성장을 보이면서 2000-2018년 연평균 약 5.3%의 빠른 성장을 기록하였다. 특히 1990년대에 새롭게 시장경제체제를 받아들이기 시작한 인도차이나 반도의 CLMV(캄보디아, 라오스, 미얀마, 베트남) 4개국이 상대적으로 빠른 경제성장을 기록하였는데, 미얀마의 경우 2000-2018년 연평균 9.8% 성장으로 10%에 육박하는 성장을 보여주었다. 캄보디아와 라오스는 동 기간 각각 연평균 7.7%와 7.1%의 성장을 기록하였고 베트남도 연평균 6.6%에 달하는 빠른 성장을 기록하였다.[3]

2018년 아세안 총 GDP는 2조 9,970억 달러로 3조에 육박하는 경제규모를 기록하였다.[4] 이는 같은 해 2조 8,000억 달러를 기록한 영국을

3 ASEAN(2019).

4 2019년 ASEAN의 GDP는 약 3조 1,660억 달러로 최초로 3조를 돌파함(ASEAN Stats).

그림 2-5. 아세안 국가별 GDP: 2000-2018년

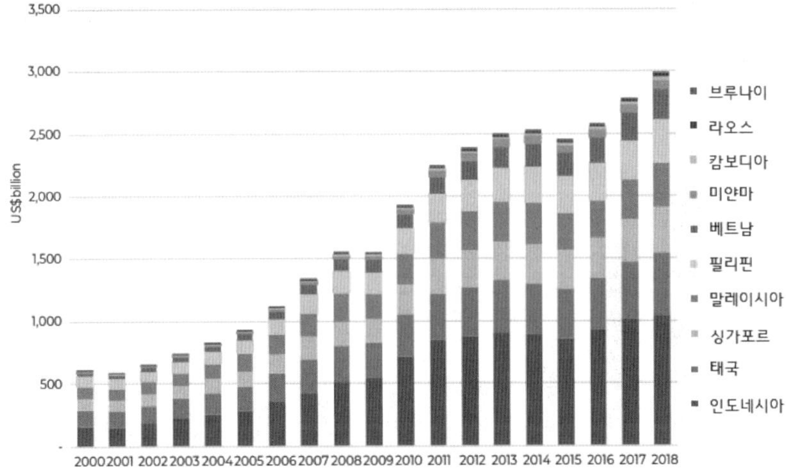

* 자료: ASEAN(2019)

앞서는 국민총생산 규모이지만 동남아시아 10개국의 국민총생산은 여전히 이웃 국가인 중국(13.4조 달러)이나 일본(5조 달러)에 미치지 못한다.

2000-2018년 아세안 회원국의 국가별 국민총생산은 〈그림 2-5〉에서 보여주고 있다. 인도네시아는 아세안 국민총생산에서 가장 높은 비중을 차지하고 있다. 2018년 인도네시아 GDP는 아세안 총 GDP의 약 34.9%를 차지하고 있으며 뒤를 이어 태국(16.9%), 싱가포르(12.2%), 말레이시아(12.0%) 등으로 이들 4개국의 GDP는 아세안 총 GDP의 3/4 이상을 차지하였다. 동 기간 베트남을 비롯하여 아세안 후발 참여국인 미얀마, 캄보디아, 라오스의 GDP 규모와 비중은 빠르게 증가하는 모습을 보여주고 있으나 아직은 아세안 선발 참여 5개국에 비해 상대적으로 뒤져 있는 모습을 보인다.

2018년도 아세안 국민총생산을 산업별로 나누어 살펴보면 서비스업에서 도출된 GDP의 비중이 50.1%로 절반 이상을 차지하고 있으며 제조업과 농업의 비중은 각각 36.6%와 10.3%를 기록하였다. 농업부

그림 2-6. 아세안의 산업별 GDP 비중

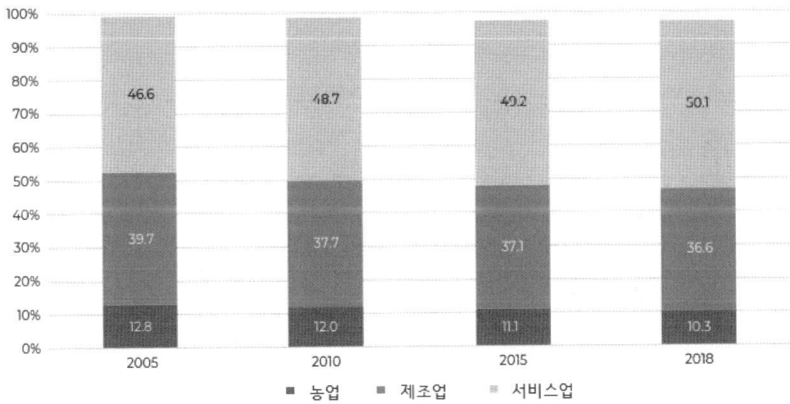

* 자료: ASEAN(2019)

문(낙농, 축산업, 어업을 포함)의 GDP 비중은 12.8%에서 점진적으로 감소하면서 2018년 10.3%로 하락하였고 제조업의 GDP 비중도 2005년 39.7%에서 2018년 36.6%로 하락하였다. 이는 아세안 지역에서의 제조업이나 농업의 중요성이 감소한 결과라기보다는 관광산업을 중심으로 한 아세안 서비스 시장의 빠른 성장으로 아세안 지역의 서비스업 비중이 늘어난 결과로 해석된다.

아세안 회원국의 산업별 GDP 비중은 〈그림 2-7〉에 정리하고 있다. 전반적으로 아세안 후발 참여국으로 1인당 국민소득과 산업화 정도가 여타 회원국에 비해 낮은 미얀마, 캄보디아, 라오스, 베트남이 GDP 대비 농업 비중이 상대적으로 높은 비중을 차지하고 있다. 반면에 금융, 보험, 운송 서비스 등이 발달하고 제조업 기반이 낮은 싱가포르와 관광업이 국가 주요 산업인 태국의 GDP에서 서비스업이 차지하는 비중이 각각 68.9%와 59.9%로 높은 수치를 보였고, 라오스와 베트남의 비중은 40% 이하로 서비스업이 GDP에서 차지하는 비중이 상대적으로 낮은 모습을 보여주고 있다.

그림 2-7. 아세안 회원국의 산업별 GDP 비중: 2018년

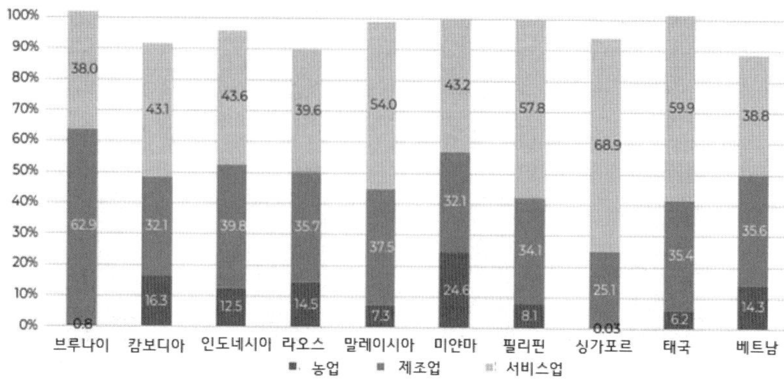

자료: ASEAN(2019)

2.1.2.2 노동시장

2018년 통계로 아세안은 총 6억 4,900만 명에 이르는 인구를 가지고 있다. 인도네시아의 인구가 약 2억 6,500만 명에 달하면서 전체 아세안 인구의 40.8%를 차지하고 있으며 필리핀의 인구도 1억 700만 명에 육박하면서 인도네시아에 이어 아세안의 두 번째 인구 대국으로 자리하고 있다. 베트남과 태국이 아세안 총인구에서 차지하는 비중도 각각 14.6%와 10.5%로 10% 이상의 높은 비중으로 아세안 노동력의 주요 공급 국가로 분류된다.

아세안의 풍부한 노동력은 1980년대 이후 아세안 경제성장의 밑거름으로 작용하였다. 〈그림 2-8〉에서 보듯이 1980년 3억 5,500만 수준의 아세안 인구는 2018년 6억 5,000만 명에 육박하면서 30년이 되지 않는 기간에 거의 두 배 가까운 증가를 기록하였다.[5] 인구성장률에서도 1980년 이후 다소 줄어들기는 하였으나 2018년에도 1.1%의 인구성장

5 ASEAN (2019).

그림 2-8. 아세안 인구: 1980–2018년

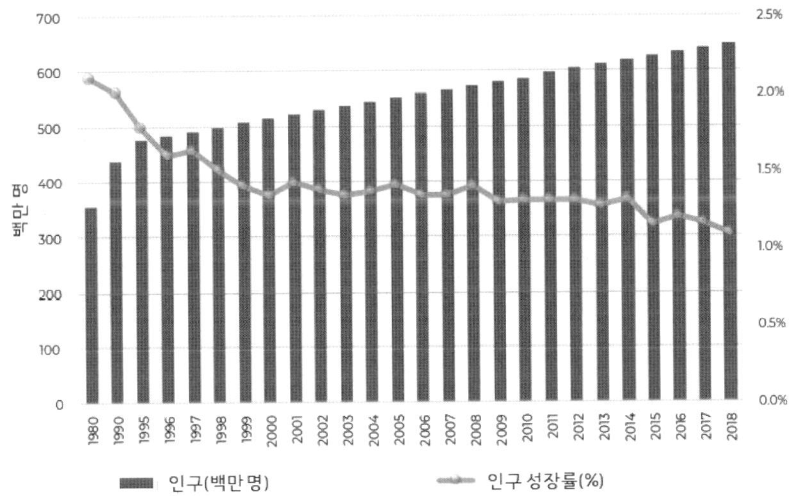

* 자료: ASEAN(2019)

률을 기록하면서 꾸준한 성장을 보였다. 2018년 아세안 회원국 중 가장 높은 인구성장률을 기록한 국가는 브루나이로 3.0%의 성장률을 기록하였고, 캄보디아와 필리핀도 각각 1.7%와 1.6%의 성장률을 기록하면서 상대적으로 높은 인구성장률을 보였다. 반면에 태국과 미얀마의 인구성장률은 각각 0.3%와 0.4%로 가장 낮은 성장률을 보인 국가가 되었다.[6]

아세안의 풍부한 노동력은 아세안이 포스트-중국의 세계 생산시장의 주요 거점지역으로 부각하는 중요한 요인이 된다. 2000년과 2018년의 약 20년 기간의 아세안 인구구조를 살펴보면 가용 노동력으로 평가되는 20-59세 사이의 인구는 2000년 아세안 인구의 약 51.4%에서 2018년 53.7%로 상승하였다. 비중으로는 약 2.3% 포인트의 증가에 불과하지만 동 기간 아세안의 인구가 거의 두 배에 가까이 증가했다는 점

6 ASEAN Statistical Leaflet-2020 (2020).

그림 2-9. 아세안 국가별, 연령별 인구구조: 2000년 vs. 2018년

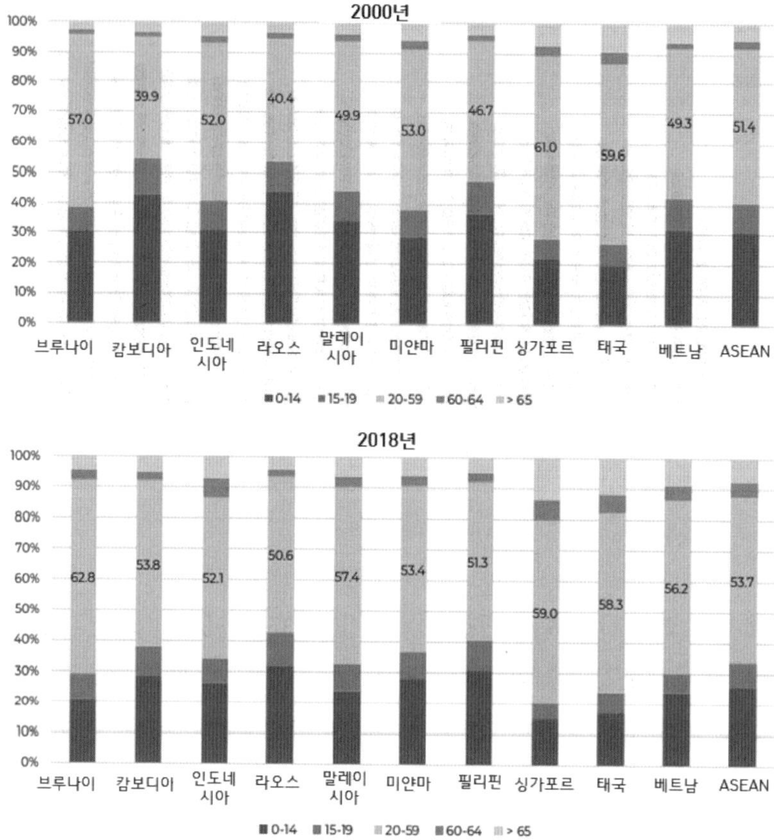

* 자료: ASEAN(2019)

을 고려하면 아세안 지역의 가용 노동력이 얼마나 빠르게 증가했는지를 짐작할 수 있다. 국가별로는 라오스, 캄보디아, 베트남과 말레이시아는 2000년에 비해 2018년 20-59세 인구 비중이 매우 증가한 국가로 분류되며 태국과 싱가포르는 2000년에 비해 2018년 20-59세 인구 비중이 오히려 감소한 것으로 나타났다.

분야별 고용 비중을 국가별로 살펴보면, 농업의 고용이 높은 국가는 전통적인 농업국으로 아세안 후발 참여국인 캄보디아, 라오스, 미얀마,

그림 2-10. 국가별, 분야별 고용 비중

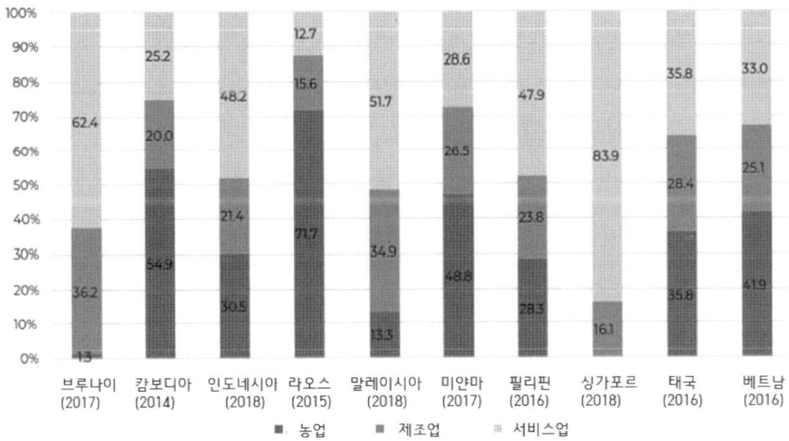

* 주: 괄호 안의 숫자는 통계 기준 연도를 의미함

* 자료: ASEAN(2019)

베트남 등이다. 라오스의 경우 농업부문에서의 고용이 차지하는 비중이 무려 71.7%에 이를 정도로 농업의 높은 고용 비중을 보였으며 캄보디아도 54.9%를 기록하였다. CLMV 국가를 제외하면 태국(35.8%)과 인도네시아(30.5%)가 농업부문의 고용 비중이 높은 것으로 나타났다. 제조업 부문에서는 제조업 기반이 약한 싱가포르와 내륙국의 한계를 지닌 라오스를 제외하고는 모두 20-30% 전후의 고용 비중을 보였다. 반면에 싱가포르와 브루나이는 서비스업에서의 고용 비중이 매우 높은 특징을 보였다.

2.1.2.3 대외교역

2010-2019년 ASEAN 교역은 빠르게 증가하였다. ASEAN의 수출은 2010년 1조 490억 달러에서 2019년 1조 4,232억 달러로 35.7% 증가하였고 수입은 동 기간 9,524억 달러에서 1조 3,921억 달러로 46.2% 증가하였다. 2010-2019년 기간 아세안의 수출입은 전반적으로 증가

추세를 보였으나 대외경제 상황이 좋지 않았던 2015년과 2016년 수출입 모두 매우 감소하였다. 그러나 이후 이러한 경제 상황이 회복되면서 2017년과 2018년 빠른 증가세로 돌아서면서 2015년 이전의 수준을 넘어서는 수출입 실적을 기록하였다.

대세계 산업별 수출입에서 ASEAN의 수출입 구조는 2010-2019년 큰 변화를 보이지는 않는다.[7] 수출의 경우 ASEAN의 최대 수출산업인 전기기계의 수출이 총수출에서 차지하는 비중이 2010년 23.2%에서 2019년 26.6%로 3.4% 포인트 증가하였고, 섬유/의류 산업의 전체수출에서의 수출 비중 역시 동 기간 5.0%에서 7.6%로 2.6% 포인트 상승하였다. 이는 2010-2019년 전기기계 산업이 아세안을 활용한 글로벌 가치사슬이 심화되면서 아세안의 수출 비중이 늘어난 것으로 판단되며, 섬유/의류 산업의 수출은 섬유/의류 산업의 국가 간 쿼터 제도인 Multi-Fibre Agreement(MFA)가 2004년 말 종료된 이후 아세안이 비교 우위를 지닌 섬유/의류 산업의 수출이 증가한 때문인 것으로 풀이된다. 반면에 아세안의 총수출에서 가공 광물 수출의 비중은 2010년 17.1%에서 2019년 11.1%로 크게 감소하였고 뒤를 이어 일반 기계산업의 수출 비

7 HS 코드의 산업별 분류는 다음 표에 정리하고 있다.

산업	HS 코드
1차산업	HS 제01-10류
가공1차산업	HS 제11-24류
가공광물	HS 제25-27류
고무화학	HS 제28-40류
가죽제품	HS 제41-44류
종이·목재	HS 제44-49류
섬유·의류	HS 제50-67류
금속 및 비금속제품	HS 제68-83류
일반기계	HS 제84류
전기기계	HS 제85류
운송기기	HS 제87류
기타운송기기	HS 제86류 및 제88-89류
정밀기계	HS 제90-91류
기타제조업	HS 제92-97류
미분류	HS 제99

그림 2-11. 아세안의 총수출입: 2010-2019년

(단위: 십억 달러)

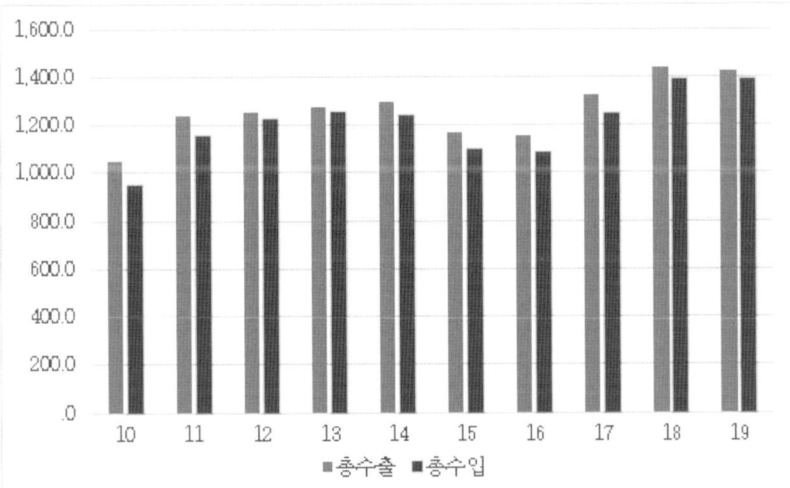

* 자료: ASEANStat 자료를 기초로 저자 작성(https://www.aseanstats.org/)

중이 동 기간에 13.0%에서 10.6%로 감소하였다. 가공광물의 수출 비중 감소는 아세안이 가지고 있는 천연광물자원에 대한 수요가 국내적으로 증가하였다는 측면과 2010년의 경우 중국의 빠른 경제성장과 더불어 국제적으로 광물자원 가격이 높았던 시기였다는 점에 기인한 것으로 보인다.

아세안 수입에서 산업별 수입 비중의 변화는 수출에 비해 더욱 미미한 것으로 나타나고 있다. 산업별로 2010-2019년 기간에 가장 큰 수입 비중의 변화를 기록한 산업은 가공광물 산업으로 2010년 19.9%에 달하던 아세안 총수입 대비 가공광물 수입 비중은 2019년에는 16.0%로 3.9% 포인트 감소하였다. 그러나 앞서 설명한 바와 같이 이러한 가공광물 산업의 수입 비중 감소는 국내 수요의 감소보다는 국제시장 가공광물 자원에 대한 가격 하락이 원인인 것으로 파악된다. 수입 비중의 증가가 일어난 산업에서 가장 높은 증가폭을 보인 산업은 전기기계산

표 2-1. 아세안의 산업별 수출입 비중 변화 추이

산업	수출			수입		
	2010년	2015년	2019년	2010년	2015년	2019년
1차 산품	3.0%	3.5%	3.5%	2.7%	3.2%	3.4%
가공1차 산품	6.6%	7.0%	6.5%	3.6%	4.2%	4.0%
가공광물	17.1%	12.7%	11.1%	19.9%	16.0%	16.0%
가죽제품	0.3%	0.6%	0.8%	0.4%	0.6%	0.6%
고무/화학	11.8%	11.3%	11.3%	10.7%	11.5%	11.8%
금속 및 비금속제품	7.4%	7.9%	8.4%	12.2%	12.7%	11.9%
기타운송기기	1.2%	1.3%	1.2%	2.0%	2.1%	1.9%
기타제조업	1.4%	1.6%	1.9%	0.8%	1.0%	1.3%
섬유/의류	5.0%	6.8%	7.6%	3.0%	4.0%	4.2%
운송기기	2.8%	3.5%	3.3%	3.1%	3.6%	3.5%
일반기계	13.0%	11.4%	10.6%	13.8%	13.2%	12.6%
전기기계	23.2%	24.7%	26.6%	21.6%	22.6%	23.4%
정밀기계	2.3%	3.1%	3.3%	2.5%	2.8%	3.1%
종이/목재	2.3%	2.4%	2.1%	1.6%	1.6%	1.6%
미분류	2.6%	2.1%	1.9%	2.1%	0.8%	0.7%

* 자료: ASEANStat 자료를 기초로 저자 작성(https://www.aseanstats.org/)

업으로 2010-2019년 아세안 총 수입에서 전기기계산업의 수입 비중은 21.6%에서 23.4%로 상승하였다. 전기기계산업의 아세안의 수출과 수입 비중이 동시에 증가하고 있다는 점은 아세안이 적극적으로 전기기계산업의 국제가치사슬에 참여한 결과로 볼 수 있다.

2010-2019년 아세안의 주요 교역 국가/지역과의 양자 간 교역관계는 〈표 2-2〉에 정리하였다. 아세안의 교역에서 가장 높은 비중을 차지하는 것은 아세안 국가들 간의 역내교역으로 2010년 아세안 역내국 간의 수출입은 각각 2,644억 달러와 2,385억 달러를 기록하였다. 2019년 아세안 역내국 간 수출입은 각각 3,324억과 3,000억 달러로 수출은 25.7%, 수입은 25.8%가 증가하였다. 아세안의 수출입에서 가장 빠른 성장을 보이고 있는 상대국은 아세안 주변국인 중국으로 2010-2019년 아세안의 대중국 수출은 1,126억 달러에서 2,025억 달러로 증가하였고 수입은 1,229억 달러에서 3,054억 달러로 증가하였다. 이는 약 10

표 2-2. 아세안의 수출입: 2010-2019년

(단위: 십억 달러)

	대상국	10	11	12	13	14	15	16	17	18	19
수출	아세안	264.4	316.0	328.0	338.6	330.2	287.1	277.9	311.9	344.5	332.4
	EU	115.2	131.1	124.8	124.5	132.5	127.4	130.4	157.7	160.8	153.9
	중국	112.6	140.1	142.5	153.4	154.0	145.3	144.0	187.0	197.7	202.5
	일본	103.0	128.1	127.9	122.6	120.2	101.9	96.6	105.9	114.8	109.8
	한국	45.0	54.2	55.4	52.8	51.6	45.4	45.9	56.7	60.5	59.4
	미국	99.9	105.1	107.8	113.8	121.2	125.4	131.1	142.5	160.3	183.6
수입	아세안	238.5	266.9	277.6	279.1	277.9	248.3	240.1	277.3	304.3	300.0
	EU	88.8	109.0	117.9	122.0	115.7	103.3	103.1	103.1	127.3	126.7
	중국	122.9	154.9	176.8	198.2	212.7	218.2	224.6	253.9	284.8	305.4
	일본	115.9	128.3	136.5	117.9	108.9	100.9	105.9	112.9	116.9	116.1
	한국	57.0	70.6	76.1	82.0	79.8	75.1	78.5	98.1	101.0	97.1
	미국	81.3	93.0	92.0	91.5	90.3	85.1	80.7	91.4	102.7	111.0

* 자료: ASEANStat 자료를 기초로 저자 작성(https://www.aseanstats.org/)

년여의 기간에 수출은 79.8%, 수입은 148.4%가 증가한 것으로 중국과의 빠른 교역 증가 추이를 보여주고 있다.

대미국 수출도 2010년 999억 달러에서 2019년 1,836억 달러로 83.8% 성장을 기록하였는데, 트럼프 정부 이후인 2017-2019년 기간의 빠른 수출 확대가 특징으로 나타나고 있다. 2016년 1,311억 달러였던 대미국 수출액은 2017년 1,425억 달러로, 2018년에는 1,603억 달러로 증가하였고 2019년에는 1,836억 달러로 중국에 이어 아세안의 제2의 수출국으로 성장하였다. 반면에 아세안의 대미국 수입은 2011년 813억 달러에서 2019년 1,110억 달러로 36.4% 증가하는 데 그쳤다. 2017년부터 시작된 아세안의 대미국 수출의 증가는 미-중 간의 무역갈등이 시작되면서 미국이 기존에 중국에서 수입하던 제품이 아세안 지역으로 수입 국가를 변경하는 무역전환효과(trade diversion effects)가 발생한 때문인 것으로 풀이된다.

아세안의 대한국 및 대일본 교역에서는 한국으로부터의 수입 증가와 일본과의 교역둔화가 특징으로 나타난다. 2010-2019년 아세안의 한국에 대한 수출과 수입은 각각 31.8%와 70.5%가 증가하면서 한국으로부터의 수입이 크게 증가하는 모습을 보여주고 있다. 아세안의 대한국 수출은 아세안 총 수출 증가율인 35.7%에 다소 못 미치는 수준이지만 한국으로부터의 수입 증가는 대세계 수입 증가율인 46.2%를 넘어서면서 한국의 대아세안 수출이 빠르게 증가하고 있음을 보여준다. 반면에 2010-2019년 기간 아세안의 대일본 수출은 1,030억 달러에서 1,098억 달러로 6.6% 증가하는 데 그쳤고, 수입은 2010년 1,159억 달러에서 2010년대 초반 소폭 상승하였으나 2019년 1,161억 달러로 거의 변화가 없는 것으로 나타났다.

아세안을 제외한 수출에서 2010년 1, 2, 3위는 EU와 중국 그리고 일본이었으나 2010-2019년 아세안의 교역구조의 변화로 인해 중국은 2011년 이후 아세안의 최대 수출국으로 부상하였고, 2019년 미국과 EU가 수출대상국 순위를 바꾸면서 미국은 아세안의 제2 수축국가로, EU는 제3 수출국가로 자리하였다. 수입에 있어서도 중국은 2010-2019년 기간 아세안의 최대수입국가의 위치를 유지하고 있으며, 2010년 아세안 수입에서 2위를 기록하였던 일본은 2018년 EU에게 2위 자리를 내 주었고, 미국과 한국에게 빠르게 추격당하고 있다.

아세안 총수출입에서 주요 교역국에 대한 수출입이 차지하는 비중은 〈그림 2-12〉에서 정리하고 있다. 아세안 총수출입의 국가별 수출입 비중에서는 먼저 아세안 역내교역 비중 감소가 특징으로 나타난다. 아세안 역내교역 비중은 수출의 경우 2010년 25.2%에서 2016년에는 26.5%까지 상승하였으나 이후 감소하면서 2019년에는 23.4%를 기록하였고, 아세안 총수입에서 역내국 수입 비중은 2010년 25.2%를 기록한 이후 지속적으로 감소하면서 2019년에는 21.5%까지 감소하였다.

역내교역을 제외하면, 중국의 급성장과 일본의 대외교역 비중 감소가 특징으로 나타난다. 중국의 경우 2010년 10.7%를 기록한 아세안 총수출 대비 대중국 수출 비중은 2019년에는 14.2%로 크게 증가하였으

그림 2-12. 아세안의 국가별 수출입 비중

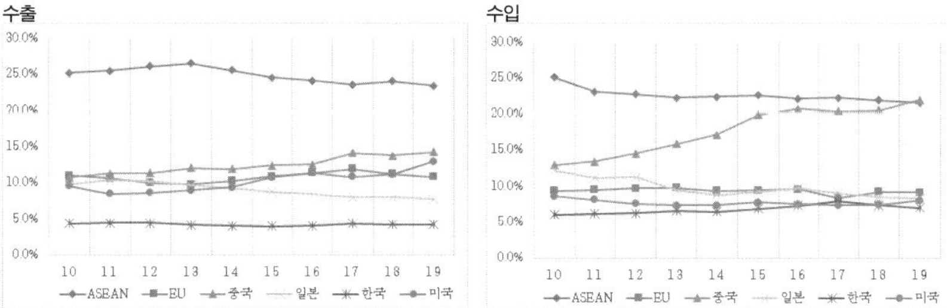

자료: ASEANStat 자료를 기초로 저자 작성(https://www.aseanstats.org/)

며 수입의 경우 대중국 수입 비중은 2010년 12.9%에서 2016년 20%를 넘어섰으며, 2019년에는 21.9%를 기록하였다. 반면에 일본과의 교역에서 아세안의 수출 비중은 2010년 9.8%에서 2019년 7.7%로 감소하였고 수입 비중도 동 기간 12.2%에서 8.3%로 감소하였다. 아세안의 대한국 수출은 2010-2019년 기간에 수출 비중에 있어 유의미한 변화를 보이지는 않는 것으로 나타났다. 2015년 일시적으로 아세안의 대한국 수출 비중이 3.9%까지 감소하기도 하였으나 주로 4%대 초반의 비중을 기록하고 있다. 아세안의 대한국 수입 비중은 2010년 6.0%에서 2017년에는 7.9%까지 증가하기도 하였으나 이후 다소 감소하면서 2019년 아세안의 대한국 수입 비중은 7.0%를 기록하였다.

2.1.3 아세안 외국인 투자 유입 현황

자국의 경제발전을 위해 필요한 자본이 한정적인 아세안 회원국들에게 외국인 투자는 자국의 잠재적인 성장 가능성을 실현시킬 수 있는 중요한 수단이 된다. 또한 외국 기업들에게도 풍부한 노동력과 빠르게 성장하는 경제 그리고 안정적인 정치기반을 지니고 있는 아세안 국가들은 매력적인 투자지역이 되었다. 이러한 배경에서 아세안 지역으로 많은 외국인 투자가 몰리게 되었다.

아세안에 대한 투자는 초기에는 동아시아 역내국이면서 해외투자의 여력을 가진 일본을 중심으로 이루어졌다. 일찍이 산업고도화가 이루어지면서 자국에서 경쟁력이 없어진 노동집약적 산업이나 동남아시아 진출을 위한 일본의 투자가 외국인 투자의 중요한 부분을 차지하였다. 그러나 1990년대 이후 베트남, 캄보디아 등 인도차이나반도에 위치한 국가들이 아세안에 참여하면서 한국과 중국 등도 아세안 시장에 투자가 급증하는 양상을 보였다. 특히 2000년대 이후 아세안이 중국을 대체할 수 있는 생산시장으로 부각하면서 미국과 EU, 한국, 중국, 일본 등 주요국을 중심으로 대아세안 투자가 빠르게 증가하였다.

2010-2018년 아세안으로 유입된 외국인 투자는 〈표 2-3〉에 정리하였다. 2000-2018년 기간에 아세안으로 유입된 순외국인 투자는 2011년을 제외하고는 모두 1천억 달러 이상을 기록하였고, 2015년 12월 아세안 경제공동체 설립 선언 직후인 2017년과 2018년에는 1,500억 달러 이상의 외국인 투자가 아세안 시장으로 유입되었다.

2010-2018년 아세안에 대한 외국인 투자의 순유입액은 약 1조

표 2-3. 아세안 국가별 FDI 유입: 2010-2018년

(단위: 백만 달러)

	2010	2011	2012	2013	2014	2015	2016	2017	2018
브루나이	625	1,208	865	725	568	171	-150	460	515
캄보디아	783	892	1,557	1,275	1,727	1,701	2,280	2,732	3,103
인도네시아	13,770	19,242	19,138	18,444	21,810	16,642	3,921	20,579	20,563
라오스	333	467	294	427	913	1,079	1,076	1,695	1,320
말레이시아	9,156	12,001	9,400	12,107	10,875	10,180	11,290	9,296	7,611
미얀마	2,249	2,058	1,354	2,621	946	2,824	2,989	4,002	1,610
필리핀	1,298	1,816	2,797	3,860	5,815	5,639	8,280	10,256	9,949
싱가포르	57,461	39,887	60,102	56,671	73,285	59,702	68,820	83,618	79,723
태국	14,747	2,474	12,899	15,936	4,975	8,928	2,810	8,229	13,205
베트남	8,000	7,519	8,368	8,900	9,200	11,800	12,600	14,100	15,500
총계	108,421	87,563	116,774	120,966	130,115	118,667	113,915	154,969	153,099

* 자료: ASEANStat 자료를 기초로 저자 작성(https://www.aseanstats.org/)

2,700억 달러에 달하며, 이 중 약 53.1%에 달하는 6,700억 달러가 싱가포르에 투자되었다. 농업과 제조업 기반이 약한 싱가포르에 대한 투자는 서비스부문, 특히 금융·보험 산업에 대한 투자가 주를 이루고 있다. 뒤를 이어 인도네시아에 대한 투자가 약 1,780억 달러로 동 기간 순외국인 투자 유입의 14.0%를 차지하고 있으며, 뒤를 이어 베트남(1,120억 달러, 8.9%), 말레이시아(996억 달러, 7.9%), 태국(905억 달러, 7.2%)의 순으로 나타나고 있다. 반면에 석유·가스 산업 외에 산업기반이 약한 브루나이나 내륙 국가인 라오스에 대한 투자는 총 아세안 투자의 1%를 넘지 못하였다.

아세안 역내국 간 투자를 비롯하여 미국, 일본, EU 등 주요국들의 아세안 투자 현황을 살펴보면 먼저 아세안 역내국 간 투자는 2013년 약 185억 달러에서 2017년에는 259억 달러로 증가하였으며 이후 다소 감소하면서 2019년에는 224억 달러를 기록하였다. 미국의 경우는 다소 등락이 있기는 하지만 2015년과 2017년, 2019년에 아세안 최대 투자

그림 2-13. 아세안 국가별 외국인 투자 유입 비중:2010-2018년

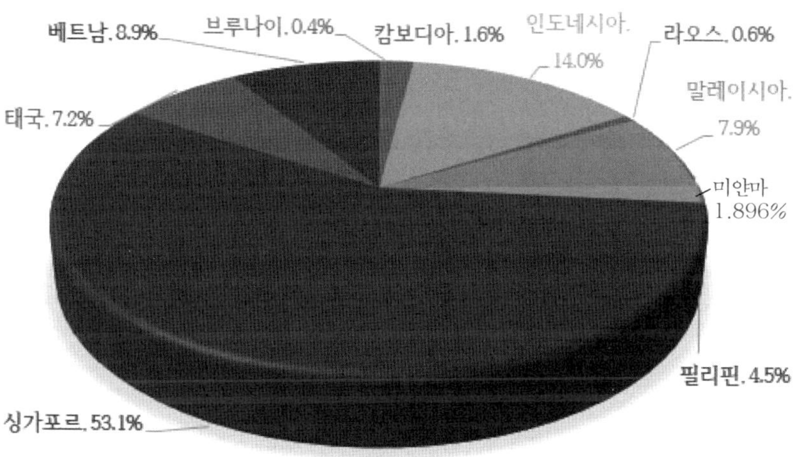

자료: ASEANStat 자료를 기초로 저자 작성(https://www.aseanstats.org/)

국이 되고 있으며, 2000년대 이후 아세안 투자가 빠르게 증가하는 모습을 보여주고 있다. 중국의 대아세안 투자도 2000년대에 들어서면서 빠르게 증가하였다. 중국의 경우 아세안 회원국들과 국경을 접하고 있으며, 아세안 국가에 뿌리내린 화교 경제권이 존재한다는 점은 여타 국가들이 가지고 있지 못한 아세안 투자의 매력 요인이 되고 있다. 2013년 63억 달러 규모이던 중국의 대아세안 투자는 2017년에는 155억 달러로 두 배 이상 증가하였으며 이후 다소 감소하면서 2019년에는 91억 달러의 투자액을 기록하였다. 반면에 일본의 경우 아세안에 대한 투자는 다소 감소하는 추세를 보였다. 2013년 246억 달러이던 대아세안 투자는 이후 130-140억 달러 규모로 감소하였으나 2018년과 2019년에 각각 233억 달러와 204억 달러를 기록하면서 다시 증가하는 모습을 보여주고 있다.

2014-2019년 아세안으로 유입된 외국인 투자를 국가별로 살펴보면 아세안 역내국 간 투자를 제외하면 EU 국가들로부터 아세안으로 유입된 경우가 총 1,590억 달러로 총 유입액의 16.7%를 차지하였다. 그러나 EU의 경우 28개 회원국의 대아세안 투자의 총 합계이다. 국가별로 동 기간 가장 많은 투자를 진행한 국가는 일본으로 약 1,200억 달

표 2-4. 주요국의 대아세안 투자: 2013-2018년

(단위: 십억 달러)

	2013	2014	2015	2016	2017	2018	2019
총 FDI 유입	121.0	130.1	118.7	113.9	155.0	153.1	160.6
아세안 역내	18.5	22.2	20.8	25.0	25.9	24.3	22.4
미국	11.5	21.1	22.9	15.7	26.8	-23.5	24.5
일본	24.6	13.4	13.0	14.0	16.1	23.3	20.4
EU	15.7	28.9	20.4	34.2	17.4	25.7	16.2
중국	6.2	6.8	6.6	11.3	15.5	12.2	9.1
한국	4.3	5.3	5.6	6.3	4.6	5.4	2.6
호주	2.2	4.0	1.4	.9	.7	1.3	2.7

* 자료: ASEANStat 자료를 기초로 저자 작성(https://www.aseanstats.org/)

그림 2-14. 국가별 대아세안 투자 비중:2014-2019년

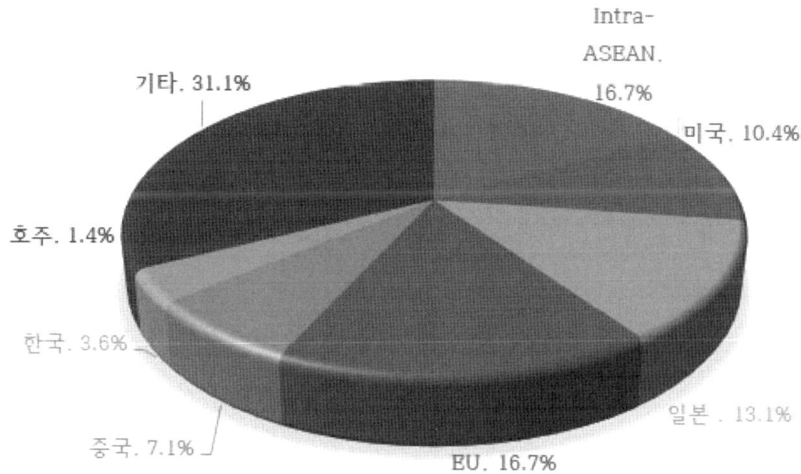

자료: ASEANStat 자료를 기초로 저자 작성(https://www.aseanstats.org/)

러의 투자가 이루어졌으며 이는 아세안으로 유입된 외국인 투자의 13.1%에 해당된다. 미국의 경우 동 기간 약 990억 달러에 이르는 자금 아세안으로 유입되면서 전체 투자의 10.4%를 차지하였다. 뒤를 이어 중국의 대아세안 투자가 총 유입액의 약 7.1%를 차지하였고 한국의 대아세안 투자는 약 341억 달러로 총 외국인 투자 유입의 3.6%를 기록하였다.

아세안의 외국인 투자 유입의 산업별 분포는 주로 금융·보험업과 제조업에 집중된 특징을 보인다. 2014-2019년 산업별 외국인 투자 유입에서 금융 및 보험 산업에 대한 투자는 연평균 408억 달러로 6년간 총 2,400억 달러 이상의 외국인 투자가 발생하였다. 또한 제조업의 경우는 연평균 약 361억, 6년 합계 총 2,170억 달러에 이르는 투자가 제조업 분야에 집중되었다. 더불어 도소매업 및 자동차/오토바이 정비 사업에 대한 외국인 투자도 연 평균 약 195억 달러로 외국인 자본 유입의 주요 산업이 되고 있다. 금융 및 보험 산업과 제조업, 그리고 도소매업

표 2-5. 아세안 분야별 FDI 유입

(단위: 백만 달러)

	2014	2015	2016	2017	2018	2019
농축수산업	4,717	5,389	2,683	4,275	3,609	2,602
광업	7,492	6,542	3,921	2,253	-6,897	3,520
제조업	26,888	28,491	18,688	31,732	54,819	56,242
전기, 가스, 증기 및 에어컨	406	2,040	1,047	7,320	1,319	1,559
상하수, 폐기물 관리 및 개선	89	-40	397	545	150	559
건설	1,053	249	515	1,845	3,282	2,810
도소매업; 자동차 및 오토바이 정비	21,913	10,604	14,895	29,671	21,928	18,282
운송 및 보관	-717	4,327	2,535	221	3,525	1,438
숙박 및 음식서비스	230	449	1,297	333	808	-54
정보, 통신	2,396	1,764	1,888	2,419	2,952	-803
금융 및 보험	44,396	32,141	42,523	41,109	33,022	51,307
부동산업	9,699	8,866	10,399	13,867	13,314	9,873
전문, 과학 및 기술활동	2,048	-36	511	504	1,269	689
행정 및 지원 서비스	201	298	249	220	504	408
공공행정 및 국방	0		25	34	11	11
교육	53	1	65	97	51	38
건강 및 사회사업	206	127	-105	331	812	2,314
예술, 오락 및 레크리에이션	-35	-15	727	47	685	67
기타 서비스	4,864	13,508	5,917	11,237	10,330	3,498
불특정 분야	4,215	3,962	5,737	6,909	7,604	6,202
총계	130,115	118,667	113,915	154,969	153,099	160,562

* 자료: ASEANStat 자료를 기초로 저자 작성(https://www.aseanstats.org/)

그림 2-15. 아세안 산업별 외국인 투자 유입:2014-2019년

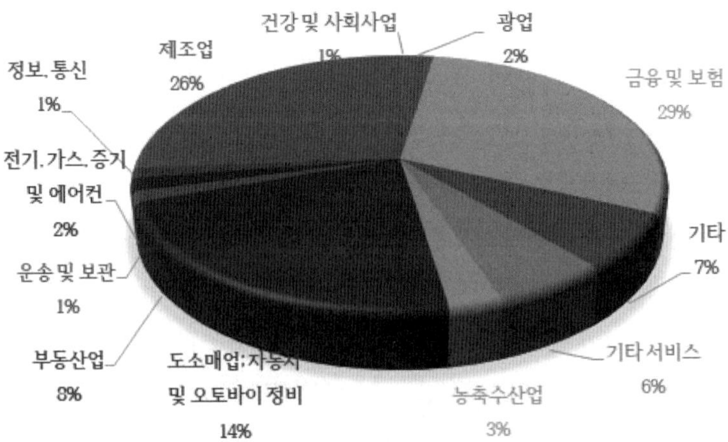

자료: ASEANStat 자료를 기초로 저자 작성(https://www.aseanstats.org/)

및 자동차/오토바이 정비 사업 등 주요 3개 산업에 대한 외국인 투자 비중은 각각 29.4%와 26.1%, 14.1%로 이들 3개 산업에 대한 투자가 총 투자의 69.6%에 달했다.

2.1.4 소결

1967년 발족한 아세안은 다양한 인종적·문화적 배경을 지닌 이질적인 공동체로 싱가포르와 같은 선진국에서 개발도상국과 후진국을 포함하는 다양한 경제적 스펙트럼을 지닌 공동체이다. 1950년대부터 시작된 동남아시아 지역 국가들 간 협력 강화에 대한 역내국들의 노력은 1990년대에 라오스, 캄보디아, 미얀마, 베트남 등 체제전환국가들의 아세안 가입으로 현재의 모습을 완성하였다. EU와 같은 관세동맹이 아닌 느슨한 형태의 연합으로 출발하였으나 2000년대에 들어 경제, 정치·안보, 사회·문화를 포괄하는 공동체로 발전하기 시작하였고, 2015년 12월 아세안 10개국의 단일시장 및 단일 생산기지를 형성하는 아세안 경제공동체 출범을 선언하였다.

또한 아세안은 동아시아 경제통합에서 핵심 주체로 부각하였다. 동남아시아 지역과 한국, 중국, 일본을 포함하는 동아시아 지역의 경제통합에 대한 논의는 1997-98년 아시아를 휩쓴 외환위기 직후 시작되었다. 외환위기를 겪으면서 대외경제정책에 있어 역내국가들 간의 협력이 중요한 이슈로 부각하였고 이에 당시 우리나라의 김대중 대통령의 제안으로 아세안과 한국, 중국, 일본을 포괄하는 ASEAN+3 연구가 개시되면서 동아시아 지역의 거대경제권 탄생이 기대되었다. 그러나 급속하게 성장하는 중국을 견제하려는 일본은 ASEAN+3와는 별도로 기존의 ASEAN+3에 호주, 뉴질랜드, 인도가 참여하는 동아시아 정상회의(East Asian Summit, EAS)를 발족시켰고, ASEAN+3와의 불명확한 관계 속에서 동아시아 경제통합에 대한 논의는 지지부진하게 진행되었다.

이러한 상황에서 아세안은 2013년 아세안이 주도하는 새로운 형태의 역내 경제통합을 제시하였다. 역내 포괄적 경제동반자 협정(Regional Comprehensive Economic Partnership, RCEP)을 제안하였다. 외연적으로는 아세안과 한국, 중국, 일본, 호주, 뉴질랜드, 인도를 포함하는 EAS와 유사하지만, 중국을 둘러싼 참여국들과의 갈등을 조정하는 조정자 역할을 수행하고 아세안이 주도권을 가지고 추진한 RCEP은 지난 2020년 11월 15일 RCEP 제4차 정상회의에서 정식 서명하였다. 비록 인도가 자국 사정으로 인해 최종 서명에 참여하지는 않았으나 RCEP은 34억 명의 인구 규모를 가진 세계 최대 지역무역협정이 되었다.

아세안의 역할과 입지가 확대되면서 우리나라도 아세안과의 관계를 더욱 공고히 하고 있다. 우리나라와 아세안의 개별 회원국과의 관계가 아닌 아세안과의 양자관계는 1989년 부분대화상대국 관계를 체결하면서 시작되었다. 이는 1991년 완전대화상대국 관계로 발전하였고, 2010년에는 동맹의 바로 전 단계인 '전략적 동반자 관계'로 격상되었다. 특히 아세안은 현재 우리나라가 추진하고 있는 신남방정책의 핵심국가/지역이 된다. 2017년 11월 문재인 대통령의 한·인도네시아 비즈니스 포럼 기조연설에서 등장한 신남방정책은 한국과 아세안이 사람(People), 평화(Pease), 상생번영(Prosperity) 공동체를 추진한다는 목표를 제시하였다. 구체적으로는 기존의 상품교역 중심에서 기술, 문화·예술, 인적교류로 교류의 범위를 확대하고, 특정 국가 중심의 교역에서 벗어나 시장 다변화를 추진하며, 외교·안보 등 다양한 분야에서 협력을 강화하여 아세안과의 협력을 미국, 중국, 일본, 러시아 등 주변 4강 수준으로 끌어올린다는 계획을 제시하고 있다.

빠른 경제성장과 풍부한 양질의 노동력, 정치·안보의 안정성은 아세안이 국제무역의 주요 행위자로 부각할 수 있었다. 또한 이러한 아세

그림 2-16. 신남방정책의 한·아세안 미래공동체 구현

안의 비교우위를 활용한 국제생산 네트워크의 심화는 아세안에 대한 외국인 투자자의 관심을 집중시키는 배경이 되었다. 그러나 아세안 회원국 간의 갈등과 경쟁은 위험요인으로 지적된다. 많은 아세안 회원국들 간에 국경분쟁이 여전히 남아 있고, 국제경제에서 아세안 회원국들은 서로 협력의 대상이 아닌 많은 부분에서 경쟁관계를 가지고 있다는 점은 아세안이 하나의 통합된 협력체로서의 발전을 저해하는 요인이 될 수 있다.

2.2 한국의 동남아 투자 현황 및 특징

2.2.1 한국의 해외투자 현황

한국의 전통적인 주요 투자 대상 국가는 미국, 중국, 영국, 캐나다이다. 2011년 기준, 한국의 대세계 투자금액은 2011년에 295.4억 달러

그림 2-17. 한국의 주요 국가 해외 직접투자 추이

(단위: 백만 달러)

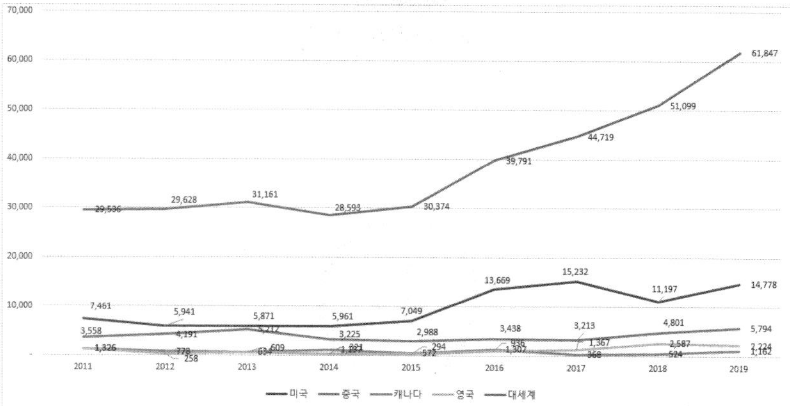

* 자료: 수출입은행 해외 직접투자통계

를 기록한 이후, 그 규모는 꾸준히 증가해 오고 있다. 대세계 투자 규모는 2019년에 최대치를 기록했는데, 그 규모는 618.6억 달러에 이른다. 2020년에는 코로나-19의 확산으로 인해 국가 간의 무역 및 투자 활동이 크게 위축되었다. 2020년 한국의 대세계 투자금액 또한 현저히 줄어들었다. 한국수출입은행의 통계에 따르면 2020년 상반기의 대세계 투자금액은 264.5억 달러를 기록하였는데, 이 규모는 2019년 대세계 투자총액의 42%에 불과한 금액이다.

2019년 주요 국가의 투자 통계를 좀 더 자세히 살펴보면 다음과 같다. 미국, 중국, 영국, 캐나다 등 주요 4개 국가로의 투자금액은 각각 147.8억 달러, 57.9억 달러, 22.2억 달러, 11.6억 달러이다. 이들 국가로 유입된 투자금액이 한국 전체 투자액 중에서 차지하는 비중은 38.7%에 달한다. 2011년에는 그 비율이 46.2%에 달하였으나, 그 비중이 하락하는 추세에 있다. 그 이유는 한국이 이들 국가 외에 다른 지역, 특히 개발도상국으로의 투자를 확대함에 따라 나타나는 현상으로 해석된다. 특히 한국과 인접한 아시아로의 투자가 확대되는 추세에 있다.

아시아 국가 중에서는 중국과 함께 베트남, 인도네시아 등이 한국의 주요한 투자 대상국가이다. 2011-2019년 동안 아세안 지역으로의 총 누적 투자금액은 약 533억 달러이다. 2019년 기준, 한국의 총 해외 직접투자액에서 아세안으로의 투자액이 차지하는 비중은 17.5%이다. 이 비율은 2011년 16.6%에서 지속적으로 감소하다가 2017년에는 11.8%까지 하락하였으나, 2018년 이후 회복세를 보여 2019년에 정점에 이르렀다.

최근 동남아시아 지역이 한국의 주요 투자처로 부상하는 이유는 투자의 탈중국화 현상 때문이다. 중국의 인건비가 상승하고, 미국과 중국과의 무역 분쟁이 심화됨에 따라 한국 기업들이 중국으로의 투자 집중화에서 벗어나려는 현상이 일어났다. 한국 기업들은 상대적으로 인건비가 저렴하고 무역 분쟁으로부터 자유로운 동남아시아 국가로 투자를 선회하고 있다. 2011년 중국으로의 투자금액은 전체 투자액의 12.1%

그림 2-18. 한국의 대아세안 투자 추이

(단위: 백만 달러)

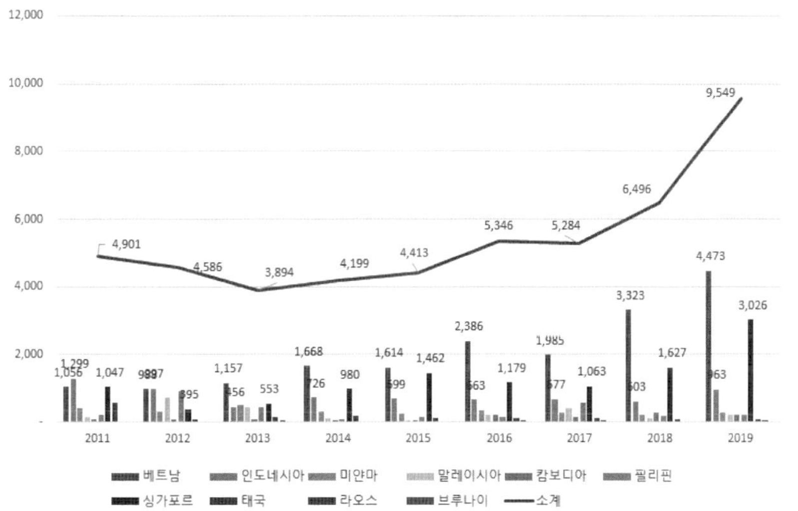

* 자료: 수출입은행 해외 직접투자 통계

였으나, 2019년에는 9.4%로 감소하였다. 그리고 2019년에는 약 57.9억 달러에 이른 대중국 투자는 2020년 상반기 12.6억으로 급감하였다. 반면, 미국으로의 투자액에는 큰 변화가 없었고 오히려 캐나다로의 투자는 증가하였다. 반면, 중국과 영국으로의 투자 감소 현상은 뚜렷하게 나타난다. 2020년 상반기 자료임을 감안하더라도 중국과 영국은 각각 2019년 대비 21.8%, 14.7% 수준에 그치고 있다.[8]

2.2.2 한국의 동남아 투자 특징

본 절에서는 한국의 동아시아 국가별 투자의 특징을 자세히 살펴본다. 특히 한국의 주요 투자처로 인식되고 있는 베트남, 인도네시아, 미얀마, 말레이시아, 캄보디아, 필리핀 등 6개국을 대상으로 한국의 투자 추이 변화 및 산업별 투자 특징에 대하여 살펴보도록 한다.

동남아시아 국가 중에서 한국이 가장 많이 투자하는 국가는 베트남이다. 2011년 약 10억 달러에 불과하였던 대베트남 투자액이 2019년에는 44.7억 달러로 4배 이상 증가하였다. 같은 기간 동안 아세안으로의 투자액이 49억 달러에서 95.5억 달러로 약 96% 증가한 것과 비교하면 얼마나 많은 투자가 베트남으로 향했는지 알 수 있다. 최근 베트남은 미국과 중국 다음의 3대 투자 국가로 부상하였다. 한국 전체 총 해외투자금액의 16.9%에 달할 정도로 베트남으로의 투자가 확대되고 있다. 아시아 국가 중에서 베트남이 차지하는 중요성은 투자액을 비교하면 쉽게 알 수 있다. 2019년 기준, 한국이 베트남에 투자한 금액은 아세안 10개국에 투자한 총액의 46.8%에 달한다. 약 절반에 가까운 투자가

8 2020년 상반기까지의 미국, 중국, 캐나다, 영국으로의 투자금액은 각각 73.7억 달러, 12.6억 달러, 16.9억 달러, 3.3억 달러이다. 수출입은행 해외 직접투자 통계 참조.

표 2-6. 한국의 주요 동남아국가로의 투자 추이

(단위: 백만 달러, %)

	2011	2012	2013	2014	2015	2016	2017	2018	2019
베트남	1,056	988	1,157	1,668	1,614	2,386	1,985	3,323	4,473
인도네시아	1,299	997	456	726	699	663	677	603	963
미얀마	423	328	513	312	244	363	280	216	279
말레이시아	164	729	457	136	60	202	410	122	231
캄보디아	103	96	82	65	43	215	137	290	212
필리핀	208	938	457	94	154	166	566	179	203
아세안 총합	4,901	4,586	3,894	4,199	4,413	5,346	5,284	6,493	9,549

* 자료: 수출입은행 해외 직접투자 통계

베트남 한 국가에서 이루어진 것이다.

한때 인도네시아가 각광을 받는 한국의 투자처였다. 2010년까지 최대 투자지역으로 자리 잡았던 인도네시아는 베트남 경제의 부상으로 인해 투자지역으로서의 매력도가 점점 떨어지고 있다. 2018년에 인도네시아로 흘러들어간 투자액은 2011년과 비교하면 절반 수준에 그쳤다. 그 외, 미얀마, 말레이시아, 캄보디아, 필리핀으로의 투자금액은 약 2억 달러 내외로 큰 차이를 보이지 않는다. 아래 표에서 보는 바와 같이 한국의 아세안 국가로의 투자는 대부분 베트남과 인도네시아에서 이루어지고 있음을 확인할 수 있다.

2.2.2.1 베트남

2011-2019년 동안 한국의 대베트남 투자총액은 약 186.5억 달러이다. 베트남으로의 투자금액은 2011년 10억 달러를 돌파한 이래 그 규모가 꾸준히 증가하여 2019년에는 44.7억 달러까지 증가하였다. 아세안 국가 중에서 두 번째로 투자를 많이 한 인도네시아와는 다른 양상을 보인다. 인도네시아는 2000년대 초만 해도 베트남보다 더 매력적인 투자처였다. 하지만, 투자 매력도가 점점 줄어 들어 마침내 2013년부터는 베

트남과는 다른 투자세를 기록한다. 이후, 한국의 인도네시아로의 투자는 내림세지만, 베트남으로의 투자는 급증하고 있다. 특히, 미국의 트럼프 행정부가 들어선 이후, 미국과 중국과의 통상분쟁이 격화되고 미국의 대중국 수입품에 대한 보호주의 압박이 심화됨에, 한국 기업의 탈중국화 현상이 나타나기 시작했다. 이와 같은 제조업의 탈중국화로 인해 한국 기업은 베트남으로 생산기지를 일부 혹은 전부 이전하기 시작했다. 그리고 베트남은 동남아시아 국가 중에서 말레이시아, 브루나이와 함께 포괄적·점진적 환태평양 경제동반자 협정(Comprehensive and Progressive Trans-Pacific Partnership Agreement, CPTPP)과 역내 포괄적 경제동반자 협정(Regional Comprehensive Economic Partnership Agreement, RCEP)에 동시에 가입한 회원국이다. 따라서 베트남에서 생산된 제품을 다른 회원국으로 수출하기에 상대적으로 유리한 입장이며, 이를 활용하기 위한 세계 각국의 투자가 증가하고 있다. 한국은 지리적으로도 가까운 이점을 가진 베트남을 매력적인 투자처로 인식하고 있으며 이런 복합적인 요인이 작용한 결과 기존에 매력적인 투자처로 인식되던 인도네시아로의 투자는 감소한 반면 베트남으로의 투자는 급증하게 되었다.

베트남에 대한 한국의 투자 행태를 업종별로 살펴보면, 제조업으로의 투자가 압도적임을 확인할 수 있다. 2019년 기준, 총 투자액 44.7억 달러 중에서 제조업으로 투자된 금액은 총 25.5억 달러로 전체 금액의 약 57%에 달한다. 베트남은 젊은 노동력을 풍부하게 보유하고 있을 뿐만 아니라 중국에 비하여 상대적으로 저렴한 노동력을 활용하고자 하는 한국의 제조업이 현지에 진출함에 따라 최근 투자금액이 크게 증가하였다. 제조업 다음으로 투자가 높은 산업은 금융 및 보험업이다. 제조업과 함께 동반된 금융산업의 진출로 인해 2019년 총 12.2억 달러(27.3%)의 투자가 금융업에 이루어졌다. 과거에는 제조업으로의 투자 쏠림 현상이 심했던 반면 최근에는 은행의 지점이 설립되고 그에 따른

그림 2-19. 한국의 대베트남 산업별 투자 비중(2019년, %)

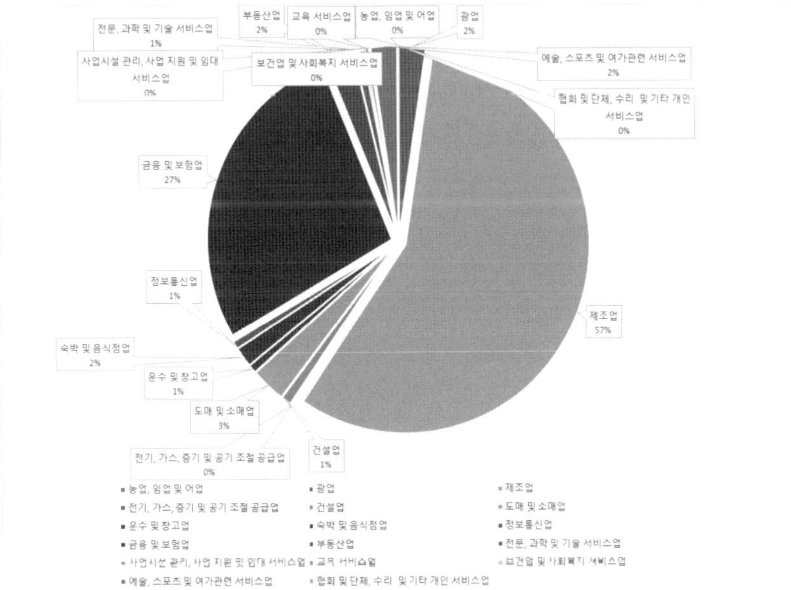

* 자료: 수출입은행 해외 직접투자 통계

후속 투자가 이루어지고 있다는 것이 최근 베트남 투자에서 나타나는 가장 큰 변화이다. 그 외에도 도매 및 소매업 1.4억 달러, 부동산업 1.1억 달러, 광업 1.1억 달러, 예술 및 스포츠 산업 1.0억 달러의 투자가 이루어졌고, 나머지 산업으로의 투자는 미미하다.

2019년 베트남에 신규로 설립된 법인의 수는 915개이다. 예상한 바와 같이 제조업에서의 신규 법인 수가 397개로 가장 많고, 도매 및 소매업에서 195개, 정보통신업에서 59개, 숙박 및 음식업에서 51개의 신규 법인이 설립되었다. 정보통신업과 숙박 및 음식업의 신규 법인 설립이 많았음에도 불구하고 투자금액은 다소 적은 편이다. 제조업에서는 공장을 설립해야 하는 고정투자비용이 많이 들지만, 이와 같은 산업에서는 소규모의 사무실 개소 혹은 식당 개점 등의 투자가 주를 이루기 때문으로 분석된다.

그림 2-20. 한국의 대베트남 투자 유형 추이(2001, 2011, 2019년)

(단위: 백만 달러)

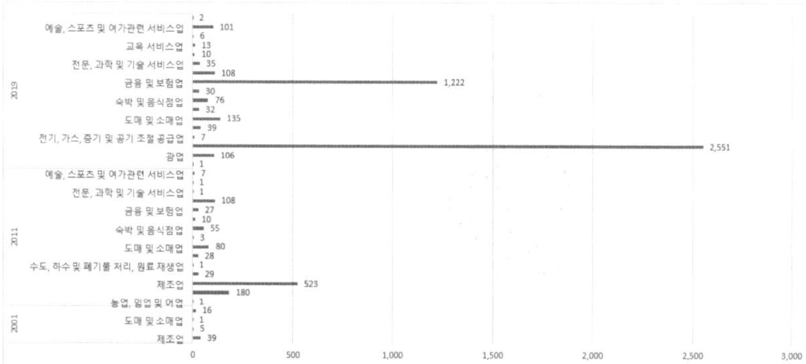

* 자료: 수출입은행 해외 직접투자 통계

연도별 투자 추이를 살펴보면, 2001년 한국의 대베트남 투자액은 불과 6,200만 달러에 불과하였다. 그중에서 제조업으로 3,900만 달러, 부동산으로 1,600만 달러가 이루어지는 등 투자대상 산업도 제조업과 부동산으로 한정되어 있었다. 하지만, 2011년에는 베트남으로의 투자 규모가 10.6억 달러로 매우 증가하였으며, 투자대상 산업도 제조업, 부동산업뿐만 아니라 광업, 숙박업, 도소매업으로 확대되었다. 그리고 2019년에는 투자대상 산업이 더욱 다변화되었으며, 특히 금융산업으로의 진출이 활발하게 진행되었다.

베트남 투자의 절반 이상을 차지하는 제조업의 투자 행태를 좀 더 자세히 살펴보면, 2019년 기준, 제조업 중에서 투자가 가장 많이 이루어진 분야는 전자부품산업으로서 7.5억 달러(제조업 전체의 29.3%)의 투자가 이루어졌다. 그 다음으로는 1차 금속제조(4.5억 달러, 17.7%), 화학(1.7억 달러, 6.7%), 기타 기계류(1.5억 달러, 5.9%), 섬유(1.3억 달러, 5.1%)의 순서이다. 일반적으로 개발도상국으로의 투자는 의류 산업, 신발산업 등과 같은 노동집약적 재화생산 분야에서 많이 이루어진다. 하지만, 〈그

그림 2-21. 베트남 제조업 유형별 투자(2019년, %)

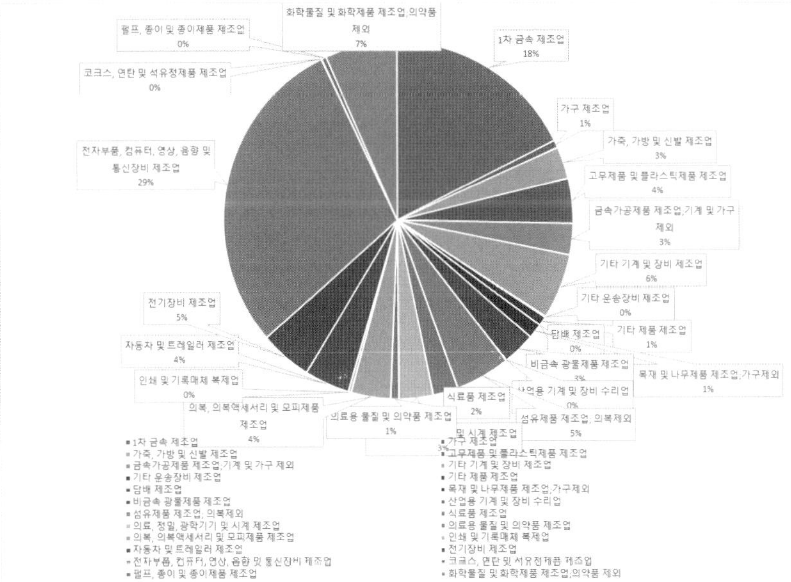

* 자료: 수출입은행 해외 직접투자 통계

림 2-21〉에서 보는 바와 같이, 베트남으로의 제조업 투자는 반대 현상을 보인다. 전통적 노동집약적 산업보다는 자본집약적 산업에 더 많은 투자가 이루어지고 있다. 아세안의 다른 국가에 비하여 풍부한 숙련 노동자를 쉽게 구할 수 있지만, 베트남 정부가 산업 고도화를 위해 적극적으로 외국인 투자 인센티브를 제공한 이유도 한몫 한다. 그리고 RCEP, CPTPP 가입 등 자유무역에 적극적으로 참여한 상황을 이용하고자 한국의 제조 대기업이 대규모의 투자를 한 결과이기도 하다.

2.2.2.2 인도네시아

과거 인도네시아는 아시아 국가 중에서 가장 중요한 한국의 투자 대상국 중 하나였다. 2000년대 초, 인도네시아는 경제개발회랑(economic development corridor)을 발표하면서 인프라 확충, 투자 활성화 정책 등의

그림 2-22. 한국의 대인도네시아 산업별 투자 비중(2019년, %)

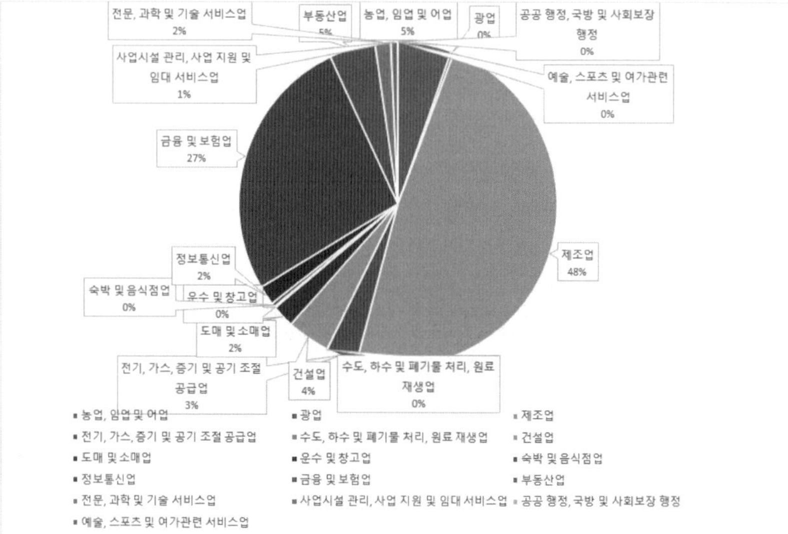

* 자료: 수출입은행 해외 직접투자 통계

분위기가 조성됨에 따라 한국의 대인도네시아 투자가 증가하기 시작하였다. 그 결과 2011년, 한국의 인도네시아 투자는 약 13억 달러로 최대치를 기록하였다. 하지만, 이후 한국의 인도네시아 투자는 전반적으로 감소세에 접어들었다. 특히 2018년에는 한국의 인도네시아로의 투자액은 6억 달러에 그쳐 2011년 대비 약 절반 가까이 감소하기까지 하였다. 2019년도에는 그 규모가 약 9.6억 달러로 회복세에 접어들었다.

업종별 투자를 살펴보면, 베트남과 마찬가지로 제조업으로의 투자 비중이 높다. 2019년 기준, 대인도네시아 총 투자액 9.6억 달러 중에서 제조업으로 투자된 금액은 총 4.7억 달러로 전체 금액의 약 48%를 차지한다. 다음으로 투자가 많이 이루어진 분야는 금융 및 보험업이다. 2019년 총 2.6억 달러(26.6%)의 투자가 금융 및 보험업으로 이루어졌다. 그 외에도 농림수산업에 5,200만 달러, 부동산업 4,500만 달러, 건설업 42만 달러 등이 투자되었다.

2019년 인도네시아에 신규로 설립된 법인 수는 101개이다. 제조업이 40개로 가장 많고, 도매 및 소매업 18개, 정보통신업 8개, 금융 및 보험업이 7개가 각각 설립되었다.

과거 약 20년간 투자 추이를 살펴보면, 2001년 한국의 대인도네시아 투자액은 1.9억 달러에 불과하였다. 그중에서 제조업 분야로의 투자액은 1.6억 달러로 전체 투자액의 84%를 차지할 정도로 제조업 중심의 투자 행태를 보였다. 2011년에는 투자 규모가 13.0억 달러로 많이 증가하였으며, 투자대상 산업도 제조업뿐만 아니라 광업, 농업, 도소매업으로 확대되었다. 그리고 2019년에는 투자액이 다소 줄었지만, 투자대상 산업은 금융산업 등 서비스업으로 다양화되는 양상을 보인다.

인도네시아 투자의 대부분을 차지하는 제조업의 투자 행태를 좀 더 자세히 살펴보면, 2019년 기준 제조업 중에서 투자가 가장 많이 이루어진 분야는 가죽·가방·신발 제조업으로서 1.2억 달러(제조업 전체의 25.4%)의 투자가 이루어졌다. 다음으로는 화학(9,900만 달러, 21.2%),

그림 2-23. 한국의 대인도네시아 투자 유형 추이(2001, 2011, 2019년)

(단위: 백만 달러)

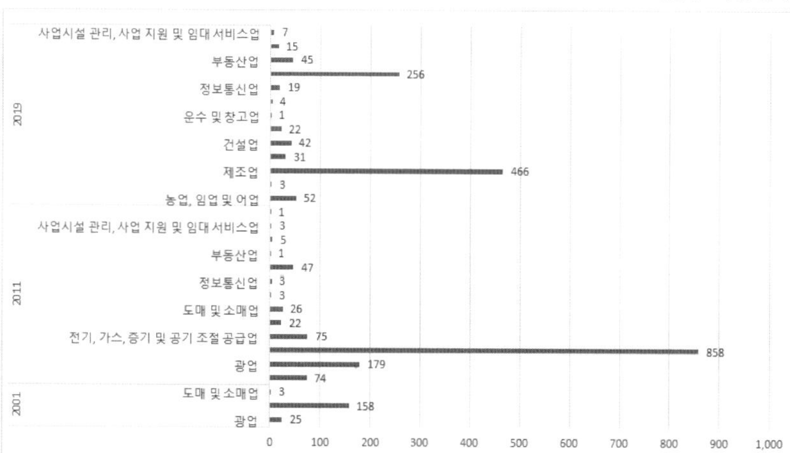

* 자료: 수출입은행 해외 직접투자 통계

그림 2-24. 인도네시아 제조업 유형별 투자(2019년, %)

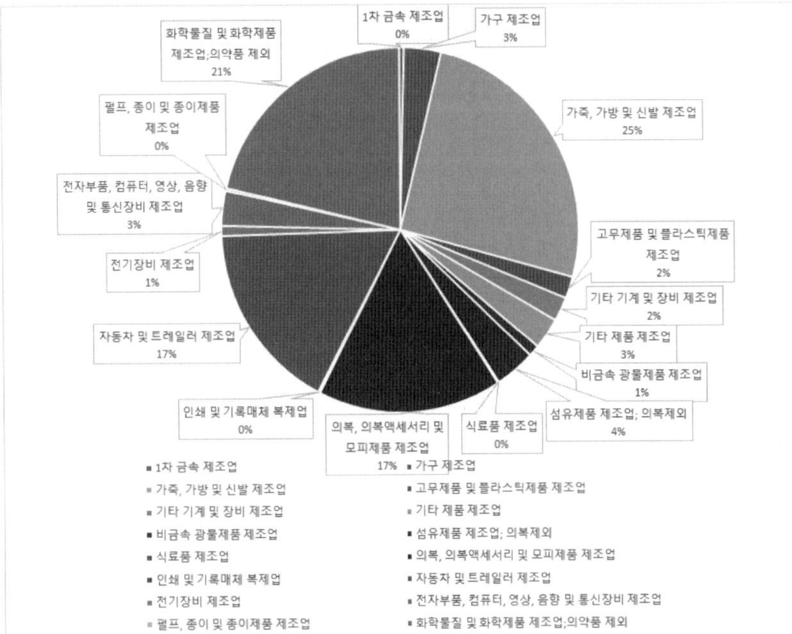

* 자료: 수출입은행 해외 직접투자 통계

자동차 제조업(7,800만 달러, 16.7%), 의복 및 모피제조업(7,700만 달러, 16.6%)의 순서이다. 베트남과 달리 인도네시아에서는 노동집약적 재화 생산으로의 투자가 상대적으로 높은 것이 특징이다.

2.2.2.3 미얀마

2011-2019년 동안 한국의 대미얀마 투자총액은 약 29.6억 달러이다. 이는 동 기간 필리핀의 누적투자액(29.7억 달러)과 거의 비슷한 수준이다. 한국의 대미얀마 투자는 2013년 5.1억 달러로 정점을 찍은 후 내림세에 있다.

미얀마로의 투자대상이 되는 산업을 살펴보면, 앞서 살펴본 베트남, 인도네시아에 비교하여 일부 산업에 국한되어 있으며, 특히 광업 투자

그림 2-25. 한국의 대미얀마 산업별 투자 비중(2019년, %)

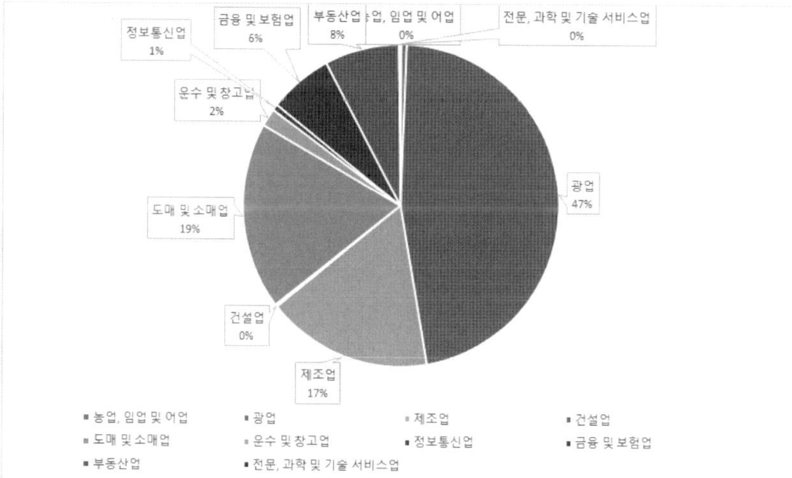

* 자료: 수출입은행 해외 직접투자 통계

가 대부분을 차지한다. 2019년 기준, 총 투자액 2.8억 달러 중에서, 광업 분야로의 투자금액은 1.3억 달러로 전체에서 46.8%를 차지한다. 베트남과 인도네시아는 제조업으로의 투자가 집중됐지만, 미얀마는 1차 산업 특히 광업 분야로의 투자 비중이 높다. 이는 상대적으로 다른 동남아시아 국가와 비교하면 산업화가 덜 이루어졌을 뿐만 아니라, 숙련인력 부족 등의 이유로 제조업으로의 투자는 이루어지지 않은 것으로 평가된다. 도매 및 소매업(5,200만 달러), 제조업(4,700만 달러), 부동산업(2,100만 달러), 금융 및 보험업(1,800만 달러)의 순서로 투자가 이루어졌다.

2019년 미얀마에 신규로 설립된 법인 수는 41개이다. 제조업이 16개로 가장 많고, 도매 및 소매업 6개, 부동산업 6개 설립되었다. 반면 투자가 가장 많이 이루어진 광업에서의 신규 설립 법인은 전혀 없어, 광업에는 기존 투자자들의 재투자가 활발하게 이루어진 것으로 판단된다.

2001년 한국의 대미얀마 투자액은 6백만 달러에 불과하였다. 제조업 투자액 5백만 달러, 도매 및 소매업 1백만 달러가 전부였다. 2011년

그림 2-26. 한국의 대미얀마 투자 유형 추이(2001, 2011, 2019년)

(단위: 백만 달러)

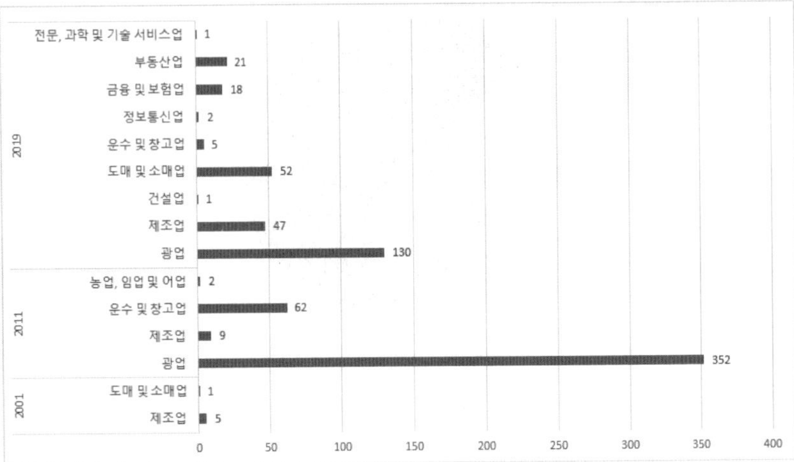

＊자료: 수출입은행 해외 직접투자 통계

에는 투자 규모가 4.2억 달러로 많이 증가하였으며, 대부분의 투자는 광업(3.5억 달러, 83.2%)에서 발생하였으며, 제조업으로의 투자는 9백만 달러에 불과하였다. 그 외에도 운수 및 창고업으로의 투자가 6,200만을 차지하였다. 그리고 2019년에는 투자액이 2.8억 달러로 줄었다. 여전히 광업이 주요 투자 산업으로 자리한다. 전체 투자액의 46.6%인 1.3억 달러가 광업으로 투자되었으며, 제조업으로는 4,700만 달러가 투자되었다.

앞서 살펴본 바와 같이, 한국 투자의 대부분은 광업에서 이루어졌다. 2019년 기준 제조업으로 투자금액은 4,700만 달러이다. 제조업 중에서는 의복 및 모피제품 산업으로의 투자가 약 43%를 차지한다. 그 외에는 가죽, 가방, 신발 제조업(8백만 달러), 금속가공업(6백만 달러)에 소규모의 투자가 이루어졌다.

그림 2-27. 미얀마 제조업 유형별 투자(2019년, %)

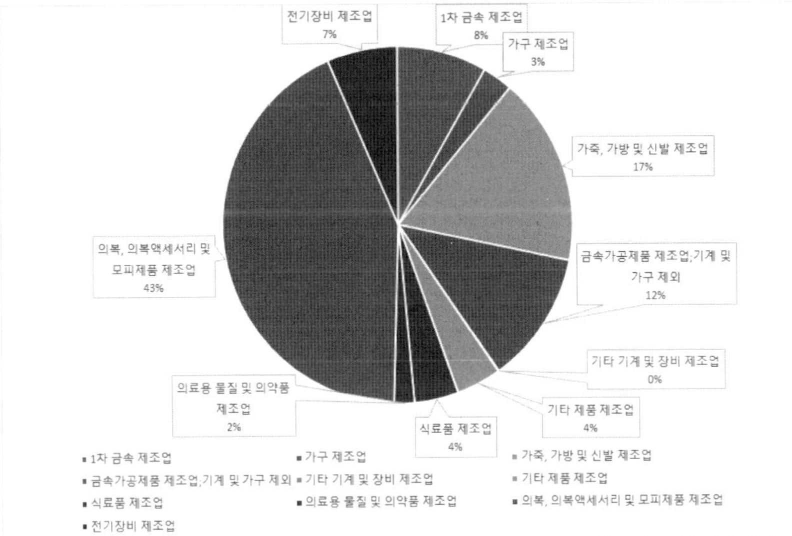

* 자료: 수출입은행 해외 직접투자 통계

2.2.2.4 말레이시아

2011년 이후, 말레이시아로의 누적 투자액은 약 25.1억 달러이다. 이는 아세안 10개국 중에서 6번째로 많은 투자액이다. 2012년 약 7.3억 달러를 기록한 이후, 말레이시아로의 투자는 감소세에 있으며, 2019년에는 2.3억 달러가 투자되어 투자의 감소세가 뚜렷하다.

말레이시아로의 투자 유형을 살펴보면, 제조업 투자에 크게 집중되어 있음을 알 수 있다. 2019년 기준, 총 투자액 2.4억 달러 중에서 제조업으로의 투자액은 약 1.8억 달러(약 76%)에 달한다. 도매 및 소매업(1,800만 달러), 사업 서비스(1,600만 달러) 외에 일부 소규모의 투자가 광업, 부동산업에 투자되었을 뿐 다른 산업으로의 투자는 미미하다.

2019년 말레이시아에 신규로 설립된 법인 수는 34개이다. 제조업이 9개로 가장 많고, 도매 및 소매업 8개, 건설업 4개 설립되었다. 반면 상대적으로 투자가 많이 일어난 사업서비스에서의 신규 법인은 설립되지

그림 2-28. 한국의 대말레이시아 산업별 투자 비중(2019년, %)

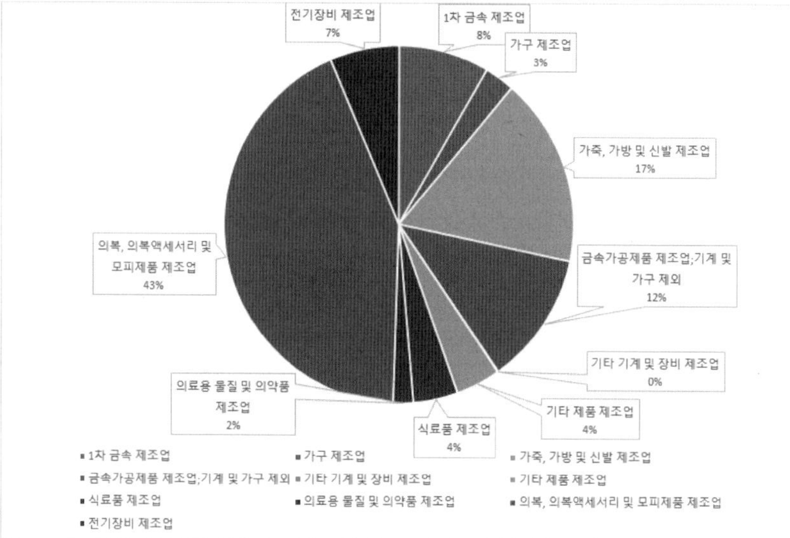

* 자료: 수출입은행 해외 직접투자 통계

않아서 기존 진출 기업이 사업서비스를 확장, 재투자한 것으로 판단된다.

2001년 한국의 대말레이시아 투자액은 2,100만 달러에 불과하였다. 당시의 투자는 대부분 건설업에서 이루어졌다. 건설업으로의 투자가 1,680만 달러로서 전체 투자액의 77%를 차지하였다. 제조업 투자액은 410만 달러에 그쳤고, 도매 및 소매업, 사업서비스에 소규모 투자가 이루어졌다. 2011년에는 투자 규모가 1.6억 달러로 많이 증가하였으며, 투자 유형도 건설업에서 제조업으로 변모하였다. 제조업(7,480만 달러, 45.6%)에서 대규모 투자가 발생하였고, 건설업으로의 투자는 대폭 감소하여 330만 달러에 불과하였다. 그 외에도 정보통신업(2,090만 달러), 광업(4,830만 달러)으로의 투자가 이루어졌다. 그리고 2019년에는 2.3억 달러의 투자가 이루어졌으며, 여전히 제조업이 주요 투자 산업으로 자리 잡고 있다. 전체 투자액의 75.8%인 1.8억 달러가 제조업으로 투

그림 2-29. 한국의 대말레이시아 투자 유형 추이(2001, 2011, 2019년)

(단위: 백만 달러)

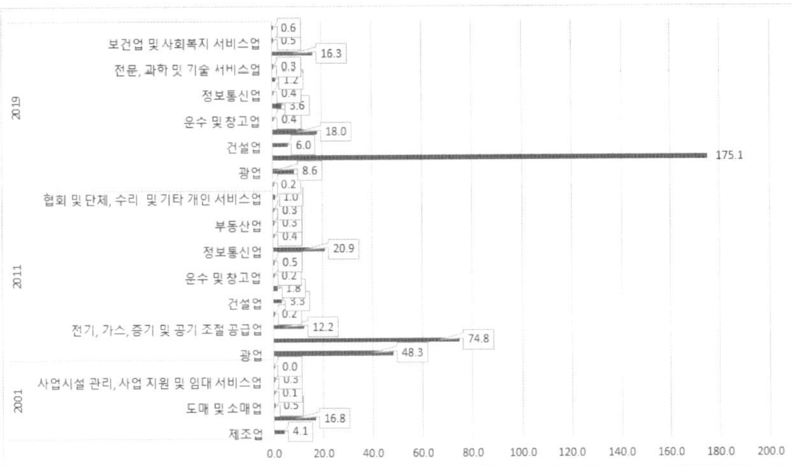

* 자료: 수출입은행 해외 직접투자 통계

자되었으며, 소규모의 투자가 사업서비스(1,630만 달러), 도매 및 소매업(1,800만 달러)에서 발생하였다.

말레이시아 투자의 대부분을 차지하는 제조업의 투자 행태를 좀 더

그림 2-30. 말레이시아 제조업 유형별 투자(2019년, %)

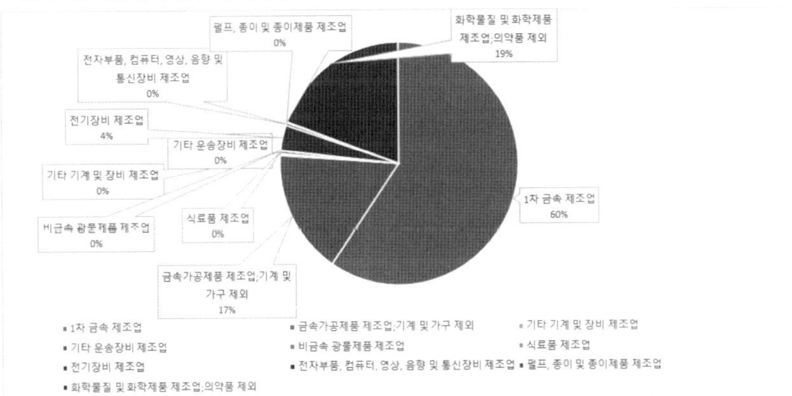

* 자료: 수출입은행 해외 직접투자 통계

자세히 살펴보면, 2019년 기준 제조업 중에서 투자가 가장 많이 이루어진 분야는 1차 금속 제조업으로서 약 1.0억 달러(제조업 전체의 59.6%)의 투자가 이루어졌다. 그다음으로는 화학물질 제조업(3,390만 달러, 19.3%), 금속가공제조업(2,900만 달러, 16.5%) 전기장비제조업(7,800만 달러, 16.7%) 순서이다. 말레이시아 제조업 중에서 금속 관련 제조업의 비중이 절대적으로 높으며, 베트남, 인도네시아와 달리 말레이시아로는 금속 및 화학 산업의 투자 비중이 높은 것이 특징이다.

2.2.2.5 캄보디아

2011-2019년 이후, 캄보디아로의 누적투자액은 약 12.4억 달러이다. 이는 아세안 10개국 중에서 라오스(4억 달러), 브루나이(9백만 달러)를 제외하면 제일 적은 액수이다. 2015년 약 4,300만 달러로 최저의 투자액을 보인 후, 2018년 2.9억 달러, 2019년 2.1억 달러를 기록하는 등 캄보

그림 2-31. 한국의 대캄보디아 산업별 투자 비중(2019년, %)

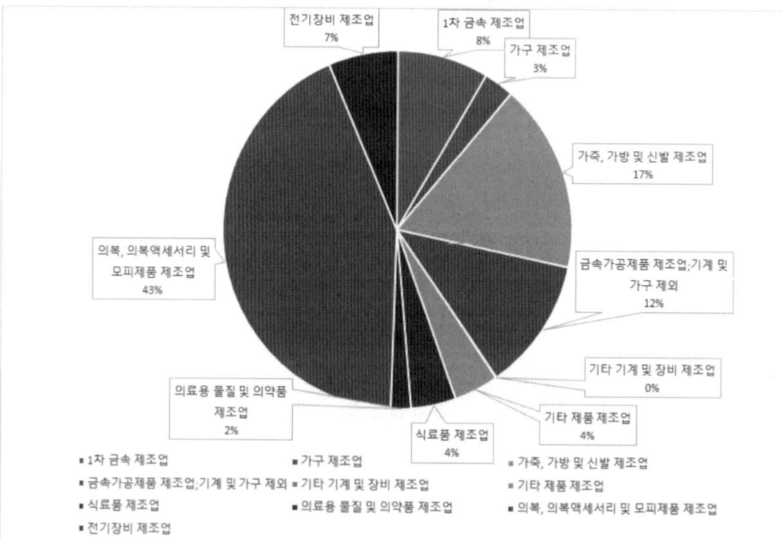

* 자료: 수출입은행 해외 직접투자 통계

그림 2-32. 한국의 대캄보디아 투자 유형 추이(2001, 2011, 2019년)

(단위: 백만 달러)

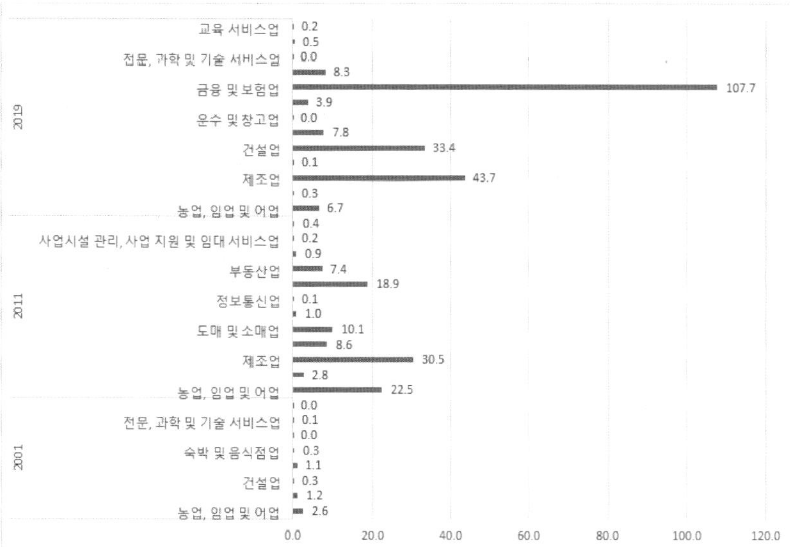

* 자료: 수출입은행 해외 직접투자 통계

디아로의 투자액이 증가하는 추세이다. 하지만 다른 나라에 비하여 투자 규모는 절대적으로 작다.

투자 유형을 살펴보면, 금융 및 보험업에 집중되어 있다. 2019년 기준, 총 투자액 2.1억 달러 중에서 금융 및 보험업으로의 투자액은 약 1.1억 달러(약 50.7%)에 달한다. 그 외에, 제조업(4,400만 달러), 건설업(3,300만 달러) 분야에 투자가 이루어졌고, 그 이외의 분야에 대한 투자 규모는 아주 적다.

2019년 캄보디아에 신규로 설립된 법인 수는 27개이다. 제조업, 전기가스업, 부동산업이 각각 4개씩 가장 많았다. 금융 및 보험업은 총 3건의 투자가 이루어져서, 건당 투자액이 가장 큰 분야이기도 하다.

2001년 한국의 대캄보디아 투자액은 약 5.6백만 달러에 불과하였다. 투자 대부분은 농림수산업에 이루어졌고, 일부 금액이 제조업과 도소매업에서 발생하였다. 2011년에는 투자 규모가 1.0억 달러로, 10년 만에 약 20배 가까이 증가하였다. 그리고 투자 유형도 농림수산업에서 제조업과 금융업으로 분산되었다. 당시 제조업(3,050만 달러, 29.5%), 농림수산업(2,250만 달러, 21.8%), 금융 및 보험업(1,890만 달러, 18.3%)으로의 투자액이 전체 투자액의 약 70%에 해당하여, 투자의 쏠림 현상은 여전하였다. 그리고 2019년에는 2.1억 달러의 투자가 이루어졌다. 투자의 중심이 금융업으로 바뀌었음을 확인할 수 있다. 금융 및 보험업(1.1억 달러, 50.7%), 제조업(4,370만 달러 20.6%), 건설업(3,330만 달러, 15.7%)에서 투자가 상대적으로 많이 이루어졌고, 과거의 전통적인 투자 분야였던 농림수산업으로의 투자는 불과 660만 달러(3.1%)에 불과하였다.

2019년 기준 제조업 중에서 투자가 가장 많이 이루어진 분야는 의류업이다. 전체 제조업 투자액의 28.7%인 1,250만 달러의 투자가 의본 및 모피제품 제조업에서 이루어졌으며, 그 다음으로는 가죽, 가방 제조업(1,000만 달러, 23.1%), 음료 제조업(990만 달러, 22.9%), 식료품 제조업(510만 달러, 11.7%) 순서이다. 다른 나라들과 달리, 생필품 및 소비재로의 투자가 상대적으로 높은 것이 특징이다. 그 외에도 고무제품 제조업

그림 2-33. 캄보디아 제조업 유형별 투자(2019년, %)

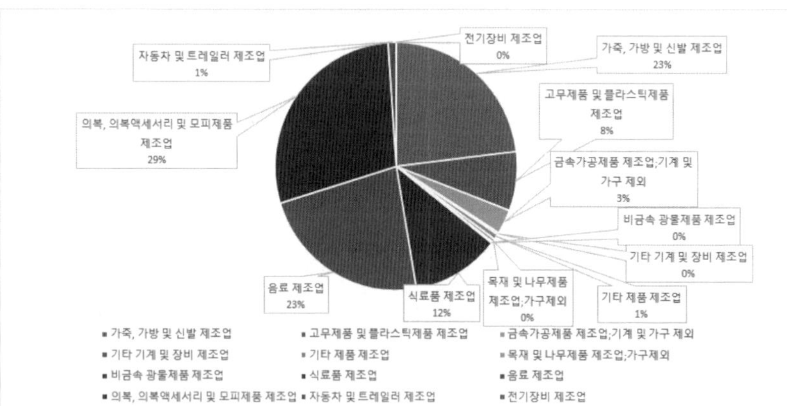

* 자료: 수출입은행 해외 직접투자 통계

에 140만 달러가 이루어졌으나, 금융 및 보험 산업에는 전혀 투자가 이루어지지 않았다.

2.2.2.6 필리핀

2011-2019년, 필리핀으로의 누적투자액은 약 29.7억 달러로, 싱가포르, 베트남, 인도네시아 다음으로 투자가 많이 이루어졌다. 2012년 약 9.4억 달러로 베트남(9.9억 달러) 및 인도네시아(10.0억 달러)와 비슷한 규모의 투자가 이루어졌다. 하지만 한국의 동남아시아 투자가 베트남으로 집중화되면서 필리핀으로의 투자는 점점 줄어들었다. 2014년 9,400만 달러의 최저 투자를 기록하였으나, 과거처럼 대규모의 투자는 더 이루어지지 못하고 있다.

필리핀 투자는 건설업에 집중되어 있다. 2019년 기준 총 투자액 2.0억 달러 중에서 건설업으로의 투자액은 약 1.1억 달러(약 54.1%)에 달한

그림 2-34. 한국의 대필리핀 산업별 투자 비중(2019년, %)

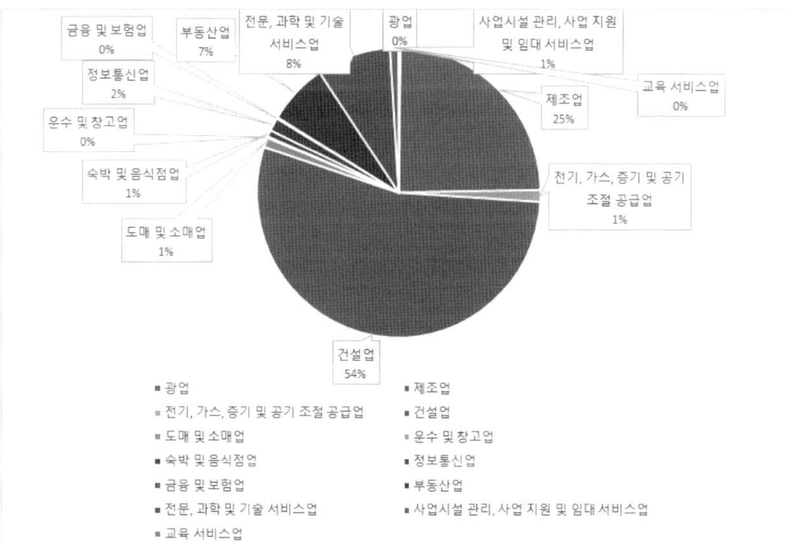

* 자료: 수출입은행 해외 직접투자 통계

다. 제조업(4,900만 달러, 24.5%)이 다음 투자대상 산업이었고, 과학기술서비스업(1,700만 달러), 부동산업(1,400만 달러)에 소규모의 투자가 이루어졌다.

2019년 필리핀에 신규로 설립된 법인 수는 42개이다. 제조업과 건설업에 각각 13개와 10개 투자되었으며, 나머지 산업에는 소규모의 법인이 새로 설립되었다.

2001년 한국의 대필리핀 투자액은 약 7,900만 달러였다. 투자 대부분은 제조업에 이루어졌고, 건설업과 숙박업에도 일부 투자가 이루어졌다. 2011년에는 투자 규모가 약 2.1억 달러로 증가하였다. 여전히 제조업이 중요한 투자대상이었지만 건설업과 부동산업 또한 꾸준한 투자가 이루어졌다. 제조업 투자 비중은 2001년에 73%였으나, 2011년에는 43%로 축소되었으며, 건설업과 부동산업의 투자 비중은 유사하였다. 반면 투자대상의 산업이 다양화되었음을 확인할 수 있다. 2001년에는 8개 산업으로 투자가 이루어졌으나, 2011년에는 17개 산업으로 확대

그림 2-35. 한국의 대필리핀 투자 유형 추이(2001, 2011, 2019년)

(단위: 백만 달러)

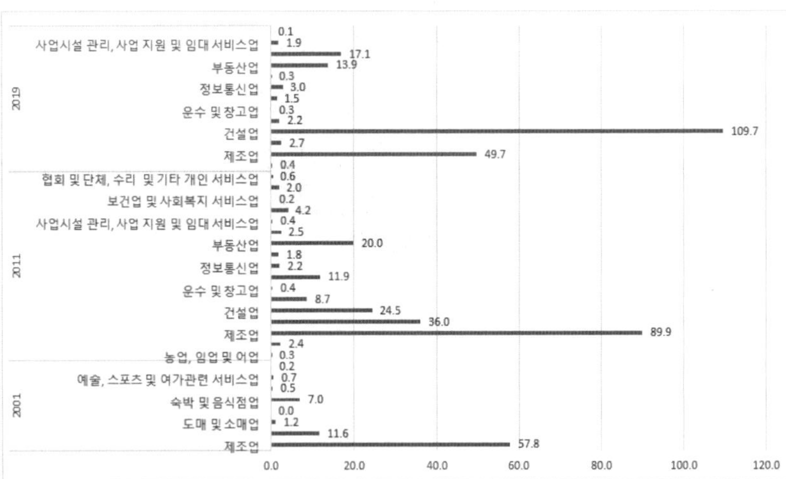

* 자료: 수출입은행 해외 직접투자 통계

그림 2-36. 필리핀 제조업 유형별 투자(2019년, %)

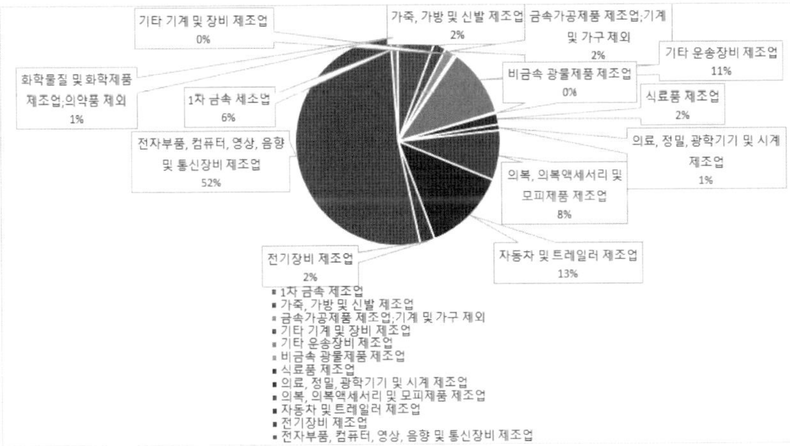

* 자료: 수출입은행 해외 직접투자 통계

되었다. 그리고 2019년에는 2.0억 달러의 투자가 이루어져서 10년 동안 투자 규모 측면에서는 큰 변화가 없었다. 투자의 중심이 제조업에서 건설업으로 이동하였다. 건설업 투자는 전체 투자액의 54.1%를 차지하였으며, 제조업이 24.5%를 차지하였다. 상기 두 산업 이외의 산업에는 소규모의 투자만이 발생하였다.

2019년 기준 제조업 중에서 투자가 가장 많이 이루어진 분야는 전자 관련 부품산업이다. 전체 제조업 투자액의 52.2%인 2,590만 달러의 투자가 전자부품산업으로 집중되었으며, 그다음으로는 자동차 제조업(650만 달러), 기타 운송장비 제조업(530만 달러)의 순서이다. 다른 동남아시아 국가들과는 달리, 전자와 운송기기 산업으로의 투자가 대부분을 차지한다.

2.2.3 소결

한국의 아시아 국가로의 투자는 꾸준히 증가하고 있다. 앞선 절에서 살펴본 바와 같이, 한국이 투자한 아시아 주요 6개 국가별 주요 산업을 요약하면 〈표 2-7〉과 같다. 미얀마를 제외한 5개 국가로의 주요 투자는 제조업에서 이루어지고 있다. 특히 베트남과 말레이시아의 경우 한국의 상위 투자대상 산업은 모두 제조업이다. 베트남은 한국의 대기업이 진출한 전자산업의 글로벌 가치사슬(GVC)에 속한 전자부품산업에서의 투자가 가장 많이 일어났으며 1차 금속 제조업과 화학 산업이 그 뒤를 잇는다. 그리고 말레이시아에서는 1차 금속제조, 화학, 금속가공 분야에서의 투자가 주를 이루고 있다. 한국의 전자분야 대기업이 투자한 베트남의 특수한 경우를 배제한다면, 1차 금속제조와 화학 산업이 두 국가의 공통된 투자처임을 확인할 수 있다.

인도네시아와 캄보디아의 제1 투자업종은 금융업이다. 투자 규모는 아직 크지 않으나, 개발도상국으로의 투자가 제조업 중심인 다른 국가에 비하여 서비스업으로의 투자가 일어나고 있음을 알 수 있다. 개발도상국의 대표적인 노동집약적인 산업인 의류, 신발 등으로의 한국 투자는 많이 줄었다. 그러나 캄보디아에서는 아직 의류 산업이 주요 산업을

표 2-7. 아세안 주요 국가 주요 투자대상 산업

	투자 1순위	투자 2순위	투자 3순위
베트남	전자부품	1차 금속제조	화학제품
인도네시아	금융업	가죽, 가방, 신발	화학제품
미얀마	광업	도소매업	부동산업
말레이시아	1차 금속제조	화학제품	금속가공제품
캄보디아	금융업	건설	의류
필리핀	건설	전자부품	전문과학기술 서비스

* 자료: 저자 작성

차지하고 있는 바, 한국의 동 분야에 대한 투자는 꾸준히 이루어지고 있다.

그러나 상기 동남아 국가와 비교하여 산업의 발전 정도가 상대적으로 낮은 미얀마에서는 제조업보다는 광물과 소규모의 투자가 가능한 도소매업, 부동산업에서의 투자가 주를 이루고 있다.

제3장 동남아 6개국의 외국인 투자제도와 정책

3.1 베트남

3.1.1 외국인 투자 관련법과 조직

유엔 무역개발협의회(UNCTAD)의 2020년 세계투자보고서(World Investment Report)에 따르면 베트남에 투자된 외국인 직접투자(FDI)는 2019년 161억 달러로 전년(2018년 155억 달러)보다 증가했고, 2019년 베트남의 FDI 누적액은 1,610억 달러에 다다른다. 베트남 기획투자부(MPI)에 따르면, 2019년 한국은 베트남 외국인 투자의 23.2%로 1위 투자국을 유지하는 등 한국의 베트남 시장을 향한 투자에 관심이 많은데, 이를 위해 베트남의 외국인 투자 관련법과 조직에 대해 살펴본다.

3.1.1.1 외국인 투자 관련법

1987년 베트남의 외국인 투자법이 처음 제정된 이후로 베트남 정부는 외국과의 경제협력을 확대하고 국가 경제를 발전시키기 위해 노력하고 있다. 베트남은 외국인 직접투자(FDI)와 관련된 명확한 규정이 없으나, 베트남의 투자법이나 기업법 등 투자 관련법 및 부속서 혹은 국제협정에 근거하여 내국인 투자자와 외국인 투자자가 동등하게 투자할 수 있다.[9] 베트남의 현행 투자법으로는 2021년 1월 현재 2020년 투자법(No.61/2020/QH14)이며, 기존 2014년 투자법[10]을 대체한다. 현재 베트남 내 외국인 투자자들은 2020년 투자법에 명시된 외국인 투자금지 및 제한 분야에 따라 투자할 수 있다.[11] 외국인 투자금지 분야로는 2014년 투자법 부속서 1[12]에 규정된 마약 물질 등이 있으며, 투자제한 분야의 경우 베트남 정부가 외국인 소유지분에 대해 제한적으로 허용이나 법정 자본금의 비중에 대해 조건을 둔다는 내용을 담고 있다.[13] 〈표 3-1〉은 2014년 투자법 및 부속서에 명시된 투자금지 분야와 외국인 조건부 투자허용 분야를 정리한 표로 현재까지 발표된 2020년 투자법의 내용을 추가하여 정리한 것이다.

최근 베트남의 외국인 투자 관련법의 동향으로는 2021년 1월 1일자로 총 11개의 외국인 투자 관련법이 새롭게 개정 및 시행된다. 그중 투자법의 주요 개정 내용으로는 첫 번째, 외국인 투자기업 기준을 기존 외국인지분율을 51% 미만에서 50% 미만으로 하향한 점이다.[14] 외국인 지분율이 50% 미만의 기업의 경우에는 내국기업으로 간주하며 이에 따라 외국인 투자기업에만 적용되는 규제를 벗어난다. 두 번째로는 외

9 기존 베트남의 투자법은 외국인 투자자에 대해 각종 규제 및 모호한 법적 조항의 적용으로 차별을 한다고 지적되었으나, 베트남의 WTO 이유로 인하여 2006년 개정된 투자법부터는 내국인, 외국인 차별 없이 투자가 가능해졌다.

10 베트남 투자법 2014(No.67/2014/QH13).

11 최근 14대 국회 9 회기에서 6년 만에 기존 베트남 투자법이 전면 개정되어 새로운 투자법(No.61/2020/QH14)이 2021년 1월 1일자로 적용된다.

12 Conditional business sector (Appendix I).

13 2020년 11월 현재 베트남 정부는 아직 개정된 외국인 투자금지 및 조건부 개방 분야 리스트를 발표하지 않은 상태이다. 새로운 투자법은 투자자에 대한 시장 접근 규정을 추가하여 외국인 투자가 금지되는 업종 및 제한적으로 허용하는 조건부 업종을 규정하고 이외 업종은 내국인 투자자와 같은 조건을 적용하는 네거티브 방식을 도입할 예정이다.

14 베트남 신투자법(No.61/2020/QH14) 제23조 제1항.

표 3-1. 베트남의 외국인 투자 금지 분야 및 외국인 조건부 투자허용 분야

투자금지 분야	상세 내용
마약 물질	투자법 부속서 1에 규정된 마역물질 거래
화학물질의 생산-광물	투자법 부속서 2에 규정된 화학물질의 생산, 광물 거래
동식물	국제거래에 관한 협약(CITES) 부속서 1에 따라 규정하는 야생 동/식물 박제사업 및 투자법 부록 3에 명시되어 있는 희귀, 멸종 야생동물과 식물 박제사업
매음	성매매 행위 등
연화	폭죽 거래 등
생체	무성 생식과 관련된 사업 활동 및 신체조직/인신매매
투자제한 분야	**상세 내용**
조건부 허용 목록	외국인 투자법에 규정된 243개의 사업 분야 (2021년부터 발효되는 개정된 투자법은 기존 243개 사업 분야 목록 중 25개 업종을 삭제하고 8개 업종을 추가하여 총 227개)[15]
물류	컨테이너 서비스 (최대 50%까지 외국인 소유지분 허용) 화물 운송-내부 수로(최대 49%) 화물 운송-철도(최대 49%)
정보통신	비 시설기반 (최대 65%) 시설기반 (최대 49%)
미디어와 엔터테인먼트	극장/라이브밴드 (최대 49%) 영화배급 (최대 51%)

* 자료: 베트남 투자법[No.67/2014/QH13][16] 및 부속서

국인 투자자의 시장 진입 조건에 네거티브 방식을 도입[17]한 점인데, 베트남 정부는 외국인 투자자의 진입 제한 분야 및 조건이 부가되는 모든 사업 부문을 목록으로 통합하여 투자법을 발행한다. 이로써 기존에 특정 시장이나 사업 부문에 진입조건 확인이 수월할 것이다. 셋째, 외국인 투자자가 베트남인의 명의를 이용하여 투자하는 형식인 차명 거래에 대해 제한을 두는 명시적 규정[18]이 추가되었다는 점이다. 이로써 기존의 외국인 투자자가 베트남 명의자의 명의로 투자하던 차명 거래의 투자 허점이 보완되었다. 이 외에도 추가된 특별 투자 유인(incentive) 제

15 Conditional business sector (Appendix IV).

16 베트남 신투자법(No.61/2020/QH14) 6조(투자 금지 분야), 7조(조건부 허용 분야).

17 베트남 신투자법(No.61/2020/QH14) 제9조.

18 베트남 신투자법(No.61/2020/QH14) 제48조 제2항 e목.

표 3-2. 베트남의 민관협력 투자개발 사업(PPP)법

적용 분야	① 운송, ② 정보 통신 기반 시설, ③ 배수, 급수, 폐수, 폐기처리 시스템, ④ 의료, 교육, 훈련, ⑤ 전력망 및 발전소(수력의 경우 제외)
최소 투자자본	최소 2천억 동 이상 (의료, 훈련, 교육 및 사회 경제적 낙후지역의 경우 최소 1천억 동 이상)
투자자 선정방식	공개 입찰 및 조건부 제한 경쟁입찰 또는 수의계약
자본참여 및 위험분담	정부의 투자분은 총 투자자본의 50%로 제한. 실수익 125%를 초과하거나 75% 미만일 경우 정부와 투자자는 50%의 차액을 분담.

* 자료: 베트남 민간협력 투자개발 사업법(No. 64/2020/QH14).

도 및 스타트업 투자 여건을 개선하는 등 관련 규정이 개정되었다.

베트남은 민관협력 투자개발 사업(PPP)법[19] 제도가 새롭게 제정되었으며, 2021년 1월 1일자로 발효된다. 기존 베트남 총리 및 정부의 시행령으로 시행되어 더딘 발전 속도를 가지던 사회기반시설에 관한 민관협력사업에 대한 구체적인 법안의 제정으로, 민관협력사업 개발의 촉진을 도모할 것으로 예상된다. 〈표 3-2〉는 베트남의 민관협력 투자개발 사업(PPP)법을 정리한 표이다.

3.1.1.2 외국인 투자 관련 조직

① 투자 관련 기관

베트남의 외국인 투자 주관부서로는 기획투자부(Ministry of Planning & Investment: MPI)[20]가 있으며, 외국인 투자기업 등록의 경우는 기획투자부(MPI)의 외국인 투자청에서 심사 및 등록을 진행한다. 하지만 투자의 종류에 따라 승인은 기획투자부(MPI) 외에 기획투자국(DPI)이나 산

19 베트남 민간협력 투자개발 사업법/Law on Public Private Partnership Investment Form [No. 64/2020/QH14]

20 상세 정보는 기획투자부 사이트(https://www.mpi.gov.vn/en/Pages/default.aspx)에서 확인할 수 있다.

표 3-3. 베트남의 외국인 투자 관련 부서

관련 부서	주 업무
기획투자부	베트남의 외국인 투자 주관부서로 국가의 공공투자, 경제구역발전, 외국인 투자 및 국외 투자 등의 업무를 한다.[21]
재무부	기획투자부와 협력하여 투자 관련 유관부서로 산업발전을 위한 정책과 관련된 업무를 한다.
베트남중앙은행	외국인 투자의 외환거래에 관한 시행규칙[22]을 제정 및 통화정책을 통해 외국인 투자자들과의 외환거래 관리를 한다.
건설부[23]	경제구역 건설 종합계획 외 경제구역 내 기능 지역의 건설 관련 업무 등을 한다.

* 자료: 각 부서의 공식 사이트 참고

업무역부(MoIT) 등으로 이관될 수 있다. 투자 관련 유관부서로는 재무부, 베트남중앙은행 등이 있다. 기획투자부(MPI)의 주 업무로는 국가의 공공투자 및 경제개발 기획이며, 외국인 투자 및 국외 투자나 경제구역 개발투자 등이 있다. 〈표 3-3〉은 베트남의 외국인 투자 관련 부서를 표로 정리한 것이다.

베트남에 투자를 희망하는 외국인 투자자들은 일단 지방 기획투자국(Department of Planning and Investment :DPI)이나 공단관리위원회에 법인 설립을 위한 서류 제출 후 투자허가서(IRC) 발급을 받아야 한다.[24] 일반적으로 투자자들은 지방 기획투자국에서 투자허가서를 발급받으며, 특별한 프로젝트나 공업단지[25] 같은 곳에서 사업을 희망하면 각 단지의 공단관리위원회에서 투자허가서를 발급받아야 한다. 투가 허가증은 투자허가기관이 해당 사업과 관련된 정부 기관(국회, 인민위원회)과

21 기획투자부의 기능, 임무 및 조직구조 관련 시행령 [No.86/2017/ND_CP 제1조].

22 [Circular No.06/2019/TT-NHNN]

23 산업단지, 수출 가공공단 및 경제구역에 관한 규정 [Decree No.29/2008/ND-CP] 제 27조에 건설부의 국가 행정 권한과 책임에 관한 법률이 명시되어 있다.

24 예를 들어 호치민의 경우 호치민 기획투자국에 서류를 제출해야 한다. 호치민 기획투자국 사이트는 다음과 같다. http://120.72.100.66/invest/index.html

25 경제구역(EZ), 산업단지(IZ), 수출가공공단(EPZ) 등이 이에 해당한다.

협의 후 검토하여 최종적으로 발급된다.[26] 일부 사업의 경우는 투자허가증 발급 전 베트남 수상(총리)의 승인을 받아야 하므로 주의해야 한다. 이 절차들 이후 법인등록증(ERC) 발급이 되면 법인이 설립된 것이다. 2021년부터 발효되는 신투자법의 경우는 중소기업지원 법상 혁신신생기업 펀드로부터 지원받은 중소기업을 예외로 규정해 관련 인허가 절차를 완화한다는 내용을 담고 있다.

② 외국인 투자 기업 설립 방식

외국인 투자자가 베트남에 투자를 희망하여 기업을 설립을 희망하면 베트남의 기업법[27]상 합자회사나 개인기업의 형태보다는 유한 책임회사와 주식회사의 형태로 설립이 일반적이다. 유한 책임회사는 투자액을 한도로 하고 투자자의 책임이 한정된다는 점에서 외국인 투자자에게 유리한 형태이다. 유한책임회사는 기업운영 절차가 다른 설립형태에 비해 단순하며, 회사의 소유구조가 폐쇄적이기 때문에 소수의 지분권자로 이루어진 회사의 경우에 적합하다. 주식회사의 경우에는 주주가 3인 이상의 제약이 있으나, 투자한 자본을 회수하기 위한 주식매각

표 3-4. 베트남 외국인 투자 기업 설립 절차

1. 투자허가서(IRC) 발급
2. 법인 등록증(ERC) 발급
3. 세무코드 및 법인인감 발급
4. 법인계좌 절차
5. 세무서 등록 및 사업등록세 납부
6. 기업 설립 및 영업 개시

* 자료: 베트남 정부법령

26 베트남 신투자법(No.61/2020/QH14) 제30조에 국회, 제32조에 인민위원회, 제31조에 총리 허가 분야가 명시되어 있다.

27 베트남의 기업법 (No.59/2020/QH14) 또한 베트남 투자법과 같이 새롭게 개정되었다.

이 용이하는 등 장점이 있다. 불확실한 시장에 진출하려는 외국인 투자자에게는 주식회사 형태가 유리하다. 〈표 3-4〉는 베트남 외국인 투자기업 설립절차를 나타낸 것이다.

3.1.2 외국인 투자 유치정책 및 지원제도

3.1.2.1 외국인 투자 유치를 위한 정책

베트남 정부는 과거 제조업에 많은 투자 인센티브를 제공하던 것과 달리 최근 국가 경쟁력 확보를 위해 첨단기술단지 조성 및 첨단산업의 핵심인 부품소재산업 육성정책과 같은 고부가가치 산업 분야에 외국인 직접투자(FDI) 유치를 위한 대폭적인 인센티브 지원을 하고 있다. 실제적으로 2014년 베트남은 2035년 전망, 2025년까지의 베트남 산업발전전략정책[28]을 통해 제조업을 우선 발전 분야로 채택을 하였다. 최근 베트남의 주력 외국인 투자자 유치산업 분야인 부품소재산업의 경우 투자진출 저해요소로 평가되어지는데. 이를 보완하고자 2016년부터 부품산업 발전 지원정책 마련과 관련하여 외국 투자자에게도 동일한 혜택을 부여[29]하는 등 관련 정책을 펼치고 있다. 2021년부터 발효되는 신투자법의 경우 혁신 스타트업 및 혁신 센터 투자프로젝트, 대학교육 등 투자 인센티브 적용 가능 사업을 추가하여 세금 감면 등 추가적 혜택을 적용할 예정이다.[30] 일반적으로 베트남의 외국인 투자 유치를 위한 정책으로는 투자 우대 분야 및 투자 우대 지역[31]에 투자 우대 정책을

28 2035년 전망, 2025년까지의 베트남 산업발전전략(Decision 879/QD-TTg).

29 부품 소재 산업 지원 시행령 및 시행규칙(Decree No.111/2015/ND-CP, Circular No.55/2015/TT-BCT).

30 개정된 베트남 신투자법(No.61/2020/QH14) 제15조 제4항에 추가되었다.

31 개정된 베트남 신투자법(No.61/2020/QH14) 제16조 제1-2항에 투자 우대 분야 및 투자 우대 지역이 명시되어 있다.

표 3-5. 베트남의 투자 우대 분야 및 투자 우대 지역

투자 우대 분야	• 에너지 절약(신소재, 신에너지 등 30% 이상의 부가가치가 있는 산업) • 교육(의무교육, 직업교육 등) • 소재부품산업(첨단기술 활동 및 소재부품 산업 및 R&D 활동, 직물과 섬유 산업, 가죽과 신발류 산업 등) • 의료(진료 및 치료를 위한 의약품 원료, 성병 예방 및 치료제 등을 위한 제약기술, 바이오 기술에 관한 연구 등) • 정보기술(소프웨어 제픔, 디지털 콘텐츠 생산 등) • 복지(노인, 장애인, 고아를 위한 복지센터 및 치료센터 등) • 환경(재활용 또는 재사용의 가능한 폐기물 수집 및 처리 등)
투자 우대 지역	• 경제특구(EZ), 수출 가공공단(EPZ), 산업단지(IZ), 하이테크 산업단지 • 사회,경제 낙후지역 혹은 특별 낙후지역(철강, 축산, 가공업, 임대업 등)

* 자료: LH 토지주택연구원

적용하는 것이다. 투자 우대 분야로는 신소재, 신에너지 등 30% 이상의 부가가치가 있는 에너지 절약 상품 등에 적용되며, 투자 우대 지역으로는 경제특구(EZ), 수출 가공공단(EPZ), 산업단지(IZ) 등이 이에 해당된다. 〈표 3-5〉는 베트남의 투자 우대 분야 및 투자 우대 지역을 표로 정리한 것이다.

① 경제특구(EZ, Economic Zone)[32]

경제특구(EZ)는 투자유치, 지역경제발전 등을 위해 지정된 구역으로 연안경제특구와 국경 관문경제특구로 구분된다. 베트남에는 2020년 10월 현재 18개 연안경제특구와 26개 국경 관문경제특구가 계획·조성·운영되고 있으며[33] 각 경제특구는 평균 4-6개의 공단이 있다. 경제특구는 국내기업과 외국 기업에 관한 차별 및 업종에 따른 차별이 없는 게 특징이다. 경제특구의 재정적 혜택으로는 최소 4년간 법인세 면제가 가능하며, 이후 9년간 50%가 감면된다. 또한 사업 개시연도로부터 15

32 베트남 정부 결정문 [No.1353/QD-TTg].

33 KOTRA 베트남 국가정보에서 확인된 자료.

표 3-6. 베트남의 경제특구 3곳

SEZ[34]	추라이(Chu Lai)경제특구	중꿧(Dung Quat)경제특구	번돈(Van Don)경제특구
설립연도	2003	2005	2006
중점분야	항만물류업, 농산물 가공업	철강, 석유화학, 조선, 완성차 및 자동차 부품, 친환경 전자 산업 등	종합 서비스 중심지(육상산업 제한 없음), 고급 해양 관광, 카지노 중심지
지원제도	매출세의 경우 15년 이내에 10% 감면, 과세소득이 있는 개인에 대해서는 소득세를 50% 감면.	매출액 발생 연도부터 15-30년간 10%의 법인세 감면, 개인소득세의 경우 50%의 감면, 과세소득의 최초 발생 연도로부터 4년간 법인세를 면제하고 이후 9년간 50%의 감면, 하이테크 프로젝트 투자의 경우 30년간 10% 법인세 감면, 수상의 결정에 따라 70년까지 연장 가능.[35]	개인소득세의 경우 사업개시 이후 첫 5년간 100%, 이후부터 50% 감면, 법인세의 경우 프로젝트 개시 첫 4년은 100% 감면, 이후 21년간 10% 감면. 토지 임대의 기한은 70~99년, 부동산의 경우 첫 5년간 17% 감면, 부가세의 경우 상품, 연료 수입 부품과 기계에 대해 100% 감면

* 자료: 각 경제특구 공식 사이트

년간 10%의 우대 세율이 적용된다. 소득세의 경우는 경제특구 내 근무하는 내국인과 외국인의 개인소득세 50% 감면의 혜택이 있다.

〈표 3-6〉은 베트남 경제특구 중 베트남 최초의 추라이(Chu Lai)경제특구, 베트남에서 유일하게 중앙정부에서 직접 재원을 조달하는 경제특구인 중꿧(Dung Quat)경제특구, 번돈(Van Don)경제특구 3곳을 선정하여 정리한 것이다.

②하이테크 산업단지

베트남 정부는 자국 기업 기술이전을 통해 국가 체질 개선의 목적으로 외국인 투자자에게 재정적 인센티브를 지원하고 있다. 하이테크 산업단지는 다낭, 하노이, 호치민 총 3 지역에 자리 잡고 있다. 하이테크 산업단지의 재정적 혜택으로는, 베트남 하이테크 산업단지에 투자를 히

34 상세한 내용은 각 경제특구 공식 사이트에서 확인할 수 있다. 추라이경제특구(http://chulai.quangnam.gov.vn),중꿧경제특구(http://dungquat.com.vn), 번돈경제특구(http://qeza.gov.vn).

35 새만금 경제특구 조성방안 연구(2017), 산업연구원.

그림 3-1. 베트남 하이테크 산업단지 3곳

* 자료: Metasource

망하는 외국인 투자자들은 최소 법인세를 4년간 면제를 받고 이후 9년간 50% 감면하며, 사업개시 연도로부터 15년간 10%를 우대 세율을 적용한다. 또한 과학 연구 및 기술개발 활동에 사용하는 원부자재와 부품 부가세, 수입세의 경우는 면제된다.[36] 하지만 하이테크 산업단지 입주 조건 절차는 까다롭기 때문에 관련 조건을 확인해야 한다.[37]

3.1.2.2 조세 지원 제도

① 법인 소득세

베트남 정부에서 제공하는 조세제도 중 투자 인센티브는 크게 법인 소득세, 수출입 관세, 토지사용료 우대, 세 가지로 볼 수 있으며,[38] 투자 우대 분야 및 지역에서의 프로젝트에 참여하거나, 첨단기술 분야 등에 투자를 할 경우 투자 인센티브가 적용된다. 베트남 법인 소득세의 경우

36 베트남 투자법(No. 67/2014/QH13) 제75조 내 하이테크 법(No. 21/2008/QH12) 제18조 제1항의 수정본에 따른 기준이다.

37 KOTRA 하노이 무역관에서 한국인들을 위해 잘 설명해 두었다.

38 개정된 베트남 신투자법(No.61/2020/QH14) 제15조 제1항에 명시되어 있다.

표 3-7. 베트남의 법인세 특혜 세율

산업부문	사회 경제적 낙후 지역 투자(철강, 농수산물 등)	사회 경제 낙후지역 외 지역(축산, 농수산물 가공업 등)	낙후지역, 특별 낙후지역 내(가공업, 임대업, 출판업, 부동산개발업 등)	하이테크, 산업 소재 생산	사회화 산업(직업훈련 등)
법인세율	17%	15%	10%	10%	10%
우대세율 적용 기간	사업 개시 후 10년	전체 사업 기간	전체 사업 기간	사업 개시 후 15년	전체 사업 기간
100% 감면 기간	과세소득 발생 연도로부터 최대 2년		과세소득 발생 연도로부터 최대 4년	과세소득 발생 연도로부터 최대 4년	과세소득 발생 연도로부터 최대 4년
50% 감면 기간	면제기간 종료 후 최대 4년		면제기간 종료 후 최대 9년	면제기간 종료 후 최대 9년	면제기간 종료 후 최대 5년

* 자료: 2020 PWC 베트남 세법 안내를 참고하여 정리

표 3-8. 관세율 종류에 따른 인센티브 및 면세되는 관세

기본관세율	특혜 관세율, 우대 관세율 적용 대상에 해당이 되지 않는 수입품에 적용되며, 품목별로 적용되는 우대 관세율 150%를 일반 관세율을 적용한다. 우대 관세율이 0%인 품목의 경우는 수출입세법 10조에 의해 정부 총리가 관세율을 규정한다.
특혜관세율	자유무역협정(Free Trade Agreement: FTA)와 같이 베트남과 특별 우대 무역협정을 체결한 경우, 국가로부터 수입되는 물품의 경우 특혜관세율을 적용한다.
우대관세율	베트남에 최혜국(Most Favoured Nation: MFN)를 지닌 경우, 수입된 제품의 경우 적용. 최혜국(MFN)세율의 경우 WTO 규정에 따른다.
수출입 관세 감면 및 면세	수입관세면세: 수출 생산을 위해 수입된 원지재, 소모품과 부품의 경우, 일시적으로 수입되거나 수리나 교환 및 보증을 위해 수출된 상품의 경우 다시 수입되거나 수출되는 경우 면세 등 2020년 8월 현재 총 24가지가 베트남 수출입세법 제16조에 명기되어 있다. 수출관세 감면: 관세율의 경우 0%에서 40%까지 적용되며, 천연자원과 같은 일부 품목에만 적용된다. 2020년 8월 현재 수출관세 감면율은 총 211가지가 베트남 수출입세법에 명기되어 있다.

* 자료:베트남 수출입세법(No.107/2016/QH13)

2020년 7월 현재 베트남의 기본세율은 15-17%[39]이며 투자 업종에 따라 특혜 세율이 적용된다.

② 수출입 관세[40]

베트남 수출입세법[41]에 명기된 관세율의 종류는 기본관세율, 특혜관세율, 우대관세율로 나뉜다. 외국인 투자자가 받을 수 있는 혜택으로는

39 코로나19 영향으로 인하여 새로운 투자법 시행 이전인 2020년 7월 베트남 정부에서 기본 법인소득세율을 기존 20%에서 15-17%로 인하하였다.

40 관세율은 수시로 바뀌기 때문에 관세청의 관세법령정보 공식 사이트(https://unipass.customs.go.kr/)에 접속하여 확인할 필요가 있다.

41 베트남 수출입세법(No.107/2016/QH13).

투자 인센티브 혜택이 주어지는 프로젝트 내 회사의 고정자산을 구성하는 장비나 생산을 위한 수입되는 자재의 경우 베트남이 아닌 다른 국가에서 생산되면 수입 관세의 면제 대상이 된다. 〈표 3-8〉은 관세율 종류에 따른 인센티브 및 면세되는 관세를 정리해 놓은 표이다.

③ 토지세(토지 임대료 및 사용료)

베트남 헌법 제17조에 따르면 베트남 내의 모든 토지는 사적 소유가 허용되지 않고, 국가가 소유권을 통일적으로 관리하기 때문에 모든 목적의 사적 토지 취득은 불가능하며, 외국인 투자자의 경우 투자법에 따라 현지법인의 임대형태로 토지사용권을 부여받는 형태로의 토지사용이 가능하다.[42] 외국인 투자자의 경우 투자법 제15조에 따라 투자 우대를 받는 기업의 경우 토지 임대료나 사용료의 경우 면제 또는 감면받을 수 있다. 베트남 진출을 희망하는 외국인 투자자들은 토지 임대료 및 사용료 인센티브와 관련하여 투자 계획이 있는 공단의 규정을 확인하여야 한다.

3.1.3 분쟁 해결제도

베트남의 분쟁 해결제도는 사실 베트남의 법령이 당사자들의 권리 및 의무, 특히 시행령과 시행 세칙이 명확하지 않아 문제를 해결할 만한 법적 근거를 찾기가 어렵다. 베트남 내 사업투자 활동과 관련하여 외국인 투자자의 분쟁이 일어나면 베트남 투자법 제14조 제3항에 따라 베트남 법원, 베트남 중재원, 외국 중재원, 국제 중재원, 분쟁 당사자가 설

42 베트남 토지법(No.45/2013/QH13) 제 126조에 따르면 투자 프로젝트를 위한 토지사용 기간은 50년을 초과할 수 없고, 낙후된 지역이나 투자자본 대비 회수가 늦는 프로젝트의 경우 70년이 초과하지 않는 한 토지를 임대, 교부가 가능하다.

립에 합의하는 중재원에서 해결할 수 있다. 베트남 영토 내의 사업투자 활동과 관련하여 외국 투자자와 국가 간 사이의 분쟁은 계약에 따른 기타의 합의가 있거나 베트남 사회주의공화국이 당사국인 국제 조약에서 다르게 규정하는 경우를 제외하고 베트남 중재원 또는 베트남 법원을 통하여 해결된다.[43]

3.1.3.1 분쟁 해결 방법 및 절차

베트남은 1958년 뉴욕협약에 따라, 상호보증(reciprocity) 협약을 체결하여 베트남 내 외국인 투자 분쟁이 일어나면 베트남 외 국가에서 판결을 받을 수 있다. 단, 외국에서의 판결 후 베트남 법원에서 추가 집행 판결을 받아야 한다. 베트남은 중재를 통한 분쟁 해결 절차는 베트남 법령과 비교하면 구성이 잘 되어 있으므로 외국인 투자자들이 선호한다. 대표적인 중재센터로는 한국-베트남 투자보장협정(Bilateral Investment Treaty, BIT)이 보장하는 투자자 국가 분쟁 해결(ISDS, Investor State Dispute Settlement) 방식이 있다.

3.1.3.2 베트남 외국인 투자 분쟁사례

베트남 외국인 투자 분쟁사례 중 흥미로운 사례를 살펴보자면, 2018년 한국인 최초로 베트남을 상대로 투자자-국가 간 소송(ISD) 사례인 Baig v. Viet NamShin Dong Baig v. Socialist Republic of Viet Nam(ICSID Case No. ARB(AF)/18/2)이다. 다음 글상자는 2018년 이와 관련된 뉴스이며, 이 분쟁은 2020년 10월 29일 ICSID Additional Facility Rule 제 44조 1항에 의거하여 종결되었다.

---

43 개정된 베트남 신투자법(No.61/2020/QH14) 제14조 3항에 명시되어 있다.

[Box 3-1] 베트남 외국인 투자 분쟁사례

한국인 사업가, 베트남 정부 상대 첫 투자자 소송

20일 베트남 법무법인 'EZLAW' 김나영 변호사에 따르면 신동백(61)씨는 2005년 5월 베트남 남부 호찌민시에 있는 깟라이 공단 개발을 맡은 국영기업과 공단 토지 1만㎡를 50년간 임대하는 임시계약을 체결하고 첫 임대료를 냈다. 그러나 공단 측이 9년가량 토지사용증명서를 획득하지 못하는 바람에 이곳에 창고를 지어 임대업을 하려던 신 씨는 세월만 보내야 했다. 공단 측은 또 2014년 토지사용증명서를 획득한 뒤 현지 기업에 임대하려고 신 씨에게 임시계약 파기를 통보했다. 신 씨는 베트남 정부에 항의했지만, 임대료를 애초 계약보다 30% 인상하고 토지를 사용하지 못한 기간에 대한 임대료도 내야 정식으로 계약할 수 있다는 황당한 답변을 받았다. 이에 따라 신 씨는 2016년 5월 국제투자분쟁해결센터(ICSID)에 "베트남 정부의 차별적 대우 등으로 500만 달러의 손실을 봤다"라며 ISD 전 단계인 중재의향서를 제출했다. 베트남 정부가 공정하고 공평한 대우 등을 내용으로 2003년 한국과 체결한 투자보장협정(BIT)을 위반했다는 것을 근거로 삼았다. 신 씨는 이어 합의점을 찾지 못하자 지난 3월 ICSID에 중재 개시를 신청해 본격 소송이 시작됐고, 최근 신 씨와 베트남 정부가 중재인을 선임해 중재판정부가 구성됐다.

* 자료: 연합뉴스, 2018년 7월 20일, 민영규 기자

3.1.4 결론 및 시사점

베트남의 외국인 직접투자(FDI)는 2019년 기준 161억 달러로 기존 2018년 155억 달러보다 증가세를 보였고, 이에 맞춰 베트남 정부는 외국인 투자자유치를 위해 관련법 규정의 완화 및 투자인센티브를 제공하고 있다. 최근 베트남의 외국인 투자 관련법 및 정책 동향으로는 코로나 팬데믹으로 인하여 손실될 외국인 투자자를 우려하여 투자 관련 규정을 수정하고 있다. 가령 2020년 7월부로 베트남의 기본세율을 기

존 시행 계획일인 2021년 1월 1일보다 6개월 앞당긴 기존 20%에서 15-17%로 완화하는 등의 움직임이 있다.

베트남은 외국인 직접투자(FDI) 정책과 관련된 명확한 규정이 없기 때문에 베트남 투자법이나 기업법 등 투자 관련법 및 부속서 혹은 국제 협정에 근거하여 외국인 투자를 규제한다. 따라서 베트남에 투자를 희망하는 외국인 투자자들은 희망 진출 분야의 투자 관련법이나 규정을 투자 전 면밀히 확인해야 한다. 일반적으로 베트남의 외국인 투자 유치를 위한 정책으로는 투자 우대 분야 및 투자 우대 지역에 투자 우대 정책을 적용하는 것이다. 투자 우대 분야로는 교육, 소재부품산업, 의료, 복지 등이 있으며, 투자 우대 지역으로는 경제특구(EZ), 수출 가공공단(EPZ), 산업단지(IZ) 등이 있다. 최근 베트남은 제조업에 많은 투자 인센티브를 제공하던 것과는 다르게 국가 경쟁력 확보를 위해 첨단산업 및 첨단기술단지를 조성하기 위해 노력하고 있다. 가령 2021년부터 새롭게 발효되는 신투자법은 혁신 스타트업 및 혁신센터 투자 프로젝트, 대학교육 등 인센티브 적용 가능 사업을 추가하여 세금 감면 등 더 다양한 혜택을 적용할 예정이다.

베트남에서 제공하는 조세제도 중 투자 인센티브는 투자법 제15조 제1항에 의거하여 크게 법인 소득세, 수출입 관세, 토지사용료 우대 세 가지로 볼 수 있다. 적용 대상으로는 투자 우대 분야 및 지역에서의 프로젝트에 참여하거나, 첨단기술 분야 등에 투자하는 투자자이다. 베트남의 분쟁해 결제도로는 투자법 제14조 제3항에 따라 베트남 법원, 베트남 중재원, 외국 중재원, 국제 중재원, 분쟁 당사자가 설립에 합의하는 중재원에서 해결할 수 있다. 사실상 베트남 법령에 비해 중재를 통한 분쟁 해결 절차구성이 잘 되어 있어, 외국인 투자자들이 선호한다. 한국의 경우는 한국-베트남 투자보장협정(BIT)이 보장하는 투자자 국가 분쟁 해결(ISDS) 방식을 주로 채택한다.

3.2 인도네시아

3.2.1 외국인 투자 관련법과 조직

World Bank(2016)의 기업환경평가(Doing Business Report)에 따르면 인도네시아는 동남아시아에서 가장 큰 경제 국가 임에도 불구하고 사업개시, 세금결산, 계약집행 등 기업환경평가에서 아시아 종합부문 109위에 평가될 정도로 사업을 시작하기 어려운 나라로 분류되었다. 이에 인도네시아 정부는 외국인 직접투자(FDI) 활성화 도모를 위해 관료체제 개선 및 규제 완화 등의 노력을 하였으며 이에 따라 2019년 기업환경평가에서 73위로 상향되는 등 외국인 투자 여건이 좋아지고 있다.

3.2.1.1 외국인 투자 관련법

1967년 처음으로 인도네시아 외국인 투자법이 제정된 이후로 상당한 기간 규정에 포함된 업종에 대해서만 외국인 투자를 허용하다가 2007년 새로운 투자법[44]을 개정하여 외국인 투자와 내국 투자를 하나의 법률로 통합하였다. 인도네시아의 외국인 직접투자(FDI) 정책은 변동성이 크기 때문에 관련 투자법 가령 투자법, 기업법 등을 면밀히 살펴보아야 한다. 인도네시아 투자법은 외자 투자와 내자 투자를 구분하며,[45] 법률에 따라 적용된다. 인도네시아 내 외국인 투자자들은 투사법 부속

44 인도네시아 투자법 2007(UU No.25/2007 Penanam Modal), 인도네시아의 현행 투자법이며, 외국인 투자자들은 이 법률에 따라 인도네시아 투자를 해야 한다.

45 인도네시아 투자법 2007(UU No.25/2007 Penanam Modal) 제1조 제8항, 제9항에서 외자란 모든 외국 정부, 외국인, 외국 회사, 외국 법인 또는 외국인이 일정 부분 소유하고 있는 인도네시아 법인 소유의 모든 자본을 의미하며, 내자는 인도네시아 정부, 국민 법인 또는 법인에 속해 있지 않은 기업이 소유하는 자본을 뜻한다.

표 3-9. 인도네시아 외국인 투자 네거티브 리스트

투자 금지 분야	상세 내용
농업	마리화나 재배 금지
임업	멸종위기 야생 동식물종의 국제거래 부록 · 규칙에 속한 포획
교통/운송	차량 무게 측성소 구축과 운영, 항공관제(내비게이션) 서비스 운영 등
교육/문화	역사와 고고학 유산(사원, 비문, 유적, 고대 건물)
해양/수산	침몰 선박 유가품 인양, 기념품이나 보석을 가공을 위한 천연 생물/비생물 산호초 채집 및 건축자재/석회/칼슘
산업/제조	몰트 함유 음료 제조, 수은 처리 전에서의 알칼리 클로르 제조, 알코올 함유 주류(포도주), 육상교통 여객 터미널 구축과 운영 등
관광/창조경제	도박/카지노
분류	조건부 개방 업종
마이크로, 중소기업 및 조합에 한정된 업종 또는 협력 업종	농업, 임업, 산업/제조, 무역, 관광/창조경제, 해양/수산, 정보/통신, 공공사업/건설 등 총 145개 업종
특정 조건부 개방 업종	농업, 임업, 해양/수산, 에너지/광물자원, 산업/제조, 국방/보안, 공공사업/건설, 무역, 관광/창조경제, 교통/운송, 노동(직업교육), 교육, 보건(병원, 의약품 등) 등 총 350개 업종

* 자료: 투자에 관한 대통령령 No.44/2016(Negative Investment List; DNI)

서[46]에 의거하여 외국인 투자가 제한되며, 조건부 개방 업종에 대해서만 투자할 수 있다. 외국인 투자 제한 리스트의 주 내용으로는 농업 분야의 경우 마리화나 재배금지 등 외국인 투자금지에 제한을 두었으며, 조건부 개방의 업종의 경우 마이크로, 중소기업 및 조합에 한정된 업종 또는 협력 업종 목록과 특정 조건부 개방 업종 목록으로 분류하여 개방 업종에 대해 명시해 놓았다. 조건부 개방 업종의 경우는 외국인 투자 지분 허용률을 규정한다. 〈표 3-9〉는 네거티브 리스트를 정리해 놓은 것이며 〈표 3-10〉의 경우 조건부 개방 업종 내 외국인 투자 지분 허용률을 정리해 놓은 것이다.

인도네시아에 투자하기에 앞서 알아야 할 중요한 외국인 투자 관련 법은 토지법인데, 인도네시아 1945년 건국헌법 제 33조에 따라 모든 토지 및 자원은 인도네시아 국가에 의해 소유되며, 선출된 공무원이 국민의 이익을 위해 토지 및 자원을 활용할 수 있다. 인도네시아 1960년 토지법(UU No.5/1960)이 현재의 기본법률이며 토지에 대한 권리를 소

46 투자에 관한 대통령령 No.44/2016(Negative Investment List ;DNI).

표 3-10. 인도네시아 조건부 개방 업종 내 외국인 투자 지분 허용률

투자 지분 허용률(이하)	분야
33%	의료장비 산업 Class A (환자용 침대, 휠체어 등)
49%	에너지/광물자원 (고전압 발전 시설 설치) 교통/운송 (노선운행 및 노선 운행되지 않는 육상 여객 운송 가령 택시, 관광버스, 국가 횡단 운송 등) 정보/통신 (투자금이 1천억 루피아 미만의 전자 시스템 기반 상거래 중개 서비스 가령 온라인 광고-1천억 루피아 초과 시 외국인 투자 100% 허용)
67%	관광/창조 경제 (여행사, 사립 박물관, 골프장, 회의 및 전시업, 예술 흥행 서비스, 개인 관리 역사 유물, 숙박업소 운영-개인 관리 역사 유물 제외하고 아세안 투자자의 경우 70% 허용) 에너지/광물자원 (10MW 이하 지열발전소) 무역 (창고업, 생산업과 연계되지 않는 유통업) 교통/운송 (터미널 지원 사업, 공황 관련 서비스, 운송 관리 서비스 등) 노동 (직업훈련-경영, 언어, 태도 및 직업기술/정신, 관광여행 등) 보건 (의료장비 교정 검사 서비스, 응급차 서비스, 해충 방제/연기 소독 서비스, 전문 의료서비스 가령 치료 의료, 전문간호 서비스-전문 의료서비스의 경우 아세안 투자자의 경우 70% 허용)

* 자료: 투자에 관한 대통령령 No.44/2016(Negative Investment List; DNI)

유권 토지사용권, 건물사용권, 사용권, 임차권, 토지수용권, 임산물 채취권 및 기타권으로 분류하여 토지에 대한 권리를 보유하는 법적인 주체와 보유 목적에 따라 토지에 대한 권리를 다르게 허용하고 있다. 〈표 3-11〉은 인도네시아 토지법에 근거한 토지에 관한 주요 권리를 정리한 표이다.

3.2.1.2 외국인 투자 관련 조직

인도네시아의 현행 투자법 제12장 제27조에 의하면, 인도네시아 정부는 정부 기관 간, 정부 기관과 인도네시아 중앙은행 간, 중앙정부 기관과 지역 정부 간, 지역 정부 간 투자정책을 조정한다.[47] 인도네시아의 외국인 투자와 관련된 정책업무를 전담하는 기관은 정부 부처의 투자

47 인도네시아 투자법 2007(UU No.25/2007 Penanam Modal), 세계법제정보센터, 법무부 번역.

표 3-11. 인도네시아 토지에 관한 주요 권리

구분	내용	취득 가능자	기간
소유권(Hak Milik)	토지에 관한 소유권	인도네시아 국민	
토지사용권(Hak pakai)	국가나 다른 사람이 소유하는 토지를 사용하거나 토지 상의 수확물을 채취할 수 있는 권리 담보 및 양도 불가	인도네시아 국민 인도네시아 거주 외국인 인도네시아에 주소를 둔 인도네시아 법인 외국법인이 인도네시아에 세운 대표사무소 외국대표나 국제단체의 대표 정부기관, 지방기관	최초 최대 25년 최대 25년 연장 가능 투자법: 총70년(미리 일시에 45년까지 부여, 추가로 25년 갱신)
건물사용권 (Hak Guna Bangunan)	자신의 소유가 아닌 토지에 건축이나 건물을 소유할 수 있는 권한 담보 및 양도 가능	인도네시아 국민 인도네시아에 주소를 둔 인도네시아 법인	최초 최대 30년 최대 20년 연장 가능 투자법: 총 80년(미리 일시에 50년까지 부여, 추가로 30년 갱신)
영업권 (Hak Guna Usaha)	타인 소유의 토지 위에 농업, 어업 목축업을 할 수 있는 권리 담보 및 양도 가능	인도네시아 국민 인도네시아에 주소를 둔 인도네시아 법인	최초 최대 35년 2차 연장 가능(1차 최대 25년, 2차 최대 35년) 투자법:총 95년(미리 일시에 60년까지 부여, 추가로 35년 갱신)

* 자료: LH 토지주택연구원

전담 기관인 투자조정청(BKPM)[48]이며 주 업무로는 투자와 관련된 업무로 사업 인허가 발급 서비스 등이 있다.

① **투자조정청**(Badan Koordinasi Penanaman Modal Indonesia; BKPM)

투자조정청(BKPM)은 1967년 외국인 투자법에 의해 설립된 대통령 직속 독립기구로서 자카르타 본청 및 각 주에 지방사무소가 있다. 투자조정청(BKPM)은 청장과 부청장, 그리고 각국의 사무총장 및 6개 부서의 국장(투자계획국, 투자시행감독국, 투자서비스국, 투자촉진국, 투자협력국, 투자환경발전국)과 각국 업무별 이사로 구성돼 있다.[49] 인도네시아 내 투자 신청은 두사조정청(BKPM)에 투자신청서 접수 후 투자승인을 받아

48 인도네시아 투자법 2007(UU No.25/2007 Penanam Modal) 12장 제27-29조에 투자조정위원회의 의무와 기능이 명시되어 있다.

49 해외 진출 우리 기업을 위한 사례 중심 현지 법령해설서. 인도네시아 투자법제, (2015), 법무부.

그림 3-2. 인도네시아 투자조정청(BKPM)

* 자료: 투자조정청(BKPM) 공식 사이트

투자 법인설립 절차를 통해 법인을 설립하며, 이후 투자조정청(BKPM)에 고정사업 허가를 받아야 한다. 투자조정청(BKPM)은 과거 외자 투자 승인서 발급기관을 업종별로 구분하였는데, 일반 업종의 경우 투자조정청(BKPM)에서, 일반 금융업은 재무부, 은행업에 대한 경우는 중앙은행에서 발급해야 했다. 하지만 2018년 온라인 통합 사업 인허가 발급(Online Single Submission; OSS)서비스[50]를 시작한 이후로는 중앙정부 및 지방정부 관할 895개의 인허가서를 온라인으로 발급하고 있다. 그러나 현재도 광업 분야 등 외자 투자 승인서는 투자조정청(BKPM)을 통하여 해당 부처에서 발급 가능하다.

② **외국인 투자회사**(Penanaman Model Asing: PMA) **설립 절차**

외국인 투자자가 인도네시아에서 영업행위인 사업을 희망하는 경우 원

50 2018년 6월 온라인으로 인허가 처리 시스템인 OSS(Online Single Submission)를 도입한다는 내용의 정부규제 2018년 제24호(Peraturan Pemerintah No. 24 Tahun 2018)가 공포되었다.

표 3-12. 외국인 투자법인의 설립 및 사업허가 취득 절차

무역업	제조업
1. 상호등록(PEMESANAN NAMA)	1. 상호등록(PEMESANAN NAMA)
2. 법인정관작성(AKTE)	2. 법인정관작성(AKTE)
3. 사업장 소재지 허가서(IZIN DOMISILI)	3. IZIN DOMISILI (사업장 소재지 허가서)
4. 납세자 등록번호증(NPWP)	4. 납세자 등록번호증(NPWP)
5. 정관 법무성 등기(PENGESAHAN AKTE)	5. 정관 법무성 등기(PENGESAHAN AKTE)
6. 사업자고유번호(NOMOR INDUK BERUSAHA,NIB)	6. 사업자고유번호(NOMOR INDUK BERUSAHA,NIB)
7. 사업허가서(IZIN USAHA)	7. 사업허가서(IZIN USAHA)
8. 운영허가서.IZIN KOMERSIAL/OPERASIONAL) *아이템에 따라 취득	8. 건축허가서(IMB)
9. 환경 관련 설명서(SPPL) *오피스 빌딩의 경우 해당 안 됨	9.환경폐기물허가서(UKL-UPK)
10. 부가세신고번호 취득(SPPKP)	10. 지역허가서(IZIN LOKASI)
	11. 운영허가서(ZIN KOMERSIAL/OPERASIONAL) * 아이템에 따라 취득
	12. 부가세신고번호 취득(SPPKP)

* 자료: 우리 컨설팅(Woori Consulting)

칙적으로 외국인 투자법인(PMA)의 형태로 설립해야 하며,[51] 제한된 업종에서만 대표사무소 형태를 갖춰 사업을 할 수 있다. 외국인 투자자는 외자 투자의 경우만 투자가 가능하며, 투자를 마친 후 상업생산 시작 전 투자조정청(BKPM)에서 사업허가서를 발급받아 현지법인 명의로 사업을 하면 된다. 외국인 투자법인 기업 설립은 외국인 투자법인의 설립에 적용되는 절차[52]를 따르며, 2018년 도입된 온라인 통합 사업 인허가 발급(OSS) 시스템 도입으로 인해 간소화되었다. 〈표 3-12〉는 외국인 투자법인의 설립 및 사업허가 취득 절차를 나타낸다.

투자법에 포함된 네거티브 리스트나 그 외 투자 관련법에 최소 투자금액 및 규모가 명시된 경우를 제외하고, 일반적으로 요구되는 외국인

51 외국인 투자회사(PMA)는 주식 회사법(UU No.40/2007)에 따라 주식회사의 형태로만 투자가 허용된다.

52 인도네시아 투자법 2007(UU No.25/2007 Penanam Modal) 제40조 regarding Limited Liability Company에 명시되어 있다.

투자자의 최소 금액은 100억 루피아며,[53] 법인을 설립 했을 시 최소 납부자본금은 25억 루피아다.[54] 하지만 외국인 투자자는 본인이 투자를 희망하는 업종에 투자금 및 자본금이 얼마인지는 투자 전 확실히 확인해야 한다.

3.2.2 외국인 투자 유치정책 및 지원 제도

3.2.2.1 외국인 투자 유치를 위한 정책

2007년 새로운 인도네시아 투자법이 발효된 이후로 인도네시아의 외국인 투자자 유치를 위한 외국인 직접투자(FDI) 정책은 전환기를 맞았다. 인도네시아 정부는 조세 혜택을 제공하는 투자정책으로 보세구역(KB), 특별경제구역(KEK), 자유무역지역(KPB), 산업단지(KI), 사회 경제적 인프라 구축 관련 민관협력(PPP)제도 등을 정부에서 지정 및 시행하고 있다.

① 특별경제구역(Special Economic zones; SEZ /현지어 Kawasan Ekonomi Khusus; KEK)

인도네시아는 2009년 SEZ법(Law On Special EZ)[55]을 제정하여, 국가의 경

53 유한책임 회사법(UU No.40/2007 Perseroan Terbatas) 제32조에 따르면 회사의 최소자본금은 5천만 루피아이며, 최소자본금과는 별도로 투자조정청이 투자법 제4조 15에 근거하여 외자기업의 경우 최소투자금액을 정하여 그 이상의 투자를 유도한다. 외자기업의 최소투자금에 관한 명시적인 법률이 없기에 투자조정청이 최종 정한다. 중소기업법에 따르면 인도네시아에서 중소기업으로 분류하는 자본금 기준은 100억 루피아로 정하고 있다. (세계법제 정보센터 맞춤형 법령정보, 2019)

54 총투자금액의 경우는 자본금 및 부채를 포함한 금액이며, 토지 및 건물에 투자한 금액은 포함되지 않는다.

55 인도네시아는 2020년 특별경제구역법(UU No.11/2020)을 개정하였다. 주 내용으로는 세금 및 관세면제 및 할인, 최저임금, 부동산 소유, 산업 구역의 지정이다.

표 3-13. 특별 경제구역 3곳의 현황

KEK	팔루(Palu) 산업 경제특구	스망께이(Sei Mangkei) 산업 경제특구	만달리카(Mandalika) 관광 특별경제구역
설립연도	2017	2012	2014
중점 분야	물류, 가공, 전기전자, 광업산업 등	석유화학, 제조업 일반, 관광업, 석유화학 등	관광산업, 농업 친환경 사업 등
지원제도	Tax Holiday (투자액 1조 루피아 이상: 10-25년간 20%-100% 소득세 감면, 투자액 5천억 루피아 이상: 5-15년간 20%-100% 소득세 감면) Tax Allowance (6년간 총소득의 30% 감면, 세무상 가속 감가상각 허용)	Tax Holiday (투자액 1조 루피아 이상: 10-25년간 20%~100% 소득세 감면, 투자액 5천억 루피아 이상: 5-15년간 20%-100% 소득세 감면) Tax Allowance (6년간 총소득의 30% 감면, 세무상 가속 감가상각 허용)	Tax Holiday (투자액 1조 루피아 이상: 10-25년간 20%-100% 소득세 감면, 투자액 5천억 루피아 이상: 5-15년간 20%-100% 소득세 감면, 특정 주요 활동에 대한 투자 가치 5천억 루피아 미만인 경우 5-15년간 20-100% 세금 공제) Tax Allowance (6년간 총소득의 30% 감면, 세무상 가속 감가상각 허용)

* 자료: 각 특별경제구역 공식 사이트

표 3-14. 경제특별구역(KEK)의 재정적 혜택

세금 면제 및 감면 (Tax Holiday)	· 투자액 1천억 루피아 이상: 5-20년간 100% 법인세 감면 · 투자액 2백억~1천억 루피아: 5년간 40% 법인세 감면
소득공제 (Tax Allowance)	· 법인세 감면 혜택 기각자나 특별경제구역(KEK) 주요 사업 목적이 부합되지 않는 납세의 경우, 토지를 포함한 유형자산에 투자금액의 30%까지 과세소득에서 공제 · 세무상 가속 감가상각 허용 · 이월세액공제 최대 10년까지 연장(경제특별구역 내의 납세자의 경우는 GR-96에 따라 법인세 감면과 소득공제만 적용 가능. 기타 소득세법상 혜택은 별도 신청 가능)
기타 조세혜택 및 지원제도	· 경제특별구역(KEK) 내 납세자는 재화의 생산에 사용되며, 소비세 과세대상이 아닌 재화에 대한 소비세 면제, 재화 및 자본재와 장비 가공을 위한 재료에 대한 수입관세 유예에 대한 조세혜택 중복수혜 가능 · 경제특별구역(KEK) 내 외국인 인력을 고용하고자 하는 납세자를 경제특별구역(KEK) 관리자로 접수창구 일원화하여 취업 및 임시 거주승인서 취득절차 간소화 · 토지 취득과 관련하여는 National Single Window 정책 토지조달 허가 관련 절차 간소화가 가능

* 자료: KOTRA 국가정보 및 법인 소득세 감면에 관한 새로운 재무부령(PMK No.150/PMK.010/2018)

제발전을 위하여 특별경제구역을 설립할 수 있게 하였다. 인도네시아는 2012년 세이 망께(Sei Mangke)를 처음으로 특별 경제구역으로 지정한 이후로 2015년 본격적으로 특별 경제구역을 운영하기 시작하였다. 2020년 2월 기준 15개(11개 운영 및 4개 개발 중)의 특별 경제 구역(KEK)이 있다.[56] 초점을 맞춘 업종으로는 물류, 제조, 관광, 기술개발, 에너지

56 KOTRA 인도네시아 국가정보에서 확인된 자료.

그림 3-3. 인도네시아 특별 경제구역(KEK)

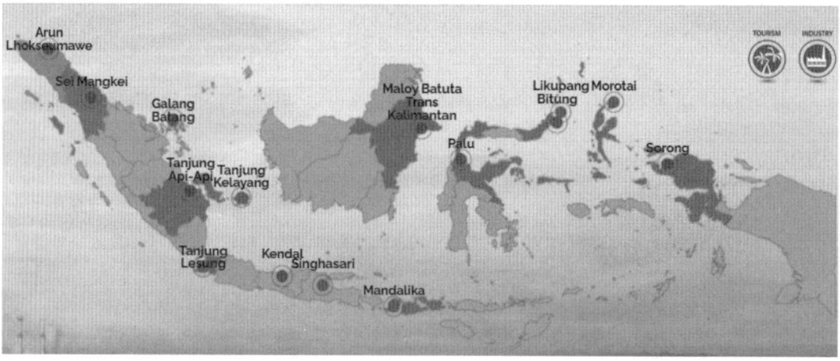

* 자료: Republic of Indonesia National Council for Special Economic Zone 공식 사이트

등이며 관광업, 수산업 등 특정 산업에 초점을 맞춘 것이 특징이다. 〈표 3-13〉은 현재 운영 중인 인도네시아의 특별 경제구역 중 처음으로 특별 경제구역으로 지정된 세이 망께 산업 특별 경제구역과 한국 기업이 많이 진출한 팔루(Palu) 산업 특별 경제구역, 그리고 관광에 특화된 만달리카(Mandalika) 관광 특별 경제구역의 현황을 나타낸 것이며, 〈표 3-14〉는 베트남 특별 경제구역의 재정적 혜택을 정리한 것이다.

② 경제발전통합지구(현지어 Kawasan Pengembangan Ekonomi Terpadu Indonesia; KAPET)

KAPET는 인도네시아의 경제발전통합지구이며, 1993년 다른 지역에 비해 낙후되어진 동부의 발전을 위해 지정하였으며, 현재 수마트라주(Bandar Ache Darussalam)를 포함한 13개 지구 25개 지역의 경제통합지구가 제정되었다.[57] KAPET의 재정적 혜택으로는 내국 투자에 대한 인센티브와 유사한 특징을 가지고 있는데, 생산활동과 관련된 장비 및 수입에 대해 수입선납법인세(PPH22)를 면제하며 장비, 가공을 위한 재화 및

57 대통령령 No.120/1996에 그 내용을 담고 있다.

그림 3-4. 인도네시아 경제발전통합지구(KAPET)

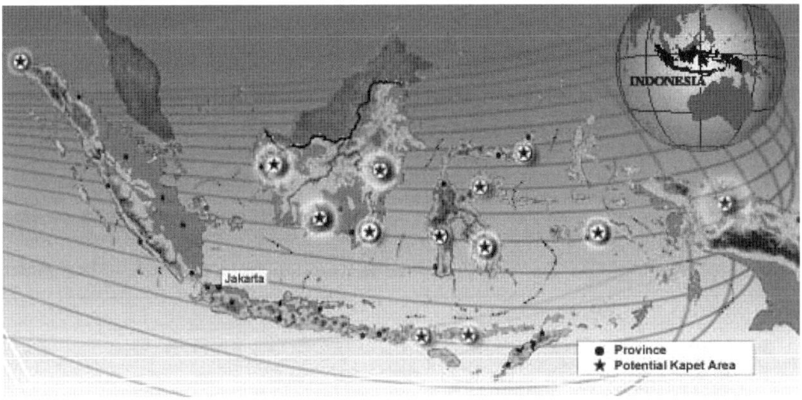

* 자료: WorldPress.com

원재료에 대해 수입관세 유예 및 기계와 부품에 대한 4년간 수입관세를 면제한다.

③ 자유무역지대(Free Trade Zone: FTZ; 현지어 Kawasan Perdagangan Bebas Indonesia: KPB)

인도네시아 정부는 내국인 및 외국인 투자자들의 자유로운 무역 활동을 보장하기 위하여 사방(Sabang), 빈딴(Bintan) 등에 무역 지대 및 항구인 자유무역지대(KPB)를 설립하였다. 자유무역지대(KPB)는 인프라시설 제공 및 관세유보 등의 지원을 하며, 2019년 제16차 경제 정책 패키지에서 자유무역지대(KPB)는 적극적으로 외국인 투자 기업 유치정책을 펼친다고 하였다. 자유무역지대(KPB)의 재정적 혜택으로는 특정 재화의 수입에 대한 부가세, 사치세 및 수입선납법인세(PPH 22)의 면제가 있으며, 특정 재화의 국내 매입에 대한 부가세 및 사치세 면제, 특정 재화의 수입에 대한 수입 관세 및 소비세 면제 등이 있다.[58]

58 KOTRA 인도네시아 국가·지역 정보.

그림 3-5. 인도네시아 바탐(Batam) 자유무역지대

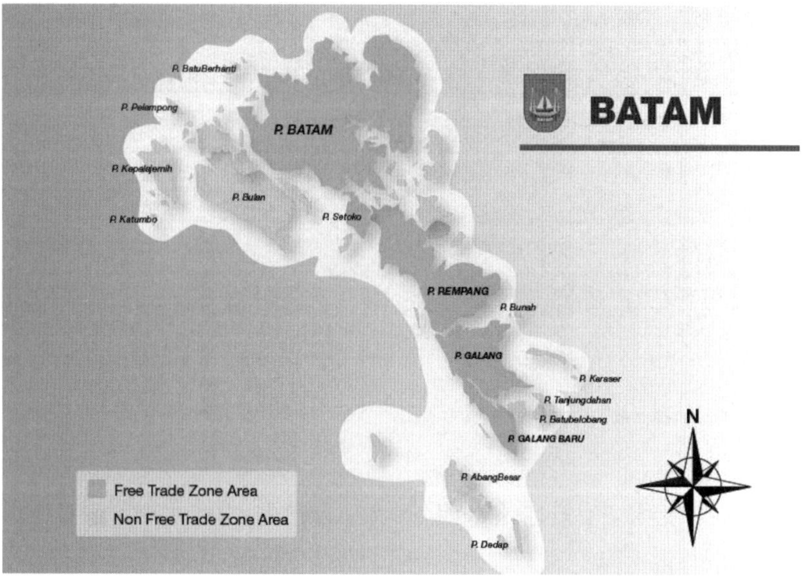

* 자료: 자료: Cekindo

[Box 3-2] 인도네시아 바탐(Batam) 자유무역지대 사례

인도네시아 바탐(Batam) 자유무역지대는 인도네시아 자유무역지대 중 가장 발전한 지역으로 평가된다. 2007년 베트남 정부에 의해 지정되었으며, 자유무역 지속 기간은 2077년까지이다. 바탐 자유무역지대에 진출한 기업의 주 국가로는 인도네시아와의 지리적 이점이 큰 싱가포르이며, 2017년 말 기준 바탐 자유무역지대에 종 22개의 산업단지에 949개의 기업이 진출해 있다. 바탐 자유무역지대의 주 혜택으로는 수출용 원자재 및 장비에 대한 수입관세 면제 및 수출산업에 대한 부가가치세(VAT) 등이 있다. 또한 2011년 2월 4일(GR No 5 year 2011) 발효일로부터 70년 동안 자유무역 및 자유 항구로 지정이 됨으로써 무역, 해상, 산업, 교통, 금융, 관광 등의 분야에서의 경제활동에 대해 혜택이 부여된다.

3.2.2.2 조세 지원 제도

인도네시아 정부에서 제공하는 조세제도 중 투자 인센티브는 대표적으로 세금 면제 및 감면(Tax Holiday)과 소득공제(Tax Allowance)로 나뉘며, 앞서 살펴본 것처럼, 특별경제구역(KEK), 경제발전통합지구(KAPET), 자유무역지대(KPB) 등에 적용 가능하며, 기업 소득세(법인세) 감면, 투자소득공제 등의 혜택을 부여한다. 이외에는 최근 선도 산업에 대해 소득세(법인세) 감면을 해주기도 한다. 재무부 장관령 3항 1조에 의하면 ① 인도네시아의 법인 ② 18개 분야의 선도 산업 ③ 신규투자 ④ 최소 투자금액 1000루피아 ⑤ 법인세 산출 목적상 재무부 장관령에 언급한 부채나 자본 비율에 관한 규정을 이행할 시 면세 혜택을 받을 수 있다.[59]

① 세금 면제 및 감면(Tax Holiday)

인도네시아 재무부는 기존의 재무부 규정을 폐지하고 2018년 Tax Holiday 규정[60]을 발표하였다. 적용 가능한 기업 범위로는 통신 장비 주요 부품, 철도 주요 부품 제조업, 농업, 플랜테이션, 산림 작물에 기반한 유기 기초 화학산업 외 총 18개의 선도 산업 분야에 진출하는 신규투자기업이다. Tax Holiday 신청 최소 신규 투자금액은 5천억으로 하향 조정되었으며, 새로운 규정에 따라 1천억-5천억 루피아 규모 투자에 대해 5년간 50% 소득세 감면 혜택[61]을 받을 수 있다.[62] 특별경제구역(KEK)에서도 2백억-1천억 루피아 투자액에 대해서 동등한 인센티브를

59 KOTRA 인도네시아 국가·지역정보.

60 법인 소득세 감면에 관한 새로운 재무부령(PMK No.150/PMK.010/2018).

61 일반 기업의 경우에 해당하며, 인도네시아 투자조정청(BKPM)에 따르면, 중소기업은 2백억-1천억 루피아 규모 투자에 대해 5년간 50%, 특별경제구역 내 중소기업의 경우는 1천억 루피아 규모의 투자에 대해 20년간 100% 소득세 감면 혜택을 받을 수 있다.

62 위 산업에 신규투자를 하였지만, 인도네시아 소득세법(Pajak Penghasilan: PPh) 제31A조에 세금 우대를 받지 못한 납세자의 경우는 인도네시아 투자법 2007(UU No.25/2007 Penanam Modal) 제 18조에 따라 소득세 감면 혹은 면제를 받을 수 있다.

제공받게 되며, 1천억 루피아 이상 투자 시 5-20년간 소득세를 100% 면제하는 규정이 제정되었다.[63]

② 소득공제(Tax Allowance)

인도네시아는 2019년 투자 촉진을 통한 경제 활성화 지원 목적으로 특정 사업 및 지역에 대한 투자 시 소득공제(Tax Allowance)에 관한 정부령[64]을 개정하였다. 적용 가능 범위로는 166개 사업 분야가 해당된다. 소득공제 신청을 희망하는 기업은 대형 투자 또는 수출지향 투자를 해야 하며, 높은 수준의 고용을 창출해야 한다. 소득공제(Tax Allowance) 혜택은 경제개발구역(KEK) 세제 혜택 등 다른 세제 혜택과 중복으로 적용이 불가능하다. 소득공제(Tax Allowance)의 재정적 혜택으로는 토지를 포함한 유형자산 금액의 30%에 대해 소득공제가 가능하며, 생산 시작 이후 6년간 5%씩 소득공제, 상업생산 이후 연간 5%씩 6년간 고정자산투자 금액의 30%의 소득공제를 한다. 또한, 협약을 통해 낮은 세율을 지정할 수 있다.

3.2.3 분쟁 해결제도

인도네시아의 사법 체계의 기본은 여전히 네덜란드 식민지법 규범에 근거하고 있어 체계의 신뢰성 및 효율성에 대한 우려가 크다. 인도네시아에서는 1945년 제정된 인도네시아 헌법에 의한 독립주권국가로서

---

63 주 인도네시아 대한민국 대사관 사이트에서 상세내용을 확인할 수 있다. http://overseas.mofa.go.kr/id-ko/brd/m_2874/view.do?seq=1322989&srchFr=&srchTo=&srchWord=&srchTp=&multi_itm_seq=0&itm_seq_1=0&itm_seq_2=0&company_cd=&company_nm=

64 소득공제(Tax Allowance)에 관한 정부령(PP Nomor 78 Tahun 2019), 소득세법(Pajak Penghasilan : PPh) 제31A조에 근거하여 혜택이 주어진다.

인도네시아 법원의 판결이 아닌 외국법원의 판결을 승인하거나 집행을 허용하지 않기 때문에 해외 판결은 인도네시아에서 소송이 다시 개시되었을 때 근거 증거로만 제시된다. 이로 인해 외국 투자자는 중재 절차[65] 또는 대안적 분쟁 해결 절차의 형태일 수 있는 법정 밖에서의 화해를 통해 상업 및 무역 분쟁을 해결할 수 있다.[66]인도네시아에는 해외 중재판정 인정 및 행에 관한 뉴욕 협약(New York Convention) 및 국제 투자 분쟁 해결 센터(International Centre for Settlement of Investment Disputes, ICSID) 협약을 맺은 상태이다. 이에 따라 외국인 투자자는 분쟁을 해결할 수 있다.

3.2.4 결론 및 시사점

인도네시아는 동남아시아 국가 중 가장 큰 경제 국가임에도 World Bank(2016)의 기업환경평가(Doing Business Report)에 따르면 사업을 시작하기 어려운 나라로 분류될 정도로 사업 여건이 좋다고 평가되지 않는다. 또한, 인도네시아의 외국인 직접투자(FDI) 정책은 변동성이 크다. 이러한 인식과 상황을 해결하기 위해 현재 인도네시아 정부는 외국인 직접투자(FDI) 활성 도모나 관료체제 개선 및 규제 완화를 위해 노력 중이다. 인도네시아 투자조정청(BKPM)에 따르면 최근 인도네시아의 외국인 투자 관련법 및 정책 동향으로는 코로나 팬데믹의 영향으로 손실된 인도네시아는 1차 분야 산업에서 부가가치 기반 산업기반으로 경제를 전환하기 위해 노력하고 있으며, 가공산업의 분야 등 인도네시아의 주 육성 대상 산업에 외국인 투자자 유치를 위해 노력할

65 인도네시아 중재위원회 관련 법률(UU No.30Tahun 1999).

66 인도네시아 투자법 2007(UU No.25/2007 Penanam Modal) 제32조에 따라 외국 투자자의 분쟁의 국제 중재 처리와 관련하여 명시되어 있다.

예정이다.

인도네시아는 2007년 새로운 투자법을 개정한 이래로 외국인 투자와 내국 투자를 하나로 법률을 통합함으로써 법을 적용하였다. 하지만 인도네시아의 투자법은 외자 투자와 내국 투자를 구별하기에 법률과 관련 부속서에 명시된 내용을 면밀히 살펴야 한다. 인도네시아 정부는 정부 기관 간, 정부 기관과 인도네시아 중앙은행 간, 중앙정부와 지방정부 간, 지방정부 간 투자정책을 조정한다. 투자정책의 이행은 투자조정청(BKPM)이 하며, 인도네시아의 투자 전담 기관이며 투자 인허가 서비스 등의 업무를 한다. 2018년부터는 온라인 통합 사업 인허가 발급(OSS) 서비스를 도입하여 투자와 관련 인허가서 온라인 서비스를 제공함으로써 투자 관련 인허가 절차가 간소화되었다. 하지만 OSS 서비스는 일부 분야엔 적용이 되지 않기에 주의해야 한다.

외국인 투자 유치를 위한 정책으로는 조세 혜택을 제공하는 투자정책인 보세구역(KB), 특별경제구역(KEK), 자유무역지역(KPB), 산업단지(KI) 사회 경제적 인프라 구축 관련 민관협력(PPP) 제도 등을 정부에서 지정 및 시행하고 있다. 투자 인센티브로는 대표적으로 세금 면제 및 감면(Tax Holiday)과 소득공제(Tax Allowance)로 나뉘며, 앞서 언급한 투자정책 지역에 적용할 수 있다. 외국인 투자 분쟁과 관련하여, 인도네시아의 사법 체계의 기본은 네덜란드 식민지법에 규범하고 있어 신뢰성에 대한 우려가 크다. 따라서 외국인 투자자들은 중재 절차 또는 대안적 분쟁해결 절차의 행태일 수 있는 법정 밖에서의 화해를 통해 상업 및 무역 분쟁을 해결할 수 있다.

3.3 미얀마

3.3.1 외국인 투자 관련법과 조직

3.3.1.1 외국인 투자 관련법

미얀마는 중국·인도와 아세안을 연결하는 중요한 지리적 위치, 풍부한 천연자원과 젊은 노동력을 중심으로 많은 경제적 성장의 잠재력을 가진 나라이다. 2011년 미얀마의 경제개혁은 많은 투자 기회를 만들어냈으나 제한적인 인프라, 전력 부족, 미흡한 제도 등 여전히 많은 어려움이 존재한다. 2020년 세계은행의 기업환경평가(Ease of doing business index)에 따르면 미얀마는 190개국 중 165위를 차지하였는데, 2019년 171위를 한 것에 비하여 상승하였지만 아세안 10개국 중에서 가장 낮은 순위를 차지하는 것은 물론 전 세계적으로도 여전히 최하위권에 속하고 있다. 이 장에서는 외국인 투자와 관련한 주요 법을 간략히 정리함으로써 미얀마의 투자 환경에 대해 알아보고자 한다.

① 미얀마투자법(Myanmar Investment Law, 2016)

미얀마 정부가 2016년에 발표한 미얀마투자법은 이전의 외국인 투자법(Foreign Investment Law 2012)과 미얀마 내국인 투자법(Myanmar Citizen Investment Law 2013)을 19장으로 구성된 하나의 법으로 대체한다. 이 법은 내, 외국인에게 동일한 투자법을 적용하여 동등한 대우를 보장하여 투자사업을 육성함으로써 미얀마 국민의 이익을 증대시키고 고용기회를 창출하여 국제 기준에 부응하는 기업활동과 투자사업을 발전시키기 위한 목적으로 제정되었다. 본 미얀마투자법에 대한 세부시행령[67]은

67 Myanmar Investment Rules.

표 3-15. 미얀마투자법 75조

구역	개발 정도	면제기간	해당 지역
제1지역	가장 저개발된 지역 (least-developed)	7년간	138개 도시
제2지역	개발진행 지역 (moderately developed)	5년간	122개 도시
제3지역	개발 지역 (adequately developed)	3년간	46개 대도시 (양곤, 만달레이 포함)

* 자료: 미얀마투자법 제75조

2017년에 발표되었다. 미얀마투자법은 외국인 투자 금지(41조) 또는 제한(42조) 항목, 투자 인센티브, 토지 임대기간, 투자자의 의무에 관한 내용 등을 포함하고 있다. 외국인 직접투자의 확장, 관리, 운영, 매각, 처분에 대하여는 법률, 규정 등에 공고하는 경우를 제외하고는 내국인보다 불리하게 대우해서는 안 되며, 다른 국적의 외국인 투자자 및 외국인 직접투자와 차별하여서도 안 됨을 명시하고 있다.

미얀마투자법에서는 투자위원회에 의해 투자촉진 사업 분야로 지정된 분야에 한하여 미얀마를 3구역으로 나누고 있다. 구역은 개발 정도에 따라 나누어지는데, 미얀마투자법 75조에 의거하여 각 지역의 산업에 대하여 아래와 같은 법인세 면세 혜택을 부여하고 있다. 이와 관련하여 시행령 96조에서는 해당 지역의 투자로 분류되기 위해서는 해당 지역에 기업의 총 투자금액의 65% 이상이 투자되어야 한다고 명시한다.

이전의 투자법은 모든 사업에 대하여 미얀마투자위원회(MIC: Myanmar Investment Commission)의 허가를 필요로 했지만 새롭게 제정된 미얀마투자법은 세부시행령을 통해 MIC 투자허가가 필요한 사업, 투자가 금지되는 사업, 그리고 투자가 제한되는 사업 목록을 별도로 규정하고 있다. 〈표 3-16〉을 통해 각 사업 목록을 간략히 정리하였다.

MIC 허가가 필요한 투자사업 중 연방정부에 전략적으로 중요한 투자사업이란 통신, 기술, 운송 인프라, 에너지 인프라, 도시개발 인프라,

표 3-16. 투자허가 관련 사업 목록

구분	주요 내용
MIC 허가가 필요한 사업 (미얀마투자법 36조, 시행령 3조-11조)	1. 연방정부에 전략적으로 중요한 투자사업 2. 막대한 자본이 투입되는 사업 3. 현지의 환경 혹은 지역사회에 큰 영향을 미치는 사업 4. 정부 소유의 토지 혹은 건물을 사용하는 사업
투자가 금지되는 사업 (미얀마투자법 41조, 시행령 12조-16조)	유해, 유독한 폐기물을 연방에 반입하는 사업 해외에서 시험 중이거나 사용 및 재배 승인을 취득하지 못한 기술, 의약품, 동식물, 기구를 반입하는 사업(단, 연구,개발 목적인 경우는 예외로 함) 미얀마 연방 내 전통문화 및 소수민족의 관습에 영향을 미치는 사업 공중보건에 영향을 미치는 사업 자연환경 및 생태계에 위해를 끼치는 사업 현행 법령에 따라 금지되는 제조 및 서비스 관련 사업
투자가 제한되는 사업 (미얀마투자법 42조, 17조-22조)	연방정부만 수행할 수 있는 사업 외국인 투자자에게 제한되는 사업 내국인 또는 외국인 소유 회사와 합작하여 투자하는 경우에만 허용되는 사업 관련 부처의 승인을 받아야만 허용되는 사업

* 자료: 미얀마투자법 및 세부 시행령

천연자원, 농업, 미디어 분야 등에 대한 투자로서 투자 금액이 미화 2천만 달러를 초과하는 사업들을 말하며 이 외에도 농업 혹은 비농업 분야에 대하여 1,000에이커 이상의 토지를 사용하는 투자사업, 국경지역 또는 분쟁지역에 대한 투자로서 투자금액이 1천만 달러를 초과하는 경우 등이 이에 해당된다. 또한 본 법에서는 총 투자금액이 1억 달러를 초과하는 사업을 막대한 자본이 투입되는 사업으로 정의하고 있다. 투자가 제한되는 사업의 경우, 연방정부의 승인을 통해 42조의 투자 제한 사업 목록이 완화, 수정 또는 해제될 수 있음을 본 법 44조를 통해 명시하고 있다. 뿐만 아니라 앞서 나열한 투자허가가 필요한 사업 분야를 제외하고는 별도의 MIC 투자허가 없이 외국인 투자가 가능하도록 규정함으로써 외국인 투자를 보다 용이하게 하였다.[68]

또한 본 법을 통해 양여허가(Endorsement) 제도를 신설하였는데, 이를 통해 투자자는 MIC로부터 투자허가를 취득하지 않더라도 양여허가를 통해 장기간 토지사용권을 취득하고, 다양한 조세 면제 및 감면 혜택을

68 미얀마투자법 제37조 참고.

받을 수 있다.

② 경제특구법(Special Economic Zone Law, 2014)

미얀마 정부는 경제특구의 설립과 운영을 통해 국가 경쟁력을 발전시키고자 2011년 경제특구법을 제정하였으며 2014년에 한 차례 개정되었다. 본 법은 총 12장으로 이루어져 있으며 경제특구 설립 및 운영, 투자사업, 관세 및 투자자의 면제사항, 개발사업 관련 면제사항과 각종 면세 및 감면에 관한 내용을 담고 있다. 특히 제2장에서는 경제특구 설립 목적에 관한 내용을 포함하며 〈표 3-17〉과 같다.

표 3-17. 경제특구 설립 목적

제2장 1) 국가 경제개발의 주요 목표를 지원 2) 고용에 영향을 미쳐 생활수준을 향상시키고, 상품의 수출 및 생산, 외화 수입을 증가시킴 3) 다른 국가와의 산업, 경제 및 상업활동, 서비스 및 금융거래 분야의 협력을 촉진시키며, 국민에게 직업 훈련의 기회를 제공 4) 국내외 투자를 유치, 장려하기 위하여 투자자 및 개발자를 위한 기반을 구축 5) 경제특구 내의 국내외 투자의 흐름을 촉진하고, 경제특구 내의 연속성을 연계 구축을 통하여 특구 내 새로운 일자리를 창출

* 자료: 경제특구법 제2장

표 3-18. 경제특구의 구분

구분	특징
자유지역(Free Zone)	수출 시장을 대상으로 한 투자 지역
진흥지역(Promotion Zone)	경제특구 내에 위치한 내국세 적용 지역으로서, 내수시장을 대상으로 한 투자 지역
기타 지역(Other Zone)	경제특구에 속하나 자유지역 및 진흥지역에 속하지 않는 지역

* 자료: KOTRA 뉴스, 경제특구법 16조.

③ 미얀마회사법(Myanmar Company Law, 2017)

미얀마의 구회사법은 1914년 제정된 것으로 영국이 식민지 지배를 위해 제정했던 인도 회사법을 그대로 사용한 것이어서 여러 한계를 가지고 있었다. 이에 미얀마 정부는 아시아개발은행(ADB: Asia Development

Bank)의 자문을 얻어 2017년에 신회사법을 공포하였다. 본 법은 회사의 권리, 의무, 절차 등을 규정하기 때문에 미얀마의 외국인 투자자들에게 중요한 법이라고 할 수 있다. 투자와 관련하여 주목해야 할 주요 변경사항은 다음과 같다. 먼저, 개정된 미얀마 회사법에서는 외국인이 미얀마에 설립한 회사에 대하여 직·간접적으로 소유하는 지분이 35%를 초과하는 경우에 외국회사[69]로 규정하고 있다. 따라서 외국인이 미얀마 회사에 투자를 하더라도 그 지분이 35% 이하를 차지하는 경우에는 내국회사 지위를 유지할 수 있게 되었다. 내국회사 지위를 유지할 경우 간접적으로 부동산 소유가 가능하기 때문에 미얀마투자법상 외국인에게 제한된 사업들도 수행이 가능해져 이전과 비교하여 외국인 투자의 장애 요소가 크게 완화되었다고 할 수 있다. 또한 본 법을 통해 기업 내 이사의 상주 요건이 추가되었는데, 미얀마에서 운영하는 모든 회사는 최소 한 명 이상의 상주 이사[70]를 선임해야 하며 외국기업 설립 시 지점장 혹은 대표사무소장이 반드시 미얀마에 상주해야 한다는 요건이 추가되었다. 그리고 구 회사법이 자기 주식 취득을 원칙적으로 금지해 온 것과는 다르게, 본 법을 통하여 자기 주식을 취득하는 행위가 가능하게 되었다. 이러한 회사법의 개정은 외국인 투자 요건을 완화시켜 더욱 많은 외국 기업들의 미얀마 진출을 가능하게 할 것으로 예상된다.

3.3.1.2 외국인 투자 관련 조직

현재 미얀마의 외국인 투자를 관장하는 기관은 미얀마 투자위원회(MIC)이며 투자기업관리국(DICA: Directorate for Investment and Company Administration)이 MIC의 사무국 역할을 하고 있다. 본 장에서는 각 기관

69 Foreign company.

70 상주이사는 반드시 미얀마인일 필요는 없으며 시행일 혹은 설립일을 기준으로 12개월 중 183일 이상을 미얀마에 거주해야 한다.(2017, PyidaungsuHluttaw Law No.29)

의 역할에 대하여 간략하게 설명하고자 한다.

① 미얀마 투자위원회(MIC: Myanmar Investment Commission)

MIC는 외국인 투자 관련 업무를 총괄하는 미얀마의 정부 지정 기관으로서 투자 제안을 승인하고 정기적으로 분야별 개발과 관련한 공고를 발행한다. MIC는 정부 부처 관계자 및 전문가, 각 부서, 비정부 기관의 대표 등으로 구성되어 있으며 설립 목적 및 주요 목표는 〈표 3-19〉와 같다.

표 3-19. MIC 설립 목적 및 목표

- 신미얀마투자법에 따라 투자자를 보호
- 환경을 보호
- 사회적 영향력을 중시
- 국제적 표준에 따라 회계 및 감사를 수행함으로써 투명성 및 책무성 제고
- 일자리 창출
- 노동법 준수
- 기업의 사회적 책임을 지원
- 기술의 이전

* 자료: DICA 홈페이지

② 투자기업관리국[71](DICA: Directorate for Investment and Company Administration)

앞서 언급했듯 미얀마의 외국인 투자는 미얀마 투자위원회(MIC)에 의하여 관리 및 감독되며 투자기업관리국(DICA)이 MIC의 사무국 역할을 맡는다. DICA는 투자대외경제관계부(MIFER: Ministry of Investment and Foreign Economic Relations)의 산하기관으로서 민간 투자 유치를 활성화하고 좋은 투자 환경을 조성하여 국내 및 외국인 투자를 촉진하는 역할을

71 DICA는 투자기업청, 투자회사관리국 등으로 번역되기도 하나 본문에서는 투자기업관리국으로 번역하였다.

그림 3-6. DICA 조직도

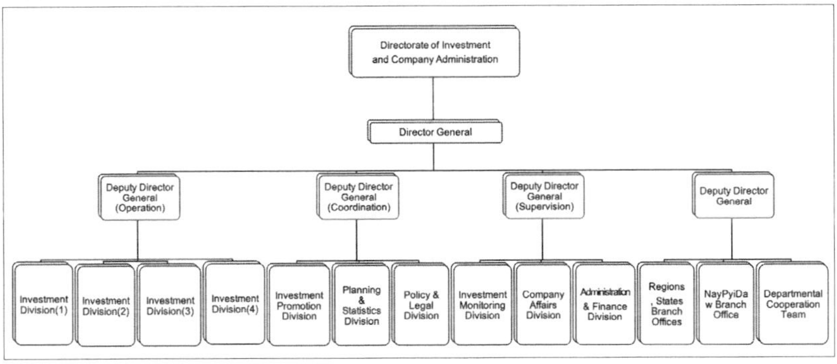

* 자료: DICA 홈페이지

한다.[72] 또한 투자 및 기업 규제, 회사 등록, 투자 진흥 등의 업무를 수행하며, 양자 간 투자 촉진 및 보호 협정 관련 문서 작업, 협상, 승인과 아세안 관련 투자 업무를 총괄한다.

3.3.2 외국인 투자 유치정책 및 지원제도

3.3.2.1 경제특별구역(SEZ: Special Economic Zone)

미얀마의 경제특별구역은 미얀마투자법이 적용되지 않는 예외 지역이기 때문에 외국인 투자가 제한되는 분야라 하더라도 경제특별구역에서는 허용되는 경우가 있다.[73] 현재 미얀마는 앞서 언급했듯 띨라와(Thilawa), 짜욱퓨(Kyauk Phyu), 다웨이(Dawei) 등 총 3곳을 경제특구로 지정하였으며 각각의 위치는 〈그림 3-7〉과 같다. 경제특구법에 의거하여 자유지역(free zone), 진흥지역(promotion zone) 기타 지역(other zones) 등의 세 지역으로 구분[74]하여 다음과 같은 혜택을 제공한다(〈표 3-20〉 참

72 https://www.dica.gov.mm/en/roles-and-responsibilities
73 카이로스&우리회계법인(2017), 〈미얀마 투자가이드〉.

그림 3-7. 미얀마 경제특구 위치

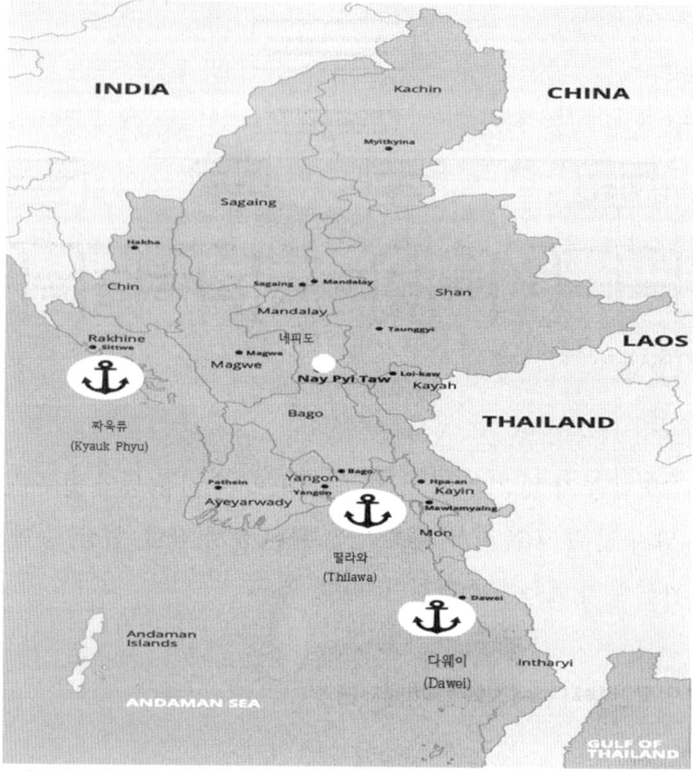

* 자료: EUROCHAM Myanmar Business Guide 2019.

고). 특히 원스탑 서비스 센터(OSSC)[75]는 사업과 관련한 모든 관계 기관을 한 곳으로 통합하고, 투자 관련 하나의 창구를 제공함으로써 투자자로 하여금 시간을 절약하고, 업무에 있어 더욱 효율적인 환경을 제공하는 것이 특징이다.

띨라와 경제특구는 미얀마 최초의 국제 경제특구이자 현재 운영 중

74 〈표 3-18〉 경제특구의 구분 참고.

75 One Stop service center.

표 3-20. 경제특별구역 혜택

종류	자유지역	진흥지역
소득세	· 첫 7년 면제, 이후에는 5년 동안 법정 소득세율 50% 감면 · 그 후에는 사업으로 얻은 수익이 1년 내에 예비금으로 해당 사업에 재투자되는 경우 법정 소득세 50% 감면	· 첫 5년 면제, 이후 5년간 현행 법정 소득세율 50% 감면 · 10년 후, 향후 5년간 적립금으로 1년 이내에 재투자된 이익에 대한 현행 법정 소득세 50% 감면
상업세 및 부가가치세	5년간 면제	· 일정 기간에 한해 면제
수입세	· 건설용 원자재, 기계 및 부품, 건축자재, 공사 관련 차량에 대해 면제 · 교역품 수입 면제	· 건설용 원자재, 기계 및 부품, 건축 자재 및 공사 관련 차량에 대해 5년간 면제 향후 5년간 50% 감면
법인세	· 첫 7년간 면제, 이후 5년간 50% 감면 · 13년차부터 5년간 재투자 발생 이익에 대한 법인세 50% 감면	· 첫 5년간 면제, 이후 5년간 50% 감면 · 11년차부터 5년간 재투자 발생 이익에 대한 법인세 50% 감면
기타	· 투자 승인, 기업 등록, 입국 비자 발급, 원산지 증명서 발급, 세금 징수, 고용허가 승인, 공장 설립 허가 등을 위한 원스톱 서비스센터 구축 · 투자자는 세금을 납부한 현지에서 발생한 이익을 기준으로 배당금(dividend pay-out)에 대해 소득세 면제 신청 가능 · 자산, 수익 및 기타 권리를 인정하고 보호 · 투자가 국유화되지 않음을 보장	

* 자료: 경제특구법(2014)

인 유일한 특구이다. 미얀마 및 일본 정부, 민간 컨소시엄이 지분을 보유하는 미-일 합작회사인 미-일 띨라와 개발회사(Myanmar Japan Thilawa Development Ltd)에 의하여 개발되었다. 미얀마와 일본은 각각 정부 기관인 띨라와 경제특구위원회(Thilawa SEZ Management Committee)와 일본 국제협력기구(JICA, Japan International Cooperation agency)를 통해 10%의 지분을 보유하고, 미얀마 민간 컨소시엄[76]을 통해 41%, 일본 민간 컨소시엄[77]을 통해 29%의 지분을 보유하고 있다. 띨라와 경제특구는 주로 하이테크, 섬유, 제조 및 물류 서비스 관련 산업에 종사하는 기업들로 구성되어 있다

다웨이 경제특구는 2008년 태국의 개발업체[78]의 주도로 미얀마-태

76 Myanmar Thilawa SEZ Holdings Public Limited.

77 MMS Thilawa Development Co., Ltd.

국 다웨이 경제특구 개발 MOU를 체결하며 개발이 시작되었다. 한때 자금난으로 인하여 프로젝트 진행이 중단되었지만, 2017년 JICA에서 개발 계획을 세우며 개발이 재개되었으며 미얀마, 태국, 일본이 각각 지분을 소유하고 있다. 다웨이 경제특구의 전체 개발 부지는 약 197㎢로 띨라와 경제특구의 8배 규모이며, 단일 경제특구로는 아세안 최대 규모이다. 또한 메콩강 지역(GMS: Greater Mekong Sub-region)의 남부 해안 연결 도로[79] 건설을 통해 태국–캄보디아–베트남을 잇고, 인도양으로의 통로 역할을 함으로써 인도, 중동과도 연결하는 지리적으로도 매우 중요한 위치에 있다.

짜욱퓨 경제특구는 미얀마 북서부에 위치하여 중국-태국-인도를 잇는 지리적 이점을 가지고 있지만 자금조달 부족으로 인하여 개발이 지연되어 왔다. 2020년 중국 국제신탁투자공사(CITIC: China International Trust Investment Corporation)와 미얀마 정부가 합작회사[80]를 설립함에 따라 본격적으로 개발이 재개되었다. 여러 차례의 협상 끝에 중국 회사는 기업의 지분 70%, 미얀마 투자위원회는 30%를 보유하기로 합의한 바 있다.

3.3.2.2 한-미얀마 경제협력 산업단지(KMIC: Korea-Myanmar Industrial Complex)

한-미얀마 경제협력 산업단지는 우리 정부의 신남방정책에 따라 한국토지주택공사(LH)가 주도하여 아세안 지역에 처음으로 설립하는 산업단지이다. LH는 미얀마 정부와 함께 합작법인을 설립하였으며 LH(40%), 미얀마 정부(40%), 국내 기업인 글로벌세아(20%)의 공동출자로 구성되어 있다. 뿐만 아니라 한국 정부의 대외경제협력기금(ECDCF)

78 ITD(Italian-Thai Development).

79 GMS Southern Coastal Corridor.

80 Kyaukphyu Special Economic Zone Deep Seaport사.

그림 3-8. 한-미얀마 경제협력 산업단지 위치도

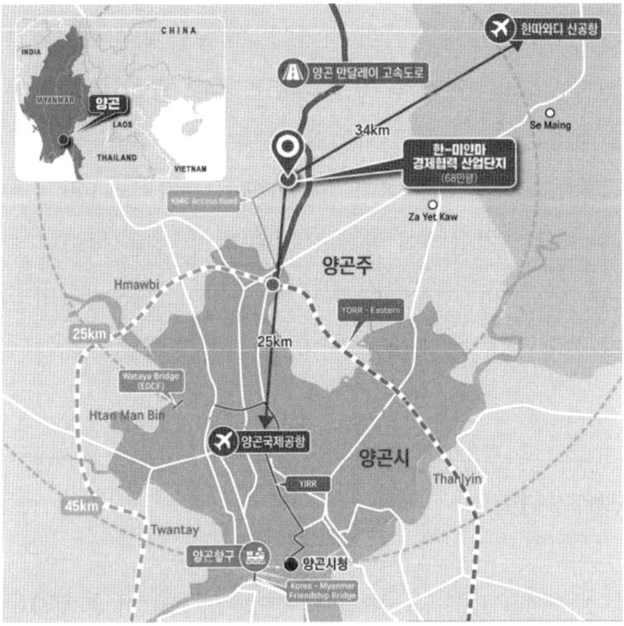

* 자료: 한국토지주택공사(LH)

700억 원을 지원받아 진입 도로, 전력, 상수도와 같은 산업단지의 인프라를 구축할 계획이다. 미얀마 양곤주 야웅나핀 지역에 건설될 본 산업단지는 양곤 공항 및 항구까지 30분-1시간 이내로 접근이 가능하고, 양곤-만달레이 고속도로를 통하여 내륙으로 이동이 편리한 지리적 이점을 가지고 있어 전 세계의 많은 기업들이 입주할 것으로 예상되며 한국 기업의 진출 또한 용이하게 할 것으로 예상된다. 본 산업단지는 2020년 말에 착공되어 2023년에 완공 예정이다.

3.3.2.3 미얀마 코리아 데스크(Myanmar Korea Desk)

지난 2019년 12월, 미얀마 양곤에 우리나라 기업들의 미얀마 진출을 지원하는 코리아 데스크가 개소하였다. 미얀마는 신남방 국가 중에서는 인도와 베트남에 이어 세 번째로 코리아 데스크가 설치된 국가로 미얀마 상무부 소관 무역진흥기구인 미얀트레이드(MYANTRADE)[81]와 미얀마 투자대외경제관계부 산하 기관인 DICA에 각각 설치되었다. 주요 기능으로는 ⓐ 한국-미얀마 기업 간 투자 정보 교류 ⓑ 미얀마 진출 기업의 애로사항 해소 ⓒ 한국 기업의 미얀마 투자 촉진 등이 있다. 한국에서 파견된 KOTRA 직원, 현지 미얀트레이드 직원과 DICA 직원이 함께 근무하며 양국 기업인의 활동을 돕게 된다. 또한 미얀마 코리아 데스크는 '원스톱 서비스' 창구 역할도 하게 되어 한국 기업의 미얀마 진출을 돕고 한국-미얀마 무역 및 투자 확대에 큰 역할을 할 것으로 기대된다.

3.3.3 분쟁 해결 제도

미얀마는 보통법(Common Law)과 시민법(Civil Law)이 혼재하는 특수한 형태의 사법 시스템을 취하고 있으나 보통법의 원리가 주를 이루고 있다.[82] 기본적으로 미얀마에서는 중재를 통하여 분쟁을 해결하며 관련법으로는 중재법(Arbitration Act, 1944)이 시행되고 있다. 이 외에도 외국인 투자와 관련된 법에서도 분쟁과 관련된 사항을 명시하고 있다.

3.3.3.1 분쟁해결 방법 및 절차

개정된 외국인 두자법 제19장에 의하면, 외국인 투자자가 수행하는 사업과 관련하여 분쟁이 생길 경우에는 먼저 당사자 간 우호적으로 해결할 것을 명시하고 있다. 그리고 분쟁의 발생을 미연에 방지하기 위한 분쟁조정 방안[83]을 수립하고 운영해야 한다고 설명한다. 만약 당사

81 미얀트레이드(MYANTRADE)는 KOTRA를 모델로 하여 설립된 미얀마 상무부 내 무역투자 진흥조직으로 한국정부의 무상원조기금을 투입하여 설립된 기관이다.

82 법무부, 〈미얀마투자법제 가이드〉(2013), p. 84.

자들 간 분쟁이 우호적으로 해결되지 않을 경우에는 현행 연방 법률을 따르도록 하고 있다. 또한, 미얀마는 한국과 양자간투자보호협정 (BIT: Bilateral Investment Treaty)을 체결한 국가로서 투자자-국가 분쟁해결절차 (ISD: Investor-State Dispute Settlement) 혹은 유엔 국제상거래법위원회 (UNCITRAL: United Nations Commission on International Trade Law) 제소 등을 통해 보상을 받을 수 있다.

3.3.3.2 외국인 투자 분쟁사례

최근 미얀마에서는 외국인 투자자와 미얀마 현지인 간의 토지소유권과 관련한 분쟁이 빈번하게 발생하고 있다. 앞서 설명한 미얀마투자법에 명시된 신설된 제도인 양여허가를 받은 경우가 아니라면 원칙적으로는 외국인이 토지를 소유하는 것이 불가능하고 1년 이하의 부동산 임대만 가능하다. 그렇기 때문에 현지인 명의로 토지를 확보하는 경우가 많고 이는 종종 분쟁으로 이어진다. 이와 관련된 외국인 투자자 간 흥미로운 사례가 있어 간략하게 소개하고자 한다.

[Box 3-3] 미얀마 외국인 투자 분쟁사례

Ngapali 리조트의 독일 투자자, 전 파트너에 대한 법적 조치 검토

2009년 미얀마 현지인인 Daw 씨와 당시 남편이었던 독일인 Gerald 씨, 또 다른 독일인 투자자 Eva 씨는 함께 라카인주 유명 관광지인 Ngapali 리조트 개발 프로젝트를 이익배분제로 추진하기로 합의했다. 미얀마에서는 외국인의 토지 및 부동산 소유가 불가능하기 때문에 현지인 Daw 씨를 단독 소유자로 등록했다. 그러나 2012년 Daw 씨와 Gerald 씨가 이혼하며, 독일인 Gerald 씨와 Eva 씨는 자신들의 지분 반환과 Daw 씨의 지분 매각을 요청했으나 거절당했다. 결

83 Grievance mechanism.

국 이들은 뮌헨 법정에 제소하여 승소 판결을 받았다. 그러나 독일 법원의 판결은 미얀마에서 아무런 효력이 없다며 Daw 씨는 이를 받아들이지 않았고, 결국 독일인 투자자 둘은 2018년 미얀마에서 정식으로 형사소송을 제기하기에 이르렀다.

* 자료: The Irrawaddy News 2018. 4.27(https://www.irrawaddy.com/news/german-investor-ngapali-resort-eyes-legal-action-ex-partner.html 및 포스코경영연구원 (2018) 〈Chindia plus〉, pp. 60-61)

3.3.4 결론 및 시사점

미얀마는 앞서 언급한 것과 같이 에너지, 광물자원 및 농림수산자원 등과 같은 풍부한 천연자원과 저임노동력을 바탕으로 많은 성장의 잠재력을 가진 나라이다. 하지만 약 50년간의 군부독재를 거치며 폐쇄경제체제를 추진함에 따라 경제개발이 이루어지지 않았고, 세계 최빈국 중 하나가 되었다. 그러나 2010년 총선, 2016년 민간정부 출범과 함께 본격적으로 개혁·개방을 추진함에 따라 연간 6% 이상의 고속성장이 지속되었고 미국, EU를 비롯한 주요국들과 세계은행, IMF 등의 국제기구들도 미얀마에 대한 각종 제재를 해제한 바 있다. 뿐만 아니라 인도차이나 반도 북단에 위치한 미얀마는 좌우로는 인도, 중국과 접하고 동남아시아와 서남아시아를 잇는 지리적 요충지이기 때문에 미얀마에 대한 국제적인 관심 또한 매우 크다. 2020년에 미얀마는 전년도 대비 약 10억 달러 이상 증가한 50억 달러 이상의 외국인 직접투자를 유치하였다. 그러나 코로나19로 인하여 제조업, 관광업 등 일부 산업에 타격을 입어 외국인 투자가 일시적으로 감소할 것으로 예상된다.

미얀마 정부는 개방을 추진하며 경제개발을 국가의 최우선 과제로 선정하고 외국인 투자를 유치하기 위한 다양한 발전전략을 실시하고 있다. 본문에서 설명한 경제특구법 제정 및 경제특구 운영, 외국인 투자법 개정, 회사법 개정 등 외국인 투자와 관련한 법제 정비 및 규제 완화 등이 이에 해당한다. 그러나 오랜 기간 지속되었던 폐쇄경제로 인하여 전력, 도로와 같은 기본적인 사회 인프라의 부족은 미얀마의 성장을 더디게 하고 있다. 이에 미얀마 연방정부와 지방 정부는 각 부처별 인프라 및 신도시 개발을 위한 정책을 실시하는 등 인프라 개발을 위한 노력을 기울이고 있으며 ADB, KOICA, JICA 등과 같은 국제 원조 기관의 도움을 받아 인프라 건설을 위한 원조 유치를 활발하게 진행하고 있다. 이러한 국제적 관심과 더불어 미얀마에 진출하는 우리나라 기업들도 크게 늘어남에 따라 우리 정부 또한 한국-미얀마 간 무역 및 투자 활성화를 위한 다양한 지원을 하고 있다. 신남방 국가 중 인도, 베트남에 이어 한국 기업 전용 상담 데스크인 코리아 데스크가 세 번째로 설치되었으며 2020년부터는 KB금융, IBK기업은행 등 6개 국내 금융그룹이 미얀마에 법인을 설립함에 따라 현지에 진출한 국내 중소기업에 원활한 금융 공급이 가능해질 것으로 예상된다. 미얀마 정부가 지속적으로 외국인 투자 유치를 위한 다양한 정책들을 펼치고 있는 만큼 변화하는 제도들을 잘 살피고 각종 투자 제도를 적극적으로 활용하는 것이 중요할 것으로 판단된다.

3.4 말레이시아

3.4.1 외국인 투자 관련법과 조직

3.4.1.1 외국인 투자 관련법

말레이시아는 세계은행의 2017년 사업환경보고서(World Bank's Doing Business Report)의 사업환경평가에서 세계 23위(총 190)를 달성하였다.

그러나 이 시기 '해외기업진출이 용이한 국가' 순위에서 말레이시아는 59위(2016년)에서 112위로 하락하였는데, 이는 말레이시아가 해외기업 진입을 용이하게 하기 위해 기업 등록비(company registration fee)를 인하한 반면, 수입이 RM 500,000 이상 되는 기업에 대해서는 GST payer 규정을 적용함으로서 진출을 더욱 어렵게 하였기 때문이다. 또한 2017년 세계경제포럼(World Economic Forum: WEF)의 글로벌 경쟁력 보고서(Global Competitiveness Report)는 해외기업이 말레이시아에서 비즈니스를 하는 데 어려운 점으로 ⓐ 금융시스템 접근의 어려움, ⓑ 부패, ⓒ 정부 관료정치의 비효율성을 꼽았다. 말레이시아는 이러한 한계점들을 극복하고 외국인 투자를 적극적으로 유치하기 위해 지속적으로 관련법과 제도를 개편하고자 노력하고 있다.

이러한 위험요소에도 불구하고 말레이시아는 지리적으로 ASEAN 지역의 중심에 있다는 이점 외에도, 무슬림, 화교, 인도계의 다양한 문화가 공존하며 영어가 통용된다는 점에서 대내외에 기회가 많은 시장이다. 현재 말레이시아에는 전기전자산업, 화학산업을 중심으로 5천여 개의 외국기업이 진출해 있다. 한국 역시 2014년부터 2020년 1분기까지 말레이시아에 총 842건, 14.9억 불을 투자하였으며, 257개의 신규 법인이 진출하였다.[84] 본 장에서는 말레이시아 투자 시 위험요소를 최소화하고, 기회요소를 극대화하기 위한 말레이시아 외국인 투자 관련 법과 조직에 대해 살펴보고자 한다.

3.4.1.1 외국인 투자 관련법

말레이시아의 외국인 직접투자와 관련된 기본 법규와 지침은 1986년에 제정된 투자진흥법(PIA: Promotion of Investment Act)과 1975년 실행된

84 http://president.globalwindow.org/pb.bizTrip.BizTripBookDetail.do?seq=70

산업조정법(Industrial Co-ordination Act, ICA)이 대표적이다. PIA는 통상산업부에서 주관하여 국회의 의결을 거쳐 제정된 투자진흥에 관한 규정인 반면 ICA는 외국인 투자자를 위한 투자 지침서와 같은 기능을 한다.[85]

투자진행법(PIA)은 통상산업부에서 주관하여 국회의 의결을 거쳐 제정된 투자 법령으로서 전반적인 투자 진흥 규정이며, 말레이시아에서 경제활동을 하는 국내외 경제 주체들의 수입에 대한 세금 감면과 수출 촉진을 위한 규정을 다루고 있다.[86] 특히 우대 산업분야와 우대 지역개발을 지정하여 적극적으로 투자정책의 방향을 제시하고 투자 우대조치를 부여함으로써 특정 산업 및 지역을 집중적으로 육성하고자 노력하고 있다.

반면 산업조정법(ICA)은 제조업 부문의 체계적인 발전과 규격화된 제품의 생산을 위해 사업활동의 인가, 감독 권한을 정부에 부여하는 역할을 한다. 이를 통해 특정 산업에 대한 집중 투자로 발생하는 과열 경쟁, 과잉생산 등을 방지하여 질서 있는 경제발전을 도모하고자 한다.[87]

3.4.1.2 외국인 투자 관련 조직

말레이시아의 외국인 투자는 국제통상산업부(Ministry of International Trade and Industry: MITI)와 그 산하기관인 산업개발청(Malaysian Industrial Development Authority: MIDA)이 주관하여 이루어지고 있다. 국제통상산업부(MITI)는 산업정책을 수행하는 중앙정부기관으로서 외국인기업의 신규 투자 및 증자, 우대조치 수혜 및 기술이전과 관련된 외국인 투자

85 국세청 (2008), 〈말레이시아 진출기업을 위한 세무안내〉, p. 15.

86 〈2018년 WTO TPR Secretariat 보고서(Malaysia)〉, '2.4 Investment Regime', pp. 33-36.

87 박원석 (2005), 〈말레이시아 외국인 투자법제에 관한 연구〉, 《비교법학》 제16권, pp. 10-11.

수행시동사업을 인가하는 일을 맡고 있다.[88] 반면 산업개발청(MIDA)은 국내 투자 촉진을 위한 투자업무 지원과 외국인 직접투자 지원을 전담하여 담당하고 있다. 산업개발청을 통해 외국 투자자들은 조세감면 승인과 투자 인센티브 지원은 물론 지방자치 조직에 대한 투자지원 정책들을 모두 상담할 수 있으며 행정지원을 받을 수 있다.

산업개발청(MIDA)은 1965년 연방산업개발청에 관한 법률에 따라 1967년 설립되어 말레이시아 산업정책과 제조업 분야 투자유치 정책의 입안 및 집행권을 보유하고 있다.[89] 이후 2009년 1월 말레이시아 정부는 외국인 투자 유치 증대를 위해 말레이시아 산업개발청(MIDA)을 공공설비 및 금융서비스를 제외한 모든 투자사업에 대한 승인 권한을 가진 원스톱센터로 개편하였다. 현재 산업개발청(MIDA)은 국제통상산업부(Minister of International Trade & Ministry) 소속의 말레이시아 투자 유치 전담 국가기관으로서 국내 본사와 더불어 지방조직 12개 및 해외조직 22개를 갖추고 있다.

상담 서비스센터는 각 정부 부처에서 파견된 공무원과 MIDA 소속 행정지원 요원으로 구성되어 있으며, 주요 업무로는 투자와 관련된 제반 절차 및 허가사항, 각종 서식 및 작성요령 등에 대한 서비스에서부터 투자 파트너 물색 및 소개, 투자 민원 처리와 투자실행위원회에 상정할 개별 안건 취합 등의 업무까지 수행하고 있다. 센터는 투자액의 규모, 수출액, 자금조달 유형(국내 또는 역외), 자본집약·노동집약비율, 국내 경제로의 기술파급 가능성, 사업 기반시설의 능력, 생산품을 위한 국내외 시장의 존재 여부 등 다양한 요인을 고려하여 승인 여부를 결정한다. 투자승인은 case-by-case 기준으로 처리되며, 정부가 상당한 재량권을 행사하고 있다.[90]

88 박원석 (2005), 위의 책, p. 11.

89 코트라 (2019), 〈말레이시아 투자실무가이드〉, 코트라 자료, p. 223.

그 밖에도 산업개발청(MIDA)은 ⓐ 투자정책에 대한 세밀한 조정과 산업 종사자 및 이해 관계자들과의 지속적인 협업과 관여를 통한 투자 유치, ⓑ MIDA와 중앙정부와의 직접적 협업을 통해 인프라 시설 보호 및 건설허가 촉진, 프로젝트가 실행되기 전까지 투자자들이 관련한 모든 허가를 받을 수 있도록 조원하는 것, ⓒ MITI, MOF와 관세청과의 협업을 통해 관세 및 판매에 대한 세금 감면절차를 간소화시키는 것 등이 말레이시아의 외국인 투자 환경을 개선시킬 수 있다고 판단하고 이를 위한 직간접적인 정책들을 취하고 있다. 이처럼 MIDA는 외국인 투자와 관련해서 중요한 권한을 갖고 있으며 외국인 투자가는 MIDA를 통해 제조업 허가, 각종 투자 인센티브 수혜 여부, 파견될 인력 허가문제, 입주할 공장 선정 문제 및 관련하여 지방정부와의 조율문제 등을 해결할 수 있다.[91]

이 두 기관 외에도 말레이시아에서의 사업환경을 개선하기 위해 만들어진 공공-민간 TF인 PEMUDAH 역시 외국인 투자유치를 위해 주력하고 있다. 또한, 외국인 투자자들에게 정보를 제공하기 위한 one-stop 서비스인 BLESS(Business Licensing Electronic Support System) 역시 큰 역할을 하고 있다. BLESS를 통한 사업허가 지원은 2014년 25,047건에서 2016년 81,344건으로 3배 증가하였다.

3.4.2 외국인 투자유치 정책 및 지원제도

3.4.2.1 세제 혜택 및 그 외 외국인 투자유치 정책

말레이시아의 투자에 관한 법률은 외국투자에 대한 일반적인 규정을

90 홍범교 · 기은선 (2007), 〈주요국의 외국인 투자 조세지원제도〉, 한국조세연구원, p. 109.
91 이성봉 외, 〈주요국의 외국인 투자 유치정책과 시사점—영국, 싱가포르, 말레이시아〉, 《대외경제정책연구원》 1998 겨울호, p. 117.

갖고 있지 않아 내외국인 간에 차별이 없다. 하지만 특정 산업, 특정 지역의 개발을 촉진하기 위해 조세 우대정책을 실시하고 있으며, 이는 우회적으로 외국인 투자자들의 진입 및 투자환경에 긍정적인 요소로 작용하고 있다. 세제상의 직접적인 인센티브는 일정 기간 소득세를 일부 또는 전액 감면해 주는 것이다. 반면 세제상의 간접적인 인센티브는 수입 관세, 판매세 및 국내 소비세의 면제 형태로 제공되고 있다.

현재 말레이시아는 기술, 자본중심, 지식중심의 사업과 고부가 가치 사업, R&D 활동, 신성장산업에 투자를 유치하고자 주력하고 있다. 특히 말레이시아는 전통 제조업, 농업부문, 이슬람 금융서비스, 정보통신기술, 교육, 관광, 건강분야와 같은 선택된 산업분야에서 투자 촉진을 위해 연구개발뿐만 아니라 광범위한 조세 인센티브를 제공하고 있다.[92]

외국 투자기업이 받는 주요 조세 인센티브에는 '개척자 자격(Pioneer Status: PS)'과 투자세액공제(Investment Tax Allowance: ITA) 혜택이 있다. 개척자 자격과 투자세액공제 자격은 부가가치, 사용기술 및 산업 간 연계 정도와 같은 특정 우선순위에 따라 결정된다. 개척자 자격이 부여된 기업은 5년간 소득세의 부분 감면 혜택을 받게 되며, 그 기간 법정 소득액(총소득에서 수익적 지출액과 자본 공제액을 차감하여 산출)의 30%에 대해서만 세금이 부과된다. 세금 감면 기간은 생산일(생산수준이 생산 능력의 30%에 달한 날)로부터 5년간이다. 또한 사용하지 않은 개척자 자격 결손금은 개척자 자격 기간 만료 이후 최대 연속하는 7년간 이월할 수 있다. 게다가 이런 회사 중에서도 최첨단 기업으로 분류되면 더 많은 혜택이 돌아가 5년간 법인세를 전혀 내지 않아도 된다.[93]

---

92 〈2018년 WTO TPR Secretariat 보고서〉, '2.4.2 Foreign Investment Regime' 요약(pp. 36-37).

반면, 기업들은 개척자 자격(PS) 대신 투자세 공제(ITA)를 신청할 수도 있다. ITA를 받는 기업은 최대 10년까지 자본 투자금의 60%에서 100%까지를 공제받을 수 있다. 최초의 공제 가능 자본적 지출(승인된 프로젝트에 사용된 공장, 기계, 설비 및 기타 장비 등 지출 관련)이 발생한 날로부터 5년 내에 발생한 지출에 대해 공제 가능하다. 또한 자본적 지출액에 대하여 60%의 공제 혜택을 받을 수 있다. 회사에서는 이 공제액을 매 과세연도 법정소득액의 70%까지를 상계할 수 있으며, 미사용 공제액은 전액을 다 사용할 때까지 다음 해로 이월하여 법정소득액을 상계할 수 있다. 두 인센티브는 상호 배타적으로 개척자 자격과 투자세 공제 둘 중 하나만 신청할 수 있다.[94]

기타 인센티브로는 재투자공제(Reinvestment Allowance: RA), 산업용건축공제(Industrial Building Allowance; IBA), 지역총괄본부(Operational HeadQuater; OHQ) 등이 있다. 재투자공제는 공장, 기계 및 산업용 건물에 대한 확대, 설비 현대화 및 관련 제품의 다양화를 위한 재투자에 적용되며, 자본지출액의 50% 비율을 소득에서 공제해 준다. 산업용 건축공제는 호텔, 수출용 보세창고, 허가된 산업훈련, 연구지역 등에 적용된다. 이것은 기업의 건물 비용에 대해 최초 연도에는 10%, 차기 연도부터는 매년 2%씩 공제하는 것이다. 지역총괄본부 인센티브는 경영총괄서비스의 제공에 대해서 5-10년간 10%의 양허세율을 적용하는 것이다.[95]

---

93 Deloitte, 〈말레이시아 세무 및 투자 가이드-2019〉, p. 10. https://www2.deloitte.com/content/ dam/Deloitte/my/Documents/tax/my-tax-guide-to-taxation-investment-in-malaysia-2019-kr.pdf ; 최기호 외, 〈외국인 투자지원을 위한 조세감면의 실효성 분석〉(국회예산정책처 연구용역보고서, 2014년 8월), pp. 106-107.

94 위의 출처.

95 이성봉 외, 〈주요국의 외국인 투자 유치정책과 시사점—영국, 싱가포르, 말레이시아〉, 《대외경제정책연구》 1998년 겨울호, p. 179.

세제 혜택 외에도 말레이시아 정부는 외국인 투자자들의 사업 시작 및 등록, 세금 지급의 절차를 단순화(streamlining of tax)함으로써 비즈니스 환경을 개선하고자 하고 있다. 즉 제조과정에서 부여되었던 판매와 서비스 세금(Sales and Service Tax: SST)을 폐지하고, 모든 공급 과정에 적용될 수 있는 상품과 서비스 세금(Goods and Services Tax: GST)으로 대체함으로써 외국인 경제활동을 원활하게 하도록 하고 있다.

[Box 3-4] 말레이시아의 전문직 방문 패스 제도

말레이시아에 외국 기업이 몰리는 데에는 인력, 특히 첨단기술 전문가들의 유입을 쉽게 해주는 유연한 노동정책도 큰 몫을 한다. 하지만 경제 발전을 위해서는 해외의 고급 인력 수혈이 필수적임을 깨달은 말레이시아 정부는 최근 이주정책을 대폭 바꿨다. 기존의 취업비자는 국내 기업에 정식으로 취업할 경우에 한해 발급하는 것을 원칙으로 하였다. 하지만 수년 전부터는 해외 첨단 인력이 말레이시아에서 쉽게 일할 수 있도록 '전문직 방문 패스(Professional Visit Pass)'라는 사실상의 새로운 취업비자 제도를 도입했다. 이는 해외 기업에 소속돼 있더라도 만 1년 동안 말레이시아 내에서 일할 수 있게 허용하는 것이다. 이를 통해 말레이시아 회사로 이직하지 않더라도 정식으로 일할 길이 열리게 되었다.[96]

3.4.2.2 경제회랑(Economic Corridor)와 경제특구(Special Economic Zone)

말레이시아는 정보통신기업의 육성을 위해 멀티미디어 슈퍼코리도(Multimedia Super Corridor: MSC)를 운영하고 있다. MSC 지위를 획득한 기업은 최장 10년간 세금을 면제받거나 또는 100% 투자세를 공제받을 수 있으며, 말레이시아 정부가 보장하는 인센티브를 제공받을 수 있다.[97]

96 중앙일보, 〈리셋 코리아: 최첨단 기업엔 법인세 면제 … 말레이시아, 외국인 투자 4배 급증〉, 2017. 03. 31.

그림 3-9. 말레이시아의 5개 경제회랑

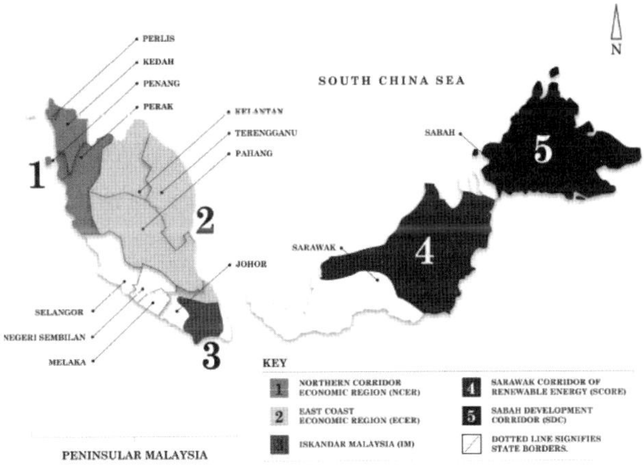

* 자료: Prema-Chandra Athukorala and Suresh Narayanan. (2017), 〈Economic Corridors and Regional Development: The Malaysian Experience〉, Working Paper No. 2017.14. p. 8.

2006년 제9차 말레이시아 경제계획(2006-2010)으로 5개의 경제코리도를 발표하였다. 북부회랑(NCER), 이스칸다르-말레이시아회랑(IM: Iskandar Malaysia), 동해안회랑(ECER: East Coast Economic Region), 사라왁 재생에너지회랑(SCORE: Sarawak Corridor of Renewable Energy), 사바개발회랑(SDC: Sabah Development Corridor)이 5개의 경제 코리도이다.

동시에 말레이시아 정부는 성장의 중심 거점이 될 네 개의 도시로 쿠알라룸푸르, 조호르 바루, 쿠칭, 코타키나발루를 선정하고 이 도시들이 촉매제 역할을 할 수 있도록 하였다. 지위를 부여받은 기업의 수는 307개이고, 총투자액은 2.9조 링깃이며, 이 중 해외투자(0.9조 링깃)는 전체 투자의 31%를 차지한다.[98]

특히 2009년 8월 4일에 창설된 동해안 경제개발지구(ECER: East Coast

97 이성봉 외, 〈주요국의 외국인 투자 유치정책과 시사점—영국, 싱가포르, 말레이시아〉, 《대외경제정책연구원》 1998년 겨울호, p. 182.
98 홍범교·기은선(2007), p. 109.

Economic Region)은 2025년까지 120,000개의 새로운 일자리와 700억 링깃($160억) 투자를 유치하겠다는 목표를 갖고 투자자들에게 경쟁력 있는 인센티브를 제공하고 있다.[99] 특별경제지구는 고부가가치 제조업, 농업기반사업, 가스와 석유화학제품, 관광 및 부동산, 지식교육 및 정보통신기술(ICT), 물류유통과 같은 신성장동력사업에 중점을 두고 있다. 그리고 이를 지원하기 위해 ECER 경제지구는 4개의 항구와 2개의 공항을 포함하고 있다.[100]

5개의 대표 경제코리도의 외국인 투자금액의 90%는 SEZ(Special Economic Zone)에 집중되어 있다. 그 중 2006년에 개시된 Iskandar Development Region(IDR)는 말레이시아의 동쪽 해안에 위치한 아세안의 자유무역의 주요 지역으로 2018년 투자액 RM1500억($350억)이 유치되고 있다.

이는 6개 서비스 부문(창조적 산업, 교육 서비스, 금융 컨설팅 서비스, 헬스케어 산업, 물류 서비스, 관광산업)에 대한 5가지 인센티브의 혜택이 크기 때문이다. SEZ가 누리는 5가지 혜택은 ⓐ 외국인 투자위원회(Foreign Investment Committee) 규정으로부터의 면제, ⓑ 외국인 고용 자율화, ⓒ 기업활동 시작일로부터 10년간 소득세 면제, ⓓ 10년간 비거주자에 대한 로열티 및 기술비 원천세 감면, ⓔ 외국인 기술노동자들의 차량 구입 세금 면제가 있다. 현재 말레이시아에는 226개의 경제구역이 존재하며, 이 중 200개는 공업단지, 6개는 기술단지이며 18개가 경제특구이다.

---

99 ASEAN Briefing, 〈Special Economic Zones in ASEAN: Opportunities for US Investors〉. https://www.aseanbriefing.com/news/special-economic-zones-in-asean-opportunities-for-us-investors/

100 Kerteh 항, Teluk Kalong/Kemaman항, Kuantan항, Tanjung Agas항, Sultan Haji Ahmad 노모 공항, Kerteh 공항.

표 3-21. 말레이시아 5개 경제회랑 특징

명칭	입지	담당 기관	주요 업종
NCER	조지타운	NCIA	자동차,항공, 농업, 관광
ECER	쿠안탄	ECERDC	석유화학, 관광, ICT, 제조업
IM	조호루 바루	IRDA	창조산업, 의료, 교육
SDC	사바주 전체/코타키나발루	SEDIA	관광 및 팜오일 가공
SCORE	중동부 사라왁지역/쿠칭	Regional Corridor Development Authority	알루미늄, 철, 유리, 생산, 수력발전, 농업, 제조업

* 자료: Malaysian Investment Development Authority. "Malaysia Economic Corridors"(https://www.mida.gov.my/ home/malaysia-economic -corridors/ posts/)

3.4.2.3 자유무역지대(FTZ: Free Trade Zone)

말레이시아는 1970년대 초반 수출 진흥을 위해서 자유무역지대(FTZ) 형태의 경제지대를 도입하였다. FTZ는 국가의 관세영역 안에서 독립적으로 형성된 산업단지로서 수출용 상품을 제조하고 조립하는 제조기업이 입주하도록 디자인되었다. 수출용 생산에 사용되는 원재료, 중간재, 기계장비 등의 관세를 면제했기 때문에 말레이시아의 FTZ는 다른 국가의 EPZ와 거의 동일하였다. 수출 지향 기업은 인가된 보세공장(Licenced Manufacturing Warehouse: LMW) 자격을 얻으면 FTZ 외부에 입지하더라도 동일한 우대 조치를 받을 수 있었다.

말레이시아는 1972년 페낭섬 바얀 레파스(Bayan Lepas)에 최초의 FTZ을 설립하여 전기전자 클러스트를 형성하기 시작했고 같은 해 셀랑오르에 숭아이 웨이(Sungai Way FTZ)를 설립하였다. 1983년 말까지 전체 8개의 FTZ가 가동되고 있었으며 1981년까지 개발된 면적은 384*ha*였다.[101]

3.4.2.4 외국인 투자 보호

외국인 투자자의 말레이시아에 대한 신뢰도를 높이고 말레이시아 국민

101 외교부 아세안협력과, 〈한눈에 보는 아세안 경제특구〉(외교부 정책보고서, 2017). http://www. korea.kr/archive/expDocView.do?docId=37502

의 해외투자를 보호하기 위해 말레이시아 정부는 투자보장협정을 체결하고 있으며, 그 주요 내용은 ⓐ 국유화 및 수용으로부터의 보호, ⓑ 국유화나 수용 시 즉각적이고 적절한 보장, ⓒ 이득금, 자본 및 기타 비용의 자유로운 이전의 보장, ⓓ 투자분쟁 시 1966년 말레이시아가 가입한 투자분쟁 해결협약에 따른 분쟁해결의 보장이 있다. 말레이시아는 아세안과 OIC(이슬람회의기구) 외에도 알바니아, 오스트리아, 독일, 파키스탄, 세네갈 등의 국가들과 양자적인 투자보장협정을 맺고 있다.[102]

3.4.3 분쟁 해결 제도

말레이시아 정부는 말레이시아에 대한 외국인 투자자의 신뢰도를 높이고 말레이시아 국민의 해외투자를 보호하기 위해 말레이시아 정부는 투자보장협정(Investment Guarantee Agreement)을 체결하고 있다. 2017년 7월까지 말레이시아 정부는 64개의 투자보장협정(Investment Guarantee Agreements: IGAs)에 서명하였다.

투자보장 협정의 주요 내용은 국유화 및 몰수로부터의 보호, 국유화나 몰수 시 즉각적이고 적절한 보상의 보장, 과실송금의 자유로운 이동, 투자분쟁 시 1966년 말레이시아가 가입한 투자분쟁 해결협약에 따른 분쟁해결의 보장 등이다. 외국인 투자 촉진과 보호를 위해 말레이시아 정부는 국세부흥개발은행(IBRD)의 후원하에 재정된 투자분쟁 해결협약을 1966년 비준하였다. 이 협정은 국가 간의 투자 분쟁 시 워싱턴의 국제부흥개발은행 본부 건물에 소재하는 국제투자 분쟁해결센터를 통해 조정 및 중재할 것을 정하고 있다.[103]

102 KOTRA, 108-110.

103 최기호 외, 〈외국인 투자지원을 위한 조세감면의 실효성 분석〉, 국회예산정책처 연구용역보고서(2014년 8월), pp. 105-106.

투자보호협정의 규정들은 외국인 투자자와 국가 간의 분쟁에 대한 절차를 ICSID(International Center for Settlement of Investment Disputes), UNCITRAL(United Nations Commission on International Trade Law), KLRCA(Kuala Lumpur Regional Center for Arbitration) 등에 의거하여 진행할 것을 규정하고 있다.[104]

3.4.4 외국인 투자 관련 차별적 제도

3.4.4.1 부미푸트라 정책

말레이시아에서의 외국인 투자 관련 대표적인 차별제도로는 부미푸트라(Bumiputra) 정책이 있다.[105] 1971년 말레이시아 정부는 말레이시아의 민족 공동체인 부미푸트라에 대한 우대정책인 신경제정책(NEP: New Economic Policy)을 도입했는데, 이 정책은 1970년부터 1990년까지 소득 증대와 취업기회 확대를 통해 말레이시아의 절대 빈곤을 퇴치하고 종족 간 경제적 불균형을 해소하는 데 일조하였다. 신경제정책은 1991-2000년 국가발전정책(NDP: National Development Policy), 2001-2010년 국가비전정책(NVP: National Vision Policy), 그리고 새로운 경제모델(NEM: New Economic Model)의 형태로 변화하면서 지금까지도 말레이시아 내 경제에 영향을 미친다.

하지만 부미푸트라 정책은 외국인 투자자들이 말레이시아 시장에 진출하는 데 장벽이 된다. 예를 들어, 2000만 RM 이상의 가치를 갖는 Bumiputra의 자본을 매입하였을 때에는 경제계획부문(Economic Planning

104 〈2018년 WTO TPR Secretariat 보고서〉, '2.4.2 Foreign Investment Regime' 요약 (pp. 36-37).

105 Bumiputra는 '땅', 혹은 '대지'라는 의미의 'bumi'와 '아들' 혹은 '후손'이라는 뜻의 'putra'의 합성어로서 말레이계와 비말레이계 원주민을 지칭하는 용어이다.

부미푸트라(Bumiputra)정책

- 의미: 말레이시아 원주민 후예라는 뜻, 정부의 말레이계 및 원주민에 대한 특별우대정책
- 배경: 1969년 인종 폭동이 발생하자 집권 연정 내 핵심 정파 UMNO당(말레이계)과 MCA당(중국계)은 폭동 수습 및 재발방지 대책으로 중국계 신변안정과 상공업 활동은 보장하되 부미푸트라에게 특혜 부여라는 정치적 절충안에 타협
- 관련 법령: 연방 헌법에 의거 부미푸트라에게 교육(대입전형, 장학금), 정부 및 공공기관 취업, 상업(세금, 입찰, 인허가 등)에 특혜 부여

선동행위처벌법에 의거하여 상기 헌법에 이의를 제기하는 자에게는 미화 1,700달러 이하의 벌금 또는 3년 이하 징역 부과

* 출처: 주 말레이시아 한국대사관(말레이시아 개황)

Unit)의 허가가 필요하다. 또한 말레이시아에서 대형 유통매장을 운영하기 위해서는 최소 부미푸트라 지분 30% 조건을 충족시켜야 한다. 법률 서비스의 경우 외국인 지분이 40%를 넘을 수 없다. 건설업의 경우 상시 건축면허를 취득하기 위해서는 현지인 지분이 70% 이상 되어야 한다. 상업은행의 경우 현지인 지분 30%가 되어야 은행 영업을 할 수 있는 면허를 취득할 수 있다.[106]

따라서 외국 기업의 경우 정부 입찰에 참여할 때, 부미푸트라 지분이 있거나 부미푸트라 중개인을 두고 있는 경우가 유리하다. 그뿐만 아니라 말레이시아에서 지분조건을 고려할 때 현지인 지분조건과 부미푸트라 지분조건을 잘 살펴야 한다. 현지인 지분조건은 말레이시아 국민이면 충족되나 부미푸트라 지분조건은 말레이시아 국민이더라도 말레이계가 아니면 충족되지 않기 때문이다.[107]

106 위의 글.

3.4.4.2노동집약 제조업에 대한 외국인 투자 제한

말레이시아에는 노동집약 제조업에 대한 외국인 투자 제한이 있다. 이는 말레이시아 내 심각한 노동력 부족으로 노동집약 산업에 대한 경쟁력이 상실됨에 따라 고부가가치 또는 자본집약 산업을 집중 유치하기 위함이다. 노동자 1인당 투자되는 자본금 비율(C/E: Capital Investment Per Employee Ratio)이 RM 140,000 미만인 프로젝트는 심사 관청의 내부 가이드라인에 따라 노동집약 산업으로 분류를 하며, 프로젝트 승인 시 향후 몇 년 안에 RM 140,000을 달성할 수 있는지를 소명하게 하는 경우도 있는 등 제약 사항이 되기도 한다.[108]

3.4.4.3 업종에 대한 외국인 투자 제한

투자 업종에 따라 외국인 투자 제한을 두고 있는 것 또한 다른 형태의 투자 장벽이다. 어업, 에너지, 텔레커뮤니케이션, 재정, 교통부문에 대한 외국투자 제한이 존재한다. 예를 들어, 전기 생산에 대한 외국인 비율은 49%인 반면, 전기 배분에서는 30%만 허용되고 있다. 교통부는 국내선에 대한 외국투자 비율을 49%로 설정하고 있다. 공공-민간 파트너십 프로젝트에 있어서는 총 자본의 25%까지 투자할 수 있도록 한계를 설정하고 있다. 국가전략 사업에서는 소수의 외국자본이 독식하여 기업에 절대적 영향력을 미치는 상황을 방지하기 위해서 소유권을 분권화하고 있다.[109]

말레이시아는 이러한 외국인 지분 소유에 대한 통제를 완화하고 있

107 위의 글, p. 111.

108 금융투자협회 정보센터, 〈해외 자본시장법제시스템—말레이시아 외국인 투자제도〉, https://www. kofia.or.kr/market/m_130/list.do?item_seq_1=7&item_seq=2&p_seq=126&cl_seq=1

109 〈2018년 WTO TPR Secretariat 보고서〉, '2.4.2 Foreign Investment Regime' 요약 (pp. 36-37).

표 3-22. 분야별 투자진출 제한 사항

분야	투자진출 제한
통신	· 네트워크 설비 공급자(NFS) 및 서비스 네트워크 서비스 공급자(NSP) 라이센스의 경우 외국인 지분 70% 제한
오일·가스	· 석유개발법 1974(Petroleum Development Act of 1974)에 따르면, 석유가스산업은 말레이시아 국영석유공사(Petronas)가 통제 · 외국인 참여는 생산공유계약(PSC: Production Sharing Contract) 형태
금융 서비스	· 금융 서비스 분야 외국인 지분 한도는 70% · 외국계 은행의 경우 기존 은행의 1.5km 이내에 새로운 지점 설립 불가

* 출처: 코트라 (2020), 〈2020 국별 진출전략: 말레이시아〉, p. 27.

는 상황이다. 2003년 6월 17일부터는 모든 제조 프로젝트에 대한 외국인 지분 참여를 전면 자유화하였다. 현재는 제조업 외 대부분의 업종은 외국인 지분 제한이 70%까지로 되어 있다. 또한 2009년 4월에 컴퓨터·관광·운송·건강 등의 27개 서비스업에서 지분제한을 완화 및 철폐하였다. 하지만 여전히 현지인 지분조건(Malaysian Equity)은 외국인의 말레이시아 진출 시 투자 장벽으로 작용하고 있다.[110]

3.4.5 소결

말레이시아는 외국인 투자 유치에 적극적인 입장을 보여 왔으며, 외국인 투자는 말레이시아 경제발전에 있어 중요한 역할을 담당해 왔다. 말레이시아 외국인 투자제도는 정부의 재량에 의해 결정되는 점이 많은 편인데 이는 투자 유입을 범정부적 목표 달성에 유용하게 활용하기 위함이다. 이로 인해 정부에서 육성하고자 하는 특정 사업에 따라서는 투자법이 유연하게 적용될 수 있는 부분이 존재한다.

따라서 외연상으로 엄격해 보이는 투자법에도 불구하고 정부 및 특

110 www.mida.gov.my/home/administrator/system_files/modules/photo/uploads/20200914160350 _BOOKLET%2011%20LEGAL%20SERVICES.pdf

정 지역의 정책을 잘 활용하면 투자의 혜택을 상당히 누릴 수 있게 된다. 말레이시아는 노동 집약적 사업에서 탈피하여 고부가가치 산업을 육성하고자 범정부적 노력을 기울이고 있음에 따라 제조업, 서비스, 유통업에 대한 외국기업의 진입이 상대적으로 유리해지고 있다. 그 외에도 말레이시아는 석유가스, 팜 오일 및 관련 제품, 민간 의료서비스, 쿠알라룸푸르 광역권 개발 등 12개 분야를 국가경제 핵심 영역으로 지정하고 이들 분야에서 131개의 진입점 프로젝트를 시행하고 있으므로 이러한 경제 전환 프로그램에 주목할 필요가 있다.[111]

말레이시아 투자 시 유의할 점으로는 부패로 인한 법률의 투명성 문제와 부미푸라 정책과 같은 외국인 차별정책이다. 제도적 불이익을 최소화하기 위해서는 MIDA를 적극 활용하는 것을 권장한다. 그 외에도 MIDA를 통해 각종 세제와 노동, 환경규제 등 투자와 관련된 객관적 정보를 받아보고 자문을 구하는 것도 유익하다. 말레이시아의 투자유치기관 MIDA가 원스톱 행정 서비스를 제공하고 있는 만큼 이를 활용해 투자 파트너를 모색하고 객관적인 정보를 얻을 것을 권장한다.

3.5 캄보디아

3.5.1 외국인 투자 관련법과 조직

캄보디아는 지난 10년 동안 평균 7%씩의 GDP 성장을 이룩해 왔으며 2019년 1인당 GDP는 $1,674이며, 인플레이션 비율은 3.2% 정도이

111 '말레이시아 현지 진출 시 유의사항', https://news.kotra.or.kr/user/globalBbs/kotranews/6/global BbsDataView.do?setIdx=322&dataIdx =124646

다.[112] 캄보디아는 값싼 노동력과 부존자원의 개발 가능성으로 인해 투자 매력이 높은 국가이다. 또한 외국인 투자 제한이나 외국환 거래에 대한 규제가 상대적으로 약해 진입 장벽이 낮아 외국인 투자자들에게 매력 있는 국가이다. 이에 2018년 기준 우리 기업 923개가 캄보디아에 진출하고 있다. 또한 진출 분야도 봉제, 섬유와 같은 위탁가공제조업에서 금융, 건설, 자원개발 등에 이르기까지 그 분야가 다양해지고 있다.

캄보디아 정부는 외국인 투자자들을 유치함으로써 경제성장을 도모하고자 노력하고 있으나 아직까지 외국인 투자자들에게 불리한 환경으로 인식되고 있다. 세계은행의 2020년 사업환경보고서(World Bank's Doing Business Report)에 의하면 캄보디아는 사업환경평가에서 총 190국 중에서 187위를 차지하였다. 보고서에 의하면 캄보디아에서 사업을 시작하기 위해서는 9개의 절차를 거쳐야 하며, 세금, 고용, 등록 등의 사업과 관련된 모든 절차를 마치기 위해서는 3달 이상이 소요된다고 한다.[113] 또한 투자 매력도를 측정하는 지표로 미국 헤리티지 재단(Heritage Foundation)에서 발표한 경제적 자유지수가 있다. 2019년도 기준으로 캄보디아의 경제적 자유도는 전 세계 186개국 중 105위를 차지하였고 아시아태평양지역 43개국 중 22위를 차지하였다. 캄보디아의 경제적 자유지수를 평가한 점수는 57.8점으로 아시아지역의 평균점수인 61점보다 다소 낮은 수준이다.[114]

따라서 캄보디아에 투자하기 전에 캄보디아의 국가 위험성에 대한

---

112 U.S. Department of State(2020), 〈2020 Investment Climate Statement: Cambodia〉, https://www.state.gov/reports/2020-investment-climate-statements/cambodia/

113 World Bank Group(2020), 〈Doing Business 2020: Measuring Regulatory Quality and Efficiency〉, Washington DC. http://documents1.worldbank.org/curated/en/688761571934946384/pdf/Doing-Business-2020-Comparing-Business-Regulation-in-190-Economies.pdf (접속일: 2020. 11. 16.)

114 코트라(2019), 〈캄보디아 투자실무가이드〉, 코트라 자료 19-083, p. 30.

고려가 필요하다. 캄보디아는 해외투자 의존도가 높은 국가로서, FDI가 감소할 시 경제에 큰 타격을 받을 수 있기 때문이다. Moody's사의 국가 위험도 평가에서 2019년 캄보디아의 내국 통화 및 외환 국채 등급은 B2로 낮게 나왔으며, 2007년 이래 큰 변화가 없었다. 뿐만 아니라 지속되는 국내 권력 다툼 역시 장기적 불안 요소로 작용하고 있다.

캄보디아 정부는 이러한 국가 위험성을 낮추고 경제성장을 하기 위해 다방면으로 법과 제도를 검토 및 제정하고 있다. 특히 캄보디아 정부는 해외 투자자를 유치하는 것을 정부정책의 중점 과제로 추진하고 있으며, 이를 위한 제도적 기틀을 마련해 나가고 있는 중이다. 캄보디아는 해외 직접투자(FDI: Foreign Direct Investment)에 대한 인센티브를 100% 외국기업에게도 제공하고 있다. 또한 캄보디아 정부는 외국인 투자를 적극 유치하기 위해 IDP(Cambodial Industrial Development Policy) 2015-2025 등의 이니셔티브를 통해 산업 구조를 GVC(Global Value Chain)에 연계하고자 추진 중에 있다. 이를 위해서는 인프라(전기 및 교통비용), 가버넌스, 정부 기관의 역량, 금융에 대한 접근 등의 개선의 시급성을 인식하고 정책적으로 보완 중이다. 그 외에도 기술 부족 문제해결, 물류 및 교역 활성화, 기술 혁신, 유연한 재정 등이 향후 추진되어야 할 과제로 꼽고 있다.[115]

뿐만 아니라 캄보디아는 외국인의 투자를 장려하고 투자에 대한 안정 보장을 제공하기 위해 국제적 분쟁해결 절차를 마련하고 있다. 캄보디아는 1958년 뉴욕협약에 비준하고 국제적인 상업 중재에 관한 UNCITRA Model Law를 제정하였다. 또한 ICSID MIGA 규정 및 국제투자 분쟁해결센터(ICSID) 시행 법률 등을 채택하였다.

115 〈2018년 WTO TPR Secretariat(Cambodia) 보고서〉, '2.4 Investment Regime' 요약, pp. 30-35.

또한 해외 투자유치의 가장 큰 장애요소 중 하나인 규제 시스템의 투명성을 제고하고자 하였다. 투자자들은 캄보디아의 규제기구들이 부패로 인해 공정하지 못하고 일관성이 없음을 비판해 왔다. 캄보디아는 국제규제를 고려함으로써 이러한 문제를 해결해 나가고 있다. 1999년 이래로 ASEAN 국가로서 캄보디아는 10개의 ASEAN 국가들과의 무역협정을 체결하고 이에 따른 국제 규범을 준수하고자 하였다. 또한 WHO 참여국으로서 국내법을 WTO의 정신과 규정에 맞게 개정해 나가고 있다. 본 장에서는 캄보디아의 외국인 투자 관련법에 대해 다루고자 한다.

3.5.1.1 외국인 투자 관련법

캄보디아는 1989년 7월 외국인 투자법을 채택하였다. 최초로 채택된 이 법은 총 44개의 조항을 포함하고 있다. 1994년에는 외국인 투자법을 제정하고, 투자개발위원회(CDC)를 통해 투자절차를 간소화함으로써 외국인 투자 유치를 위한 제도를 개선하고자 하였다.[116] 이 법은 ⓐ 투자 승인 기업체 법인세 면제기간 부여, ⓑ 원자재 및 생산설비 수입관세 면제, ⓒ 이윤 송금 자유화 등 대폭적인 투자 인센티브를 포함하고 있어 인근 동남아 국가에서 가장 경쟁력 있는 투자법으로 간주하고 있다.[117]

이후 1994년 8월에 새로운 외국인 투자법이 국회를 통과했으며, 2003년 3월에는 투자 등록제도를 더욱 단순화하고 예측 가능하도록 하기 위하여 투자법의 일부 조항을 개정하였다. 개정 투자법(Amendment

116 조은래 (2017), 〈캄보디아의 투자제도와 투자법제에 대한 고찰〉, 《법학연구》, 제28권 3호, p. 116.

117 외교부, 〈캄보디아 개황〉, file:///C:/Users/SAMSUNG-1/Downloads/2019.2.%20%EC%BA%84%EB% B3%B4%EB%94%94%EC%95%84%20%EA%B0%9C%ED%99%A9.pdf>, p. 78 (검색일: 2020.11.14.).

to the Law on Investment)은 ⓐ 법인세 감면율의 단일화 등 인센티브 제도 정비, ⓑ 투자제한 부문의 완화, ⓒ 투자보장 강화, ⓓ 외국인 고용 허가, ⓔ 투자 인센티브 승인 절차 간소화 등의 내용을 담고 있다.[118]

2005년 2월에는 총 투자금이 미화 2백만 달러 이하인 사업에 대한 투자등록제도를 규정하기 위한 〈캄보디아왕국 지방투자분과위원회 설립을 위한 시행령〉(Sub-Decree on the Establishment of the Sub-Committee on Investment of the Provinces-Municipalities of the Kingdom of Cambodia)이 공포되었다. 이후 2005년 9월에 〈개정 투자법 시행을 위한 총리령 제111호(Sub-Decree No. 111 on the Implementation of the Amendment to the Law on Investment)〉가 개정 투자법에 따른 승인제도와 관련한 구체적 시행 규정을 마련하기 위해 제정 및 공포되었다.[119]

그 외에도 회사등록법(Law Bearing on the Commercial Regulations and Commercial Register, 1995년 채택, 1999년 개정), 회사 유형별 책임과 권한, 운영 관계를 규정한 회사운영법(Law on Commerial Enterprises, 2005), 외환법(Law on Foreign Exchange, 1997), 회계법(1997년 재정, 2003년 개정) 및 각종 세제와 관련된 시행규칙, 금융기관 투자와 관련한 은행금융기관법(1999), 중앙은행법(1996), 보험법(2000), 관세법(1989), 노동법(1993년 제정, 1997년 개정), 토지법(2001), 토지활용기획 도시화 및 건설법(1994) 등 각 분야별로 관련된 법령이 다수 있다.[120]

캄보디아는 무역과 외국인 투자를 증진시키기 위해서 국가들과 양자투자협약 및 지역투자협정을 맺고 있다. 2020년 현재 캄보디아는 27개국과 양자투자협약(BITs: Bilateral Investment Treaties)을 맺고 있다. 그 국

---

118 위의 글, p. 78.

119 이행규·유정훈·반기일(2010), 〈라오스 및 캄보디아의 외국인 투자법제 연구〉(법제처 2010년 세계법제연구과제), p. 16.

120 코트라(2019), 〈캄보디아 투자실무가이드〉 코트라 자료 19-083, p. 100.

가들로는 오스트리아, 방글라데시, 중국, 크로아티아, 쿠바, 체코, 남북한, 프랑스, 파키스탄, 필리핀, 싱가폴, 베트남, 아랍에미레이트, 쿠웨이트, 라오스, 네덜란드 등이 있는데, 미국은 포함되지 않는다.[121]

또한 캄보디아는 아세안 국가로서 지역투자협정을 맺고 있다. 대표적으로 아세안 포괄적 투자협정(ASEAN Comprehensive Investment Agreement), 아세안-홍콩 투자협정, 아세안-인도 투자협정, 아세안-중국 투자협정, 그리고 아세안-한국 투자협정이 있다.

3.5.1.2 외국인 투자 관련 조직

캄보디아는 거의 모든 업종을 외국인에게 개방하고 있으며, 특히 1994년 외국인 투자법 제정 이후, 인근 동남아 국가와 비교해 경쟁력이 높은 외국인 투자제도를 구비하고 있다. 외국인 투자유치 정책의 핵심 집행기관은 총리 직속기관인 캄보디아 개발위원회(CDC: Council of Development Cambodia)로 1994년에 설립된 One-stop서비스 기관으로 국내외 투자가들에게 투자 관련 각종 업무를 총괄한다. 개발위원회는 외국인 투자에 대한 모든 승인권과 혜택 부여의 수준을 결정하고, 승인된 투자 프로젝트에서 대해서는 다양한 서비스를 제공할 뿐만 아니라, 투자승인을 획득한 적격투자 프로젝트(QIP: Qualified Investment Project)에 대해서는 조세 감면, 토지이용료 인하 등에 대해 인센티브를 제공하고 있다.[122] 외국인이 캄보디아에서 투자 인센티브 및 안전한 투자 보장, 그리고 투자 이후의 사후 관리 서비스 등의 수혜를 받고자 한다면 투자등록 후 QIP 지위를 얻으면 된다.

---

121 U.S. Department of State(2020), 〈2020 Investment Climate Statement: Cambodia〉, https://www.state.gov/reports/2020-investment-climate-statements/cambodia/

122 성장환·장인석 (2010), 〈지역개발 여건을 감안한 캄보디아 SEZ 개선 방안〉, 《아시아연구》 제13권, 제1호, p. 183.

CDC 산하에는 캄보디아 투자청(CIB: Cambodian Investment Board)과 2005년도에 설립된 캄보디아 특별경제구역청(CSEZB: Cambodian Special Econoimc Zone Board), 그리고 캄보디아 복구 및 개발청(CRDB: Cambodian Investment Board)으로 구성되어 있다. CIB에서는 민간부문 투자를, CRBD에서는 공공부문 투자를 담당하고 있는데 최근에는 외국 투자와 관련된 모든 사항이 CDC에 위임되어 있다. 캄보디아 특별경제구역청은 특별경제구역 설치 및 운영과 관련된 업무를 수행하며 특별경제구역 내 투자자에게 일괄 서비스를 제공하고 있다.

일반적으로 투자 프로젝트의 심사와 투자 인센티브 부여 등에서는 캄보디아 개발위원회가 독자적인 권한을 가지고 있으나, 자본투자 5,000만 달러 이상의 프로젝트, 정치적으로 민감한 이슈가 되는 프로젝트, 광물 및 천연자원 탐사 및 개발 프로젝트, 환경에 부정적인 영향을 줄 수 있는 프로젝트, 장기개발 전략과 관계 있는 프로젝트, 건설-소유-이전(BOT: Build-Own-Transfer), 건설-소유-운영-이전(BOOT: Build-Own-Operate-Transfer), 건설-소유-운영(BOO: BO-Operate) 또는 건설-임대-이전(BLT: Build-Lease-Transfer) 방식으로 진행되는 프로젝트는 국무회의의 승인을 받도록 되어 있다.

또한 각 지방자치단체에도 투자 유치를 목적으로 도지사를 위원장으로 하는 지방투자위원회 설치를 제도적으로 허용하고 있다. 지방투자위원회에서는 200만 달러 이하 QIP 투자 프로젝트의 업무를 취급한다. 지방투자위원회의 설치와 운영은 지방투자위원회설치에 관한 시행령(Sub-decree No. 17, 2005)에 규정되어 있다.[123]

123 코트라(2019), 〈캄보디아 투자실무가이드〉 코트라 자료 19-083, p. 118.

3.5.2 외국인 투자 유치정책 및 지원제도

3.5.2.1 세제혜택 및 그 외 외국인 투자 유치정책

캄보디아 정부는 해외투자자들에게 금융상의 특별 우대는 없으나 세제 측면에서 집중 우대하며 외환 송금에 대해 제약이 전혀 없는 특혜를 부여하고 있다. 세금 우대 내역은 ⓐ 프로젝트 성격, 정부 우선 사업 분야 투자 시 최장 8년간 법인세 면제, ⓑ 최소한 생산품의 80%를 수출하는 수출 산업, 특별진흥구역(SPZ) 내의 공장 보유 기업, 관광산업, 고용 창출 산업, 가공산업, 농업, 기간산업, 에너지 산업에 쓰이는 건설자재, 생산수단, 장비, 중간재, 새로운 원자재 및 부품에 대해 수입 관세 100% 면제, ⓒ 기업 이윤 재투자 시 재투자 분에 한해 법인세 면제, ⓓ 외국 국적 근로자 고용 가능, ⓔ 완성품에 한해 수출세 100% 면제 등이 있다.[124]

정부는 적격투자 프로젝트(QIP: Qualified Investment Project)에 대하여 개발위원회 또는 주정부 및 시 투자소위원회의 승인을 받는 경우 우대 조치를 제공하며, 우대 조치 및 특전에는 관세 및 조세의 전부 또는 일부 면제가 있다. 즉 승인을 얻어 최종투자등록증명서(Final Registration Certificate)를 발급받을 경우 법인세 면제(최장 9년간), 특별 상각의 적용, 수출 세금의 면제 등의 우대 조치를 등을 받을 수 있다.[125] 특히 SEZ(SPZ와 EPZ)는 생산 물품의 최종 배송지의 거리 및 관세 절차와 상관없이 VAT 면제까지 가능하다.

적격 투자 프로젝트의 투자 분야와 조건은 다음과 같다. ⓐ 국제무역 전시센터와 컨퍼런스 홀(US $800만 이상), ⓑ 공업, 농업, 관광, 인프라,

---

124 〈코트라 캄보디아 투자유치제도〉, https://news.kotra.or.kr/user/nationInfo/kotranews/14/nationDetailView. do?natnSn =55 &commItemSn=414

125 조은래 (2017), 〈캄보디아의 투자제도와 투자법제에 대한 고찰〉, 《법학연구》, 제28권 3호, pp. 108-109.

환경, 공학, 화학, 기타 산업에 사용하는 기술 개발, 기술 향상을 위한 훈련을 실시하는 훈련 교육기관(US $400만 이상), ⓒ 현대적 시장과 무역센터의 건설(US $200만 이상, 1만 m^2 이상 또는 충분한 주차용지), ⓓ 화학, 시멘트, 농업용 비료, 석유 화학제품의 제조, 현대 약품의 제조(US $100만 이상), ⓔ 식품 및 음료 제조, 섬유공업 용품의 제조, 의류, 직물, 신발, 모자 제조, 나무를 사용하지 않는 가구·미품의 제조, 종이제품의 제조, 고무제품 및 플라스틱 제품의 제조, 상수도 공급, 전통 의약품의 제조, 수출 식품의 냉동 및 가공, 수출용 곡물 및 작물의 가공(US $50만 이상), ⓕ 피혁제품 및 관련 제품의 제조, 금속제품의 제조, 전기·전자 기기 및 사무용품 제조, 완구· 스포츠 용품의 제조, 자동 이륜차 및 그 부품, 액세서리 제조, 도자기 제조(US $30만 이상), ⓖ 동물의 사료 제조(US $20만 이상), ⓗ 수출 산업에 모든 제품을 공급하는 저변 산업(US $10만 이상) 등이다.[126]

캄보디아의 투자법은 외국인 투자자를 보호하거나 제한하기 위한 특별법을 두고 있지 않으며, 국내외 투자자가 동등한 투자를 보장받고 투자 인센티브를 부여받는 것을 원칙으로 하고 있다.[127] 인센티브는 관세 특혜나 세금 감면의 형태로 나타난다. 법인세를 면제받기 위해서는 개발위원회로부터 투자이행증명서(COC: Certificate of Compliance)를 발급받아 투자제안서대로 투자가 이루어졌음을 입증받아야 한다. 한편 세금 감면을 위해서는 개발위원회에 연초에 Master List를 제출하여 승인받는 것이 필요하다.

---

126 위의 출처.

127 이행규·유정훈·반기일(2010), 〈라오스 및 캄보디아의 외국인 투자법제 연구〉, 법제처 2010년 세계법제연구과제, p. 17.

3.5.2.2 경제특구

2005년 12월 29일 개정된 CDC 조직 및 기능에 관한 하위령 제147호에 따라 CDC 내에 특별경제구역을 담당할 캄보디아 특별경제구역위원회(Cambodian Special Economic Zone Board)가 설립돼 운영 중이다.특별경제구역을 창설 및 관리하고 투자환경을 개선시키기 위해 특별경제구역의 설립과 관리에 관한 시행령(Sub-decree on the Establishment and Management of the Special Economic Zone)이 2005년 12월 29일에 제정되었으며, 캄보디아 내 특별경제구역의 개발, 관리, 특별경제구역에 대한 투자활동의 조율 및 투자의 촉진 등과 관련된 절차와 규정들을 제공하고 있다. SEZ에서 사업을 하기 위해서는 QIP 정부 승인을 얻어야 하며, 그 자격요건으로는 국내외 기업을 불문하고 최소 $500,000의 고정자산이 필요하다.[128]

2020년 2월 기준으로 캄보디아에는 23개의 경제특구가 존재한다. 이러한 경제특구는 기업들에게 토지, 인프라, 서비스를 제공해 준다. 이러한 서비스에는 세금 서비스, 관세, 통관수속 등의 수입과 수출을 돕는 행정 서비스들이 포함된다. 가장 큰 SEZ는 시하누크빌(Sihanoukville)에 위치하고 있으며, 대부분의 중국 기업들이 입점하여 있다.[129]

SEZ 내에서의 국내기업과 외국인 투자자가 받는 혜택의 차별은 없으나 SEZ의 대부분의 사업들은 외국인에 의해 운영된다. 그러나 캄보디아의 SEZ 외 지역에서는 주로 제조업이 국영기업에 의해 운영되고 있는 데 비해 SEZ 기업들은 전자제품 및 가구 등의 다양한 사업을 운영하고 있다. SEZ 내의 사업들은 주로 최첨단 기술에 기초한 외국인 투자

128 〈코트라 캄보디아 투자입지여건〉, https://news.kotra.or.kr/user/nationInfo/kotranews/14/nationDetailView. do?natnSn=55& commItemSn=414#area2

129 U.S. Department of State. (2020) 〈2020 Investment Climate Statement: Cambodia〉, https://www.state.gov/reports/2020-investment-climate-statements/cambodia/ (접속일:

표 3-23. 캄보디아 SEZ 현황

위치(주)	SEZ 명칭	크기(hectare)	자본금
Phnom Penh	Phnom Penh SEZ	350	68,000,000
	Kerry Worldbridge SEZ	63	100,000,000
Kampong Speu	Ultrapower Technology SEZ	67.39	-
	Tian Rui Agricultural Trade SEZ	101.36	-
Bavet	Manhattan SEZ		
	Tai Seng Bavet SEZ		
	Dragon King SEZ		
Sihanoukville	Sihanoukville SEZ 1	178	100,000,000
	Sihanoukville SEZ 2	-	320,000,000
	Sihanoukville Port SEZ	70	34,000,000
Poi Pet	Poi Pet O'Neang SEZ		
Koh Kong	Neang Kok Koh Kong SEZ		
	Suoy Chheng SEZ	100	14,000,000
	Sisit SEZ	2,142.07	-
	RATANA SEZ	615.62	172,867,000
	Oknha Mong SEZ	100	40,107,100
	Kiri Sakor Koh Kong	-	110,819,000
	Chhak Kampongsaom SEZ	185.66	-
Kandal	Goldfame Pak Shun SEZ	80	34,462,500
	KANDAL SEZ	105	84,739,200
Kratie	UBE Snoul SEZ	817.80	-
Ratanak Kiri	Try Pheap Ou Ya Dav SEZ	136	44,994,400
Pursat	MDS Thmorda SEZ	2,265	30,392,000
Kampot	Kampot SEZ	145	15,000,000
Takeo	Doung Chhiv Phnom Den SEZ	79	28,000,000
Banteay Meanchey	Sanco Cambo SEZ	66.50	38,6113,500
	Poipet PP SEZ	53.39	-
	Poi Pet O'Neang SEZ	467	15,000,000
Svay Rieng	Svay Rieng GIGA Resource SEZ	99	37,000,000
	Shandong Sunshell Svay Rieng	96.14	36,709,800
	Qi Lu Jian Pu Jay SEZ	178	1,000,000
	P(SEZ) I C	107.55	70,000,000
	N.L.C SEZ	105	13,000,000
	Manhattan (Svay Reing) SEZ	157	15,000,000
	Dragon King Bavet SEZ	106.50	40,488,000
	Hi-Park SEZ	263.13	62,784,800
	Intervia Automobile Industry Complex SEZ	111.21	-
	D&M Bavet SEZ	117.95	52,266,800
Preah Sihanouk	Stung Hav SEZ	192	14,000,000
	Sihanoukville SEZ 1	178	100,000,000
	Sihanoukville SEZ 2	-	320,000,000
	Sihanoukville Port SEZ	70	34,000,000
	S.N.C. SEZ	150	14,000,000
	H.K.T SEZ	345.20	48,358,800
	Kampong Saom SEZ	225	190,000,000
	H.K.T SEZ	345.20	48,358,800
	Camgodian Zhejiang Guoji SEZ	-	-
	Cambodia-Sino Metallic Material SEZ	55	-
	CAM MJ Agricultural Park SEZ	99.31	-
Kandal	Sovannaphum SEZ	204.58	55,792,000
	Songoun Kandal Stung	50.16	-

Kampong Cham	Thary Kampong Cham SEZ	142.14	69,000,000
	Zhong Jian Jin Bian Jing Ji Te Qu SEZ	470.28	90,706,000

* 자료: Open Development Cambodia. https://opendevelopmentcambodia. net/profiles/ special-economic-zones/ (검색일: 2020. 11. 15)

자들에 의한 기업들이 많으며, 수업 위주의 생산을 하고 있다. 이러한 산업의 다양성은 캄보디아 정부가 처음 SEZ 정책을 도입했을 때의 목표 중 하나이다.[130]

3.5.2.3 외국인 투자 보호

캄보디아는 외국인 투자의 장려와 투자에 대한 안전 보장을 제공하기 위해 1958년 뉴욕협약에 비준하고 1960년대 이후부터는 외국 중재판정의 승인 및 집행에 관한 협약(New York Convention on the Recognition and Enforcement of Foreign Arbitration Awards)의 협약국이 되었다. 이로써 캄보디아는 '뉴욕협약'의 당사국으로서 외국에서 이뤄진 상사 관련 분쟁에 대한 중재 판정을 승인하고 집행해야 할 의무가 생겼다.

캄보디아는 국제적인 상업 중재에 관한 유엔국제무역법위원회 모델법(UNCITRAL: United Nation Commission on International Trade Law)과 국제 투자보증기구(MIGA: Multilateral Investment Guarantee Agency) 규정을 따르고 있다.[131] 또한 캄보디아는 2005년 이래로 국제투자분쟁해결센터(ICSID: Convention on the Settlement of Investment Disputes between States and Nationals of Other States)의 회원국으로서 외국인 투자자들을 보호하고자 하고 있다. 투자자 국가분쟁 해결조약(SID)에 따라 외국인 투자자는 캄보디아의

2020. 11. 15).

130 Peter Warr and Jayant Menon(October 2015), 〈Cambodia's Special Economic Zone〉, Asian Development Bank Economics Workign Paper Series, No. 459, p. 7.

131 〈2018년 WTO TPR Secretariat(Cambodia) 보고서〉, '2.4 Investment Regime' 요약 (pp. 30-35)

국가정책 변경 등으로 인한 손해에 대해 캄보디아 정부를 대상으로 손해배상 청구가 가능하게 되었다.

하지만 캄보디아의 외국인 투자자들에 대한 법적제도와 정책은 모호하다. 캄보디아의 투자법 중에서도 투자자에 대한 보호와 의무에 대한 부분은 모호하여, 투자환경에 불확실성을 높이고 있다. 캄보디아 정부는 외국인 투자자들에 대한 인센티브는 계속해서 늘리고 있으나 이들에 대한 법적 보호절차에 대해서는 대책이 미비하다. 그러나 투명성, 예측 가능성, 비차별, 그리고 사유재산에 대한 보호가 법적 제도로 뒷받침된 뒤라야 우호적 투자환경이 조성되었다고 할 수 있다는 점에서 아직 캄보디아가 나아가야 할 길은 멀다.[132]

3.5.3 분쟁 해결제도

캄보디아 투자에 있어서 외국인들이 겪는 가장 큰 어려움 중 하나는 현지에서의 분쟁이 발생한 경우이다. 캄보디아 투자에 있어서 분쟁의 해결제도는 캄보디아의 사법 시스템을 이용하는 방식과 중재제도가 대표적이다. 캄보디아의 재판제도는 3심제로서 지방법원과 항소법원, 대법원으로 구성되어 있다. 재판은 공개됨이 원칙이며, 일정한 요건을 충족한 외국 법원의 판결은 캄보디아 법원에서 집행판결을 얻으면, 캄보디아 국내에서 강제집행을 할 수 있다.

구체적으로 2003년의 개정 투자법 제8장에서 분쟁 및 해결의 규정을 다루고 있는데, "토지와 관련된 분쟁을 제외하고, 법률에 규정된 투자자의 권리의무에 관한 적격 투자 프로젝트 관련 분쟁은 가능한 한 개

132 OECD (2018), OECD Investment Policy Reviews: Cambodia 2018, OECD Investment Policy Reviews, OECD Publishing, Paris p. 104

발위원회와 투자자 및 당해 분쟁 당사자 간의 협의를 통하여 우호적으로 해결해야 한다"고 명시하고 있다. 또한 당사자가 협의를 최초 서면으로 요청한 날로부터 2개월 이내에 우호적인 해결에 이르지 못한 경우에는 당해 분쟁은 어느 당사자에 의해 다음과 같은 조치를 취하는 것으로 한다. ⓐ 개발위원회의 의견에 따른 화해, ⓑ 당사자 쌍방의 합의에 의한 캄보디아 내 또는 외부에서의 중재, ⓒ 캄보디아 법원에 의한 재판 등으로 해결할 것을 제시하고 있다.[133]

그러나 외국인이 사법시스템을 통하여 권리를 구제받는 것은 사실상 매우 어렵다. 캄보디아의 법원은 부정부패가 심하며, 해당 절차를 이용하는 데 과도한 비용과 시간이 소모되기 때문이다. 무엇보다도 그 과정에서 형사기관에 고소, 고발하는 등 형사절차에 의존하는 경우가 심한데, 이 경우 뇌물을 받은 경찰이 외국인 피고소인을 최고 5년의 징역형에 처해질 수 있는 사기, 횡령죄로 긴급체포, 구속기소가 되도록 하는 경우가 발생할 수 있어 외국인들이 위험성 있는 사업에 투자하기를 꺼려 한다.[134]

이와 같은 문제들을 해결하고자 캄보디아 정부는 2006년 3월 캄보디아 〈상사중재법(Law on Commercial Arbitration of the Kingdom of Cambodia)〉을 제정하여 법원의 결정을 대신하는 절차를 신설하였다. 또한 상사중재업무를 관할하게 하기 위해 2009년 10월에는 〈국립상사중재원의 설립을 위한 국립상사중재원의 조직 및 기능에 대한 총리령 제124호(Sub-Decree on the Organization and Functioning of a National Center of Commercial Arbitration)〉를 공표하였다.

133 조은래 (2017), 〈캄보디아의 투자제도와 투자법제에 대한 고찰〉, 《법학연구》 제28권 3호, pp. 114-115.

134 이행규·유정훈·반기일 (2010), 〈라오스 및 캄보디아의 외국인 투자법제 연구〉, 법제처 2010년 세계법제연구과제, pp. 43-44.

뿐만 아니라 2006년에는 상사 분쟁을 해결하기 위한 WTO 등의 국제표준에 따르기 위해 〈상사중재법(Law on Commercial Arbitration)〉을 통과시켰다. 상사중재법은 유엔국제상사거래법위원회(UNCITRAL) 모델법 따르고 있으며, 법안에서 중재에 대해 구체적으로 명시하고 있지는 않지만 자발적 분쟁의 해결을 위해 중재가 있을 수 있다는 것을 언급하고 있다.

본 법률에 의거하여 캄보디아에는 국립상사중재원(NCCA: National Center of Commercial Arbitration)이 2009년 상무부 산하에 설치되었다. 총리령 제124호에 의거하면 국립상사중재원의 역할에는 ⓐ 캄보디아에서 상사 중재 부문 촉진, ⓑ 캄보디아에서 고품질의 상사 중재를 보증하기 위하여 중재 관련 업무를 배우는 자 및 중재인으로 활동하고자 하는 자에 대한 연수 실시, ⓒ 국립상사중재원의 회원이 되고자 하는 자의 자질 파악, ⓓ 사법제도 이 외의 방법에 의한 상사 분쟁 합의를 위한 서비스 제고 등이 있다.[135]

이와 같이 2006년 상업중재법(Law on Commercial Arbitration)은 민간부문에서의 비즈니스 분쟁을 중재하는 틀로서 국제 규범을 따르고 있다. NAC(National Arbitration Center)는 2006년 7월 설립되었으나 한계가 많아 2017년까지 4개의 케이스밖에 다루지 못했다. 하지만 이는 캄보디아 법원의 비효율성과 신뢰감 부족 문제를 어느 정도 해소해 나가고 있다.[136]

135 이행규·유정훈·반기일 (2010), 〈라오스 및 캄보디아의 외국인 투자법제 연구〉, 법제처 2010년 세계법제연구과제, pp. 76-78.

136 〈2018년 WTO TPR Secretariat(Cambodia) 보고서〉, '2.4 Investment Regime' 요약(pp. 30-35).

3.5.4 외국인 투자 관련 차별적 제도

캄보디아에서는 지역 자본의 산업이 거의 존재하지 않기 때문에 보호해야 할 대상이 없어 다른 동남아 국가들과는 달리 외국투자자의 출자비율에 관한 상한 규제가 없다. 또한 토지 소유를 제외하고는 외국 법인도 캄보디아 법인과 차별 없이 취급된다.[137] 캄보디아 투자법 제4장 투자보장 중 제 98조에 따르면 외국인 투자자는 캄보디아의 헌법 및 토지법에 규정된 토지의 소유에 관한 사항을 제외하고, 단지 외국인 투자자라는 이유만으로 차별적인 대우를 받지 아니한다. 또한 제9조에서는 '정부는 국유화 정책을 시행하지 아니하며, 그 국유화 정책은 캄보디아 내 투자자의 사유재산에 악영향을 미친다'고 규정하고 있다.[138]

외국인 투자가 금지되는 분야는 2005년 9월 27일에 개정된 외국인 투자법 시행령(Sub-Decree) No.111에 명시된 네거티브 리스트에 명시되어 있다. 그 외 분야는 해외투자 및 해외 소유권을 100% 인정하고 있다. 단 국영기업에 대해서는 정부가 직간접적으로 51% 이상의 자본 또는 투표권을 획득해야 한다. 캄보디아 투자법에서 투자를 금지하는 항목으로는 향정신성 및 마약성 물질에 대한 생산 및 가공, 유독물질, 농약, 살충제 등 기타 WHO에서 신체 및 환경에 유해한 물질로 규정하는 물질의 생산, 외국으로부터 폐기물을 수입하여 발전 또는 가공, 산림법에서 금지하고 있는 벌채사업 등이 있다. 또한 담배 제조, 영화 생산, 정미, 출판 및 제본, 일부 텔레커뮤니케이션 서비스, 라디오 및 텔레비전 반영, 특정 관광산업 서비스 등에서의 외국인 투자에 대해서는 선제적

137 조은래 (2017), 〈캄보디아의 투자제도와 투자법제에 대한 고찰〉, 《법학연구》 제28권 3호, p. 107.

138 https://vogogroup.net/cambodia-culture/?mod=document&uid=170 (검색일: 2020. 11. 14.).

허가 또는 일부 제한규정을 부여하고 있다.[139]

한편 외국인에 대한 투자 제한은 없으나 법인세 인하, 수입관세 면제 등 투자 인센티브를 받을 수 없으므로 다소 불이익을 받는 분야도 존재한다. ⓐ 무역업, 운송 서비스업, 면세점, 상점, ⓑ 음식점, 가라오케, 바, 마사지 클럽 등 유흥업종, ⓒ 라디오, TV, 신문 등 매스컴 관련 산업, ⓓ 도·소매업, 기타 전문 서비스업이 우회적 차별을 받을 수 있는 사업이다.[140]

외국인 투자자가 차별받는 또 다른 분야는 토지소유와 관련된 법이다. 캄보디아 헌법 제44조 및 토지법 제8조와 제9조에서 외국인 또는 외국기업은 원칙적으로 토지를 소유할 수 없다. 다만 외국법인은 내국인 또는 내국법인의 지분이 51% 이상인 합작투자법인은 내국법인으로 분류되어 토지를 취득할 수 있다. 그러므로 외국인은 부동산개발투자, 농업 등 토지를 매개로 한 투자에서 내국인보다 불리한 위치에 있다고 할 수 있다.[141]

한편 외국인의 토지 사용방법은 캄보디아 국적의 기업으로부터의 토지를 임차하거나 캄보디아 국적 기업과 합병회사를 설립하여 합병회사의 명의로 토지를 구입할 수 있으며 임차기간은 최대 50년으로 연장 가능하다. 또한 경제특별지역에서의 토지 임대와 정부로부터의 임차, 즉 토지의 양해를 받을 수 있다. 그리고 캄보디아 국적의 취득으로 토지를 사용할 수 있다.[142]

---

139 〈2018년 WTO TPR Secretariat(Cambodia) 보고서 '2.4 Investment Regime' 요약(pp. 30-35).

140 https://vogogroup.net/cambodia-culture/?mod=document&uid=170(검색일: 2020.11. 14.).

141 〈코트라 캄보디아 투자유치제도〉, https://news.kotra.or.kr/user/nationInfo/kotranews/14/ nationDetailView.do?natnSn=55&commItemSn=414

142 조은래 (2017), 〈캄보디아의 투자제도와 투자법제에 대한 고찰〉, 《법학연구》 제28권

마지막으로 캄보디아 정부는 기업이 외국인 노동자를 고용할 때, 일정한 제한을 가한다. QIP는 고용인들이 숙련된 외국인 노동자들에게도 비자를 발급하고 노동 허가증을 발급할 수 있게 허가하고 있다. 그러나 이 과정에서 노동자가 '숙련되었음'을 입증할 수 있어야 하며, 이러한 기술을 가진 노동자가 캄보디아 내에서는 구할 수 없다는 점도 노동 및 직업훈련부(Ministry of Labor and Vocational Trainin)에 증빙하여야 한다.[143]

3.5.5 소결

2019년 캄보디아 개발위원회(Cambodia Development Council, CDC)가 승인한 투자 프로젝트는 모두 197건이며, 금액은 약 81억 6,000만 달러에 달하고 있다. 이 중 외국인 투자자의 비율은 약43%이며, 캄보디아 정부는 향후에도 외국인 투자의 적극적 유치를 위해 투자법 개정 의지를 표명한 상황이다. 특히 CDC는 인센티브 제도와 투명성을 강화하기 위한 투자법을 개정하기 위해 각 부처들과 협업 중에 있다. 따라서 캄보디아에 진출을 희망 기업들은 개선되는 법 규정과 캄보디아 정부의 중점 사업을 잘 파악해 이에 대한 적극적인 활용이 필요하다.

3호, 2017, p. 129.

143 https://www.state.gov/reports/2020-investment-climate-statements/cambodia/

3.6 필리핀

3.6.1 외국인 투자 관련법과 조직

매년 총 190개국을 대상으로 기업하기 좋은 환경을 평가하는 세계은행의 기업환경평가(Ease of doing business index)에서 필리핀은 2020년 기준, 전년도보다 29계단 오른 95위를 차지했다.[144] 기업환경평가 보고서에 따르면 필리핀은 사업 초기 시작, 건설 허가, 소수 투자자에 대한 보호 측면에서 이전에 비해 크게 개선되었음을 알 수 있다. 이 절에서는 필리핀의 외국인 투자와 관련된 주요 법인 헌법(1987), 외국인 투자법(Foreign investments Act of 1991), 그리고 종합투자법(Omnibus Investment code of 1987)에 대해 간략히 설명함으로써 필리핀에서의 투자 환경에 대하여 알아보고자 한다.

3.6.1.1 외국인 투자 관련법

① 외국인 투자법(Foreign Investment Act, 1991)[145]

필리핀의 외국인 투자법은 외국 투자자의 진입과 기업 설립을 규제하는 법으로서 부속서인 외국인 투자제한 리스트(Negative List)를 통해 투자 제한 분야를 지정한다. 외국인 투자제한 리스트는 LIST A, LIST B 두 가지로 나누어지는데 LIST A에는 헌법 및 기타 법률에 의거 외국인 지분이 제한되는 분야에 관한 내용을 담고 있으며 LIST B에는 안보, 국방, 보건, 윤리 및 중소기업 보호와 관련하여 외국인 지분이 제한되는

144 World Bank, 〈Doing Business 2020〉. https://www.doingbusiness.org/content/dam/doingBusiness/country/p/philippines/PHL.pdf

145 https://boi.gov.ph/r-a-7042-foreign-investments-act-of-1991/

표 3-24. 11차 투자제한 리스트

LIST A	
지분 허용률(이하)	분야
0%	· 대중매체(recording 업종은 제외) · 전문직: 엔지니어, 의사 및 의료 관련 전문직종(물리치료, 직업치료, 방사선 및 엑스레이 기술 등), 회계, 건축, 형사, 화학, 세관중개, 환경설계, 조림업, 지질학, 인테리어 디자인, 조경, 법률, 사서, 해군 장교, 해양 엔지니어, 배관공, 설탕 기술자, 사회복지 업무, 교사, 농부, 어부, 상담 및 지도 · 납입 자본금 250만 달러 이하 소매 무역 기업 · 조합 · 사설 경호업체 · 소규모 광산개발업 · 다도해, 영해, 배타적 경제수역 내 해양자원 이용, 강, 호수, 만, 석호 내 소규모 천연자원 이용 · 조종석에 대한 소유, 운영, 관리권 · 핵무기의 제조, 수리, 비축 또는 유통 · 생화학 및 방사능 무기 및 대인살상용 무기의 제조, 수리, 비축 및 유통 · 폭죽 및 기타 점화 관련 제품 제조
20%	· 개인 무선 통신망
25%	· 국내외 인력 송출업 · 지역 출연 공공사업의 건설 및 보수를 위한 계약 · 국방 관련 건설 계약
30%	· 광고업
40%	· 천연자원의 탐사, 개발 및 활용 · 사유지 소유 · 공공사업 운영 및 관리 · 교육기관 소유, 설립 및 운영 · 쌀, 옥수수 재배, 생산, 도정, 거래(소매 제외) 관련 사업 · 정부 소유 및 관리 법인, 기업, 기관에 제품 공급
LIST B	
지분 허용률	분야
40%	· 필리핀 국립경찰의 승인을 필요로 하는 제품 및 원자재의 제조, 수리, 보관, 유통(탄약류, 화약 등) · 필리핀 국방부의 승인을 필요로 하는 제품 및 원자재의 제조, 수리, 보관, 유통(총포류, 무기류 등) · 유해한 약물의 제조 및 유통 · 공중보건 및 윤리상의 문제로 인해 규제를 받는 사우나, 마사지 클리닉 등 · 필리핀 경제청이 관리하는 특별경제구역 내에서 운영되는 공영기관인(PAGCOR)[146]과의 투자계약에 의해 운영되는 것을 제외한 모든 형태의 도박 · 납입 자본금이 $20만 달러 미만인 국내시장 기업 · 선진 기술을 사용하거나 직접 고용한 직원 수가 최소 50명이며 자본이 10만 달러 미만인 국내시장 기업

* 자료: Philippines Foreign Investment Negative List 2018.

분야에 관한 내용으로 구성되어 있다. 본 투자제한 리스트에 포함되지 않은 업종은 원칙적으로 외국인의 지분을 100% 허용하나 일부 업종은 지분 제한을 별도로 규정하고 있기 때문에 업종별 확인이 필요하다. 또

146 Philippine Amusement and Gaming Corporation, PAGCOR.

한, 외국 자본 투자가 100% 가능한 투자영역의 경우, 정부가 제공하는 혜택은 받지 못한다. 외국인 투자제한 리스트는 법률의 개정 및 폐지에 따라 새로운 법률을 반영하기 위해 2년마다 국가경제개발청(NEDA: National Economic and Development Authority)에 의하여 검토되며 필요시 개정된다. 2018년에 발표된 11차 외국인 투자제한 리스트는 지난 2015년 개정 이후 4년 만이며 금번 개정된 리스트는 〈표 3-24〉와 같다.

이전 리스트와 비교하여 가장 큰 차이는 일부 분야에 있어 외국인 투자를 전면 개방한 것과 분야별로 외국인의 전문직 활동을 허용하거나 제한을 둔 것이다. 외국 기업의 인터넷 사업 분야를 대중 매체의 영역에서 제외하여 외국인 투자를 전면 개방하였고, 손해사정업, 금융대출업, 금융사, 투자신탁사 등에 대한 투자를 전면 허용하였다. 또한 과목이 비전문적이거나 정부 인증 등을 필요로 하지 않는 경우, 외국인이 고등 교육을 가르칠 수 있도록 하였다. 공공사업 참여의 경우 이전에는 외국인 참여율을 25%만 허용했으나 현재는 40%까지 허용한다. 그러나 네거티브 리스트는 외국인 투자와 관련된 헌법 조항과 같은 기존의 선행법을 변경할 수 없기 때문에 그 범위가 제한적이라고 할 수 있다.

② 특별경제구역법(Special Economic Zone Act, 1995)[147]

필리핀 정부는 현지 및 외국 기업의 투자를 용이하게 하기 위하여 1995년에 특별경제구역법을 제정하였다. 본 법은 총 5장으로 구성되어 있으며 주요 내용은 다음과 같다. 먼저 1장에서는 본 법의 목적과 의도, 특별경제구역의 정의와 설립에 관한 내용을 설명하고, 2장에서는 PEZA의 이사회 및 직원, 경제구역의 운영에 관한 내용을 담고 있다. 또한 특별경제구역(SEZ: Special Economic Zone), 즉 ECOZONE은 상당히

147 http://www.peza.gov.ph/index.php/about-peza/special-economic-zone-act

개발된 지역이거나, 농공업, 산업 관광, 휴양, 상업, 은행 관련, 투자 및 금융센터 등으로 발전할 가능성이 있는 선별된 지역이며 ECOZONE에는 산업단지(IE: Industrial Estates), 수출가공구역(EPZ: Export Processing Zone), 자유무역구역 및 관광, 휴양센터 등을 포함할 수 있음을 명시한다. 3장에서는 각종 면세 혜택과, 재정적 인센티브, 은행법의 적용 범위 등에 관한 내용을 담고 있다. 본 법에 근거하여 설립되는 ECOZONE의 개발전략 및 우선순위는 무역산업부와 경제발전청(NEDA)과의 협력을 통하여 결정되며 이는 국가의 중기 개발계획에 명시된 국가 정부의 우선순위와도 일치하여야 한다. 또한 본 특구법을 근거로 필리핀의 대표적인 투자유치 기관인 필리핀 경제구역청(PEZA: Philippine Economic Zone Authority)이 설립되었으며 해당 기관에 관한 내용은 뒷장에서 설명하고자 한다.

③ 종합투자법(Omnibus Investment Code of 1987)[148]

옴니버스 투자 규칙으로도 알려져 있는 행정명령 226호는 투자와 관련한 법을 통합하고 확실하게 함으로써 필리핀 내의 현지 및 외국인 투자를 활성화하기 위하여 1987년에 제정되었다. 본 법은 투자위원회(BOI: Board of Investments)의 기능과 임무, 투자와 관련한 혜택, 다국적 기업을 위한 인센티브, 수출가공지구 기업들에 대한 혜택 등 필리핀 정부가 국가 개발을 위해 최우선 순위에 두는 활동에 참여하는 현지 및 외국 기업에 대한 혜택을 포괄적으로 담고 있다. 제 7조에 명시된 투자위원회의 의무에 따라 매년 투자우선계획(IPP: Investment Priorities Plan)을 작성 및 제출해야 하며 26조에 명시된 〈표 3-25〉와 같은 내용을 포함해야 한다.

IPP에 포함되는 투자 우선 분야는 ⓐ 경제적 내부 수익률로 나타나

148 https://boi.gov.ph/wp-content/uploads/2018/02/EO-226-omnibus-investments-code.pdf

표 3-25. 종합투자법 26조

(a) 투자가 장려되는 특정 산업과 경제 분야 및 해당 제품과 품목
(b) 본 법에 의해 인센티브 부여 대상이 되는 특정 공공시설
(c) 현지의 비석유계 원료나 에너지원 사용 가능성이 가장 큰 특정 분야
(d) 위원회가 적절하다고 판단하는 기타 정보, 분석, 자료, 지침 및 기준

* 자료: Omnibus Investment Code of 1987 Article 26

는 경제적 안정성, ⓑ 특정 개발 목표에 대한 사업의 기여 정도 ⓒ 기타 지표 혹은 비교 우위 ⓓ 20조에 규정된 생산 능력 ⓔ 사업의 시장 및 기술적 측면 등을 종합적으로 고려하여 결정된다. 투자위원회는 지정된 투자 우선 사업 가운데 17조의 규정에 부합하는 특정 상품을 개척기업(Pioneer enterprise)으로 지정하며, 28조에 따라 매년 개척 산업 지위를 유지할 수 있는지에 대하여 검토하고, 이를 충족하지 못할 경우에는 IPP에서 제외시킨다. 개척기업과 비개척기업이 나뉘는 기준은 〈표 3-26〉과 같다.

표 3-26. 개척기업 및 비개척기업의 구분

구분	내용
개척기업	· 필리핀 내에서 상업적으로 생산되지 않는 상품, 재화, 원료의 조립 혹은 포장, 제조, 생산에 관여하는 기업 · 필리핀에서 사용된 적 없는 새로운 디자인, 공식, 방법, 계획, 프로세스를 사용하여 원료 혹은 원자재를 다른 원료나 완제품으로 가공하여 생산하는 기업 · 투자위원회가 관련 정부 기관과 협의하여특정 농식품 프로그램과 관련한 국가적 목표를 달성하는 데 필요한 농업, 임업, 광업 및 서비스업에 종사하는 기업 · 비전통적 에너지원을 사용하여 장비나 비전통적 연료를 생산하거나 제조 및 가공에 석탄 혹은 기타 비전통적 연료나 에너지원을 사용하는 기업
비개척기업	개척 기업을 제외한 모든 등록된 생산 기업

* 자료: Omnibus Investment Code of 1987 Article 17, 18

3.6.1.2 외국인 투자 관련 조직

필리핀에는 무역을 다루는 통상산업부(DTI: Department of Trade and Industry)가 존재하긴 하지만, 투자자들을 관리하는 기구가 하나로 통일되어 있지 않고 지역 및 기관별로 나누어져 있다.[149] 현재 필리핀 외국

인 투자 유치 및 혜택은 12개의 상이한 투자유치 기관을 통해 이루어지며 각각 제공하는 혜택 또한 다르다. 이 절에서는 필리핀의 통상산업부(DTI)를 비롯하여 대표적인 투자 관련 조직인 국가경제개발청(NEDA), 필리핀경제구역청(PEZA) 및 투자위원회(BOI)에 관하여 간략하게 설명하고자 한다.

① 통상산업부(DTI: Department of Trade and Industry)

통상산업부는 지역 산업 및 외국 무역의 성장을 다루기 위하여 설립된 정부 부처로서 포용적 성장과 고용 창출에 기여하는 세계적으로 경쟁력 있고 혁신적인 산업 및 서비스의 실현을 목표로 하고 있다. 장관실

그림 3-10. 통상산업부(DTI) 조직도

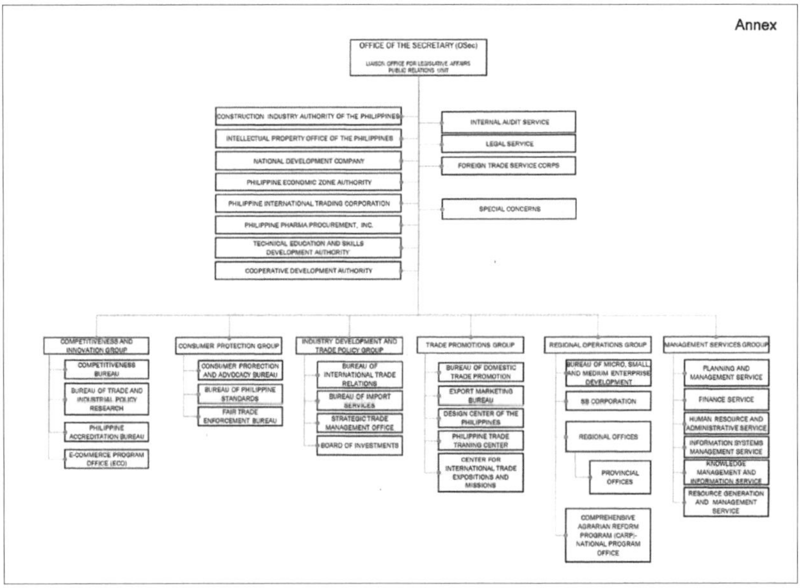

* 자료: Department of Trade and Industry

149 엄은희(2018), 〈필리핀 경제특구의 성격 변화와 까비테 지역의 한국 투자기업〉, 《아시아연구》 21(3), pp. 51-84.

로 직접 보고하는 총 6개의 주요 기능 그룹(FG: Functional Group)과 투자위원회, 필리핀경제구역청(PEZA)을 포함한 13개의 산하기관으로 구성되어 있다.

② 국가경제개발청(NEDA: National Economic and Development Authority)

국가경제개발청은 필리핀의 경제개발을 기획하는 기관으로써 이사회와 사무국으로 구성되어 있으며 총 7개의 산하기관이 있다. 이사회는 주요 경제 정책 방향을 설정하며 사무국은 이사회의 연구 및 기술을 지원한다. 이사회는 대통령이 의장을 맡고 있으며 경제사회 기획장관을 부의장으로, 각 지정된 부처의 장관을 구성원으로 한다.

③ 필리핀경제구역청(PEZA: Philippine Economic Zone Authority)

PEZA는 DTI의 산하 기관으로서 특별경제구역법에 의거하여 1995년에 설립되었으며 필리핀에 외국인 투자자를 유치하기 위한 경쟁적 인센티브를 적극적으로 장려하고 전국의 특별 및 산업경제구역의 개발을

그림 3-11. PEZA 조직도

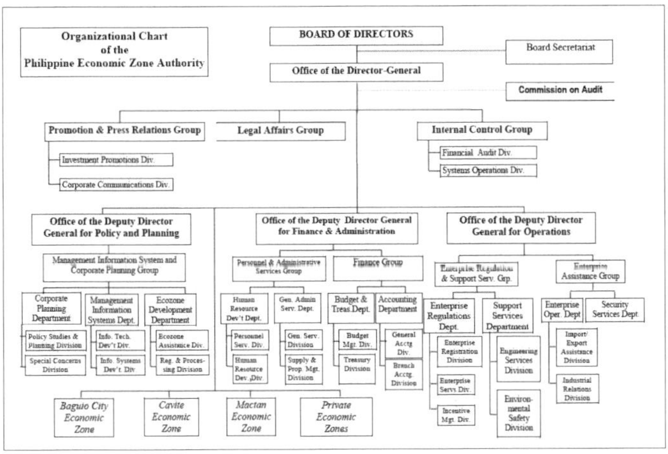

* 자료: Philippine Economic Zone Authority

촉진하는 것을 목적으로 한다. PEZA는 수출산업, IT, 관광, 의료, 농업 등의 분야의 산업을 지원하며 특정 지역 또는 해당 기업의 소재지를 경제특구(economic zone)로 지정하여 인센티브를 부여함으로써 필리핀으로의 투자를 촉진 및 지원하는 업무를 수행한다.

④ 투자위원회(BOI: Board of Investments)

투자위원회(BOI)는 DTI의 산하 기관으로 종합투자법에 의거하여 1987년에 설립되었으며 필리핀에서 운영되는 국내외 기업에 면세 및 인센티브를 제공하는 투자 진흥 기관이다. 투자와 관련한 인가 및 허가 권한을 가지고 있으며 특구의 운영에는 직접적으로 관여하지 않는다는 특징이 있다. 매년 정부 인센티브를 받을 수 있는 투자 영역을 담은 투자유치우선계획(IPP: Investment Priority Plan)을 발표하고 있다.

[Box 3-4] 필리핀 2020 투자유치우선계획(IPP)

2020년 11월, 필리핀 두테르테 대통령은 필리핀 투자위원회(BOI)의 2020 투자유치 계획을 승인하였다. IPP는 12개 선호 산업*, 수출 산업, 별도 특별법에 의해 인센티브를 부여받는 산업, 민다나오 이슬람자치지구(BARMM)[150] 지역에 적용되는 산업 등 크게 4개의 영역으로 구성되어 있다.[151] 이번 투자유치계획은 필리핀 경제를 보다 현대화하고, 양질의 일자리를 대거 창출하며, 고용, 주택, 교통 등의 사회적 문제를 해결하도록 돕는 것을 주요 목적으로 한다.

*12개 선호 산업 분야는 다음과 같다.
▲코로나 19 대응 관련 산업 ▲ Balik Probinsya Program[152]과 연계한 지방 투자 ▲제조업

150 두테르테 대통령이 지난 5월 제도화한 정책으로 메트로 마닐라의 혼잡한 도시를 해결하기 위하여 비거주민들로 하여금 그들의 고향으로 돌아가도록 장려하는 것을 목표로 한다.

151 Philippine News Agency, 〈Duterte okays 2020 Investment Priorities Plan〉(2020. 11. 19)

▲농업, 수산업, 임업 ▲전략 서비스 산업 ▲보건서비스 및 재난위험경감 ▲대중 주택 공급 ▲인프라 및 물류 ▲혁신주도사업 ▲중소기업 연계산업 ▲환경 및 기후변화 ▲에너지

* 자료: Memorandum Order No.50(2020) (https://www.officialgazette.gov.ph/downloads/2020/11nov/20201118-MO-50-RRD.pdf) (접속일 2021. 01. 14)

3.6.2 외국인 투자 유치정책 및 지원제도

필리핀은 고용 창출, 경제발전 촉진, 그리고 포용적이고 지속적인 성장에 기여하기 위하여 외국인 투자를 적극 유치하고 있으며 현재 19개의 기관이 외국인 투자유치 업무를 담당하고 있다(〈그림 3-11〉). 대표적인 기관으로는 전국을 관할하는 투자위원회(BOI), 필리핀경제청(PEZA)과 특정 지역을 중심으로 형성된 수빅특별경제구역, 클락경제자유구역과 같은 경제특구를 관리하는 수빅자유구역관리청(SBMA: Subic Bay Metropolitan Authority), 클락개발공사(CDC: Clark Development Corporation) 등이 있다. 필리핀 내 설립된 법인 혹은 사무소가 투자 혜택을 받기 위해서는 다음과 같은 투자유치 기관에 등록이 필요하다. 필리핀 통계청(PSA: Philippine Statistics Authority)이 2020년 9월에 발표한 2020년 2분기 외국인 투자 승인[153] 자료에 따르면 PEZA가 총 투자의 65.4%를 차지하였으며 BOI는 34%, 그 외 SBMA, CDC 등을 포함한 기타 투자유치 기관이 0.6%를 차지하였다. 본문에서는 필리핀의 주요 투자유치 기관 및

152 Bangsamoro Autonomous Region in Muslim Mindanao.

153 Approved Foreign Investments Second Quarter 2020. https://psa.gov.ph/system/files/Infographics%20Q2%202020%20AFI_signed.pdf(접속일: 2021. 01. 14.).

특구에 대하여 소개하고 각각의 등록 혜택에 대하여 설명하고자 한다.

3.6.2.1 주요 투자유치 기관 등록 혜택

① 필리핀경제청(PEZA) 등록 혜택

경제특구법에 의거하여 운영되는 PEZA는 전국을 관할하는 투자유치 기관으로서 수출기업을 주 등록 대상으로 다양한 재정적, 비재정적 혜택 등을 제공한다. PEZA는 2017년을 기준으로 농산물, IT, 제조업, 의료분야 관련 등 총 379곳의 경제자유구역을 운영 중이며 〈표 3-27〉로 정리하였다.

PEZA 등록을 통한 혜택을 받기 위해서는 생산 제품 및 서비스를 전량 수출해야 하며 수출 비중이 100% 이하일 경우(70-100%)에는

그림 3-12. 필리핀 투자유치 기관

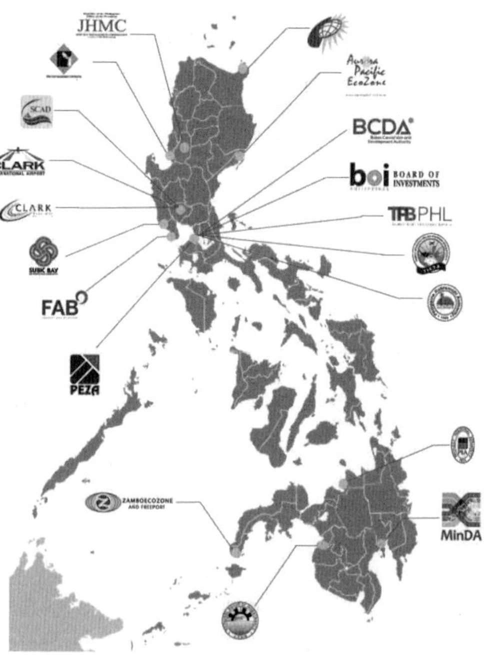

* 자료: https://boi.gov.ph/investments-promotion/map-of-ipas/

표 3-27. 운영 중인 경제구역

(기준일: 2017. 11. 30.)

경제구역 구분	개수
제조업 분야	74
IT 분야	262
농산물 분야	22
관광 분야	19
의료 분야	2
총계	379

* 자료: PEZA 홈페이지, Operating Economic Zone Map. http://www.peza.gov.ph/index.php/economic-zones/list-of-economic-zones(접속일: 2021. 01. 14.)

PEZA의 별도 승인이 필요하다. PEZA 등록 기업에 대한 주요 재정적 혜택은 〈표 3-28〉과 같다.

PEZA 등록된 기업들에게는 다양한 앞서 언급한 재정적 혜택뿐만 아니라 비재정적 혜택도 제공된다. 모든 등록 기업들에게는 간소화된 수입 및 수출 절차와 PEZA에 등록된 경제구역의 비거주 외국인들을 위한 특별 비이민 비자를 제공한다. 또한 PEZA에 등록된 경제구역 기업에서 감독, 기술, 자문 직책을 수행할 수 있도록 하고 있다.

② 투자위원회(BOI) 등록 혜택

투자위원회는 앞서 설명한 IPP에 언급된 기업을 대상으로 혜택을 부여하고 있으며, IPP에 포함되지 않더라도 아래와 같은 특정 조건을 충족하면 수혜 대상이 된다. 또한 투자 프로젝트와 업종별로 등록 승인 여부가 결정되며 BOI에 등록된 기업은 IPP에 언급되고 각종 재정적, 비재정적 혜택을 받게 된다. BOI 등록과 관련한 요건과 각종 혜택을 〈표 3-29〉로 정리해 두었다.

3.6.2.2 주요 특별경제구역 등록 혜택

앞서 언급한 필리핀의 투자유치 기관 중 대부분의 기관은 특정 지역을

표 3-28. PEZA 등록 주요 혜택

종류	내용
수출제조업 (Export Manufacturing)	· 4-6년간[154] 소득세 면제(ITH)[155] – 영업 개시 후 첫 3년간 평균 수익이 50만 달러 이상인 경우 – ITH 연장 전 1년간 근로자 1명당 자본설비율이 1만 달러를 초과하지 않는 경우 – ITH 연장 전 등록제품 제조에 사용된 원재료의 필리핀산 비율이 50%인 경우 · 확장 프로젝트에 대해서는 3년간 소득세 면제(매출 증가분에 대해서만 ITH 적용) · 소득세 면제기간 만료 시 총소득의 5% 특별소득세 부과(재산세 제외한 각종 국세, 지방세 면제) · 원자재, 자본재, 기계류 및 부품 수입 시 수입관세 면제 · 부두 사용료 및 수출세, 각종 수수료 면제 · 국내 구매분에 대해 VAT 영세율 적용 (BIR,[156] PEZA 요건 충족 시) · 재산세 제외한 모든 지방세, 지방정부 부과금, 수수료, 라이센싱비 면제(기계류에 대해서는 작동 개시 후 3년간 재산세 면제, 부동산이 아닌 생산설비는 고정자산세 면제)
정보통신(IT)	· 4-6년간 소득세 면제(ITH) · 하기 조건 충족할 때마다 ITH 1년 연장 가능, 최대 8년이 한도 –영업 개시 후 첫 3년간 평균 순익이 U$ 50만 이상인 경우 –ITH 연장 전 1년간 근로자 1명당 자본설비율이 1만 달러를 초과하지 않는 경우 –ITH 연장 전 등록제품 제조에 사용된 원재료의 필리핀산 비율이 50% 이상 –확장 프로젝트에 대해서는 3년간 소득세 면제(매출 증가분에 대해서만 ITH 적용) –소득세 면제기간 만료 시 총 소득의 5% 특별소득세 부과(재산세 제외한 각종 국세, 지방세 면제) · 장비 및 부품 수입 시 수입관세 면제 · 장비 수입 선적에 부과되는 부두 사용료 면제 · 유틸리티(지상파 통신, 전기, 수도요금), 건물 임대료 등 국내에서 구매한 상품 및 서비스에 대해 0세율 적용(국세청, PEZA 요건 충족 시) · 재산세 제외한 모든 지방세, 지방정부 부과금, 수수료, 라이센싱비 면제(기계류에 대해서는 작동 개시후 3년간 재산세 면제, 부동산이 아닌 생산설비는 고정자산세 면제) · 종합 원천징수세 면제
관광경제특구(Tourism)	· 4년간 소득세 면제 (ITH, IPP상 요건 충족 시) · 소득세 면제기간 만료 시 총소득의 5% 특별소득세 부과(재산세 제외한 각종 국세, 지방세 면제) · 자본재 수입 시 수입관세 면제 · 장비 수입선적에 부과되는 부두사용료 면제 · 유틸리티(지상파 통신, 전기, 수도요금), 건물 임대료 등 국내에서 구매한 상품 및 서비스에 대해 0세율 적용(BIR, PEZA 요건 충족 시) · 종합원천징수세 면제
농림수산 경제특구 (Agribusiness)	· 4년간 소득세 면제(ITH) · 소득세 면제기간 만료 시 총소득의 5% 특별소득세 부과 (재산세 제외한 각종 국세, 지방세 면제) · 농기구 등 장비, 기계류, 부품, 가축 수입 시 수입관세 면제 · 수출세, 부두사용료, 각종 수수료 면제 · 유틸리티(지상파 통신, 전기, 수도요금), 건물 임대료 등 국내에서 구매한 상품 및 서비스에 대해 0세율 적용(국세청, PEZA요건 충족 시) · 각종 지방정부 부과금, 수수료(Mayor's Permit, Business Permit, 취업허가서, 보건위생 검사비, 쓰레기 수거비 등)
경제자유구역 내 물류서비스 기업	· 소득세 면제 혜택은 없음 · 재판매, PEZA 등록 수출 제조사에 판매하기 위해 포장, 절단, 가공, 직접 수출하는 경우, 또는 PEZA 등록 수출기업에 위탁 판매하는 원부자재에 대한 세금 면제 · 검사, 포장, 저장 및 선적 위한 원부자재 국내 구입 시 VAT 0세율 적용
경제자유구역 개발/운영사	· 총소득의 5% 특별소득세 부과 (토지에 대한 재산세 제외한 각종 국세, 지방세 면제) · 국내 구매분에 대한 VAT 0세율 적용 · 종합원천징수세 면제

* 자료: KOTRA 필리핀 투자환경

154 국세청(Bureau of Internal Revenue).

155 Income Tax Holiday.

156 4(Non-pioneer status), 6(Pioneer status).

표 3-29. BOI 등록 주요 혜택

구분	내용
BOI 등록 및 혜택 수혜 요건	· IPP에 포함된 업종/분야 · IPP에 포함되어 있지 않는 경우 -필리핀인이 60% 이상 지분을 소유한 기업 ⇒ 생산량 50% 이상 수출 시 -필리핀인이 60% 이하 지분을 소유한 기업, 즉 외국계 기업으로 간주 ⇒ 생산량 70% 이상 수출 시 · 외국계 기업(외국인 지분 40% 이상, 필리핀인 지분 60% 이하)인 경우 ⇒ IPP에 Pioneer Status 프로젝트로 분류되거나, 70% 이상 수출하는 대외지향적 기업이어야 함
재정적 혜택	소득세 면제(ITH) BOI등록 기업은 아래와 같은 기준으로 소득세(30%) 납부가 면제됨 -Pioneer status를 보유한 신규 프로젝트: 6년간 -Non-pioneer status를 보유한 신규 프로젝트: 4년간 -확장(Expansion) 프로젝트 3년, 일반적으로 확장 프로젝트 소득세 면제는 확장에 따른 소득/매출 증가분에 대해서만 적용 -현대화 프로젝트 3년/일반적으로 현대화 프로젝트에 대한 소득세 면제 역시 현대화에 따른 소득/매출 증가분에 대해서만 적용 원자재, 부분제품, 반제품 구입 시 세금 혜택 부여 인건비에 대한 추가 공제 인정(단, 소득세 면제 혜택과 동시 수혜는 불가) 필수/불가피한 인프라 건설비용 추가 공제 인정(단, 소득세 면제 혜택과 동시 수혜는 불가) 부두사용료(wharfage), 수출세, 관세 및 각종 수수료 면제
비재정적 혜택	외국인 고용 허용 투자/수익금의 자유로운 모국 송금 보장 장비 수입 시 통관절차 간소화 등

* 자료: KOTRA 필리핀 투자유치제도 및 boi.gov.ph

관할하는 기관들이다. 그중 본문에서는 외국인 투자가 가장 활발하게 진행되고 있는 수빅경제특별구역과 클락경제자유구역에 대하여 특징 및 주요 혜택에 대하여 설명하고자 한다.

① 수빅경제특별구역(SFZ: Subic Bay Freeport and Special Economic Zone)

수빅경제특별구역은 1992년 군부지개발법[157](R.A. 7227호)에 의거하여 본래 미 해군기지였던 수빅만이 수빅만 자유항으로 전환되며 설립된 필리핀 최초의 자유무역항이다. 수빅경제특별구역은 마닐라에서 약 110*km* 정도 떨어진 루존섬 서쪽에 위치하며 수빅자유구역관리청(SBMA)에 의해 관리되고 있다. 대표적으로 한국의 한진중공업이 2006

157 Bases Conversion and Development Act, Republic Act 7227.

그림 3-13. 수빅 및 클락경제특구 위치

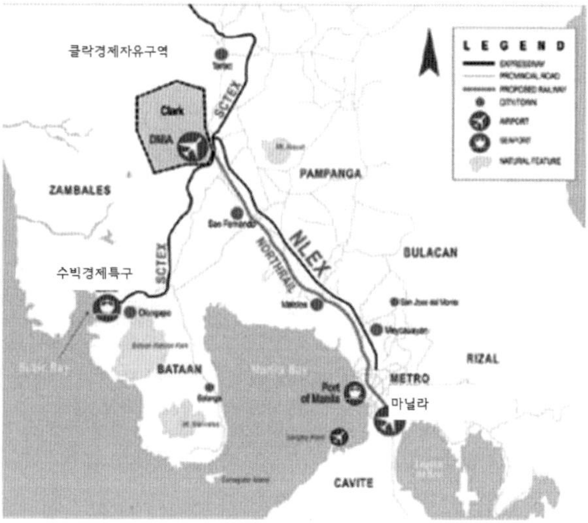

* 자료: Calimon, D., Santiago, J., &Lazaro, G. (2019)

년부터 약 16억 달러를 투자하여 300만*ha*의 조선소를 설립하였으나 2019년 자금난으로 호주에 매각되기도 하였다.[158] 수빅경제특구 내 기업에 대하여 다양한 혜택을 제공하며 주요 혜택은 〈표 3-30〉과 같다.

② 클락경제자유구역(CFEZ: Clark Freeport Zone and Special Economic Zone)

클락경제자유구역(CFEZ)는 마닐라 북부 팜팡가 주와 탈락 주에 걸쳐

표 3-30. 수빅경제특별구역 주요 혜택

구분	내용
세금 혜택	-총소득의 5%에 대해서만 법인세 납부 - 원자재, 자본재 수입 시 관세 면제 - 역내 비즈니스 기업의 경우 100% 외국인 지분 소유 가능 - 무제한 면세품 구매 가능
기타 혜택	무비자입국 (14일, 갱신 가능) 외국인을 위한 특별비자(수빅-클락)

* 자료: KOTRA 필리핀 투자유치제도 및 http://invest.mysubicbay.com.ph/

158 https://www.chosun.com/site/data/html_dir/2020/04/21/2020042103672.html

있으며 1991년 미군이 철수하면서 정부에 의해 특별경제구역으로 지정되어 필리핀 내 대표적인 경제특구로 개발되기 시작하였다. CFEZ는 클락자유무역항(Clark Freeport Zone, CFZ)과 클락특별경제구역(CSEZ: Clark Special Economic Zone)으로 구성되어 있다. CFZ는 이전의 미 공군기지 시설을 포함하며 현재는 대부분 클락 국제공항으로 전환되었고, 일부는 필리핀 공군에 의해 관리되고 있다. 1993년 클락개발공사(CDC)[159]가 설립되어 클락경제자유구역의 개발 업무를 담당하고 있으며 2007년 클락 경제특구 활성화법안[160] 발효를 통해 이 지역 내 입주한 투자기업들에 대한 조세감면 혜택을 규정한 근거 법령을 마련하였으며 주요 혜택은 〈표 3-31〉과 같다.[161]

표 3-31. 클락 경제자유구역 주요 혜택

종류	내용
법인세	총 매출 이익의 5% 납부(총 매출 이익의 70% 이상이 수출에서 발생 시)
관세	자본 설비, 원자재에 대한 수입관세 면제
기타	100% 외국인 지분 소유 가능 외국인 특별비자 발급

* 자료: KOTRA 투자진출뉴스 2009.

3.6.3 분쟁 해결 제도

필리핀에 투자하는 외국인 투자자가 증가함에 따라 이와 관련한 분쟁도 빈번하게 일어나고 있다. 투자와 관련한 여러 법을 통하여 투자와 관련한 분쟁에 대하여 명시하고 있다. 종합투자법 제7조에 따르면 투자위원회 등록 기업 또는 투자자와 정부기관 간에 본 법의 시행과 관

159 Clark Development Corporation.

160 공화국법(Republic Act) 9399호.

161 KOTRA 투자진출 뉴스(2009). https://news.kotra.or.kr/user/globalBbs/kotranews/6/globalBbsDataView.do?setIdx=322&dataIdx=89460(접속일: 2020. 11. 25).

[Box 3-5] 필리핀 외국인 투자 분쟁사례

Fraport vs. Philippines 사건 (ARB/03/25)

본 사건은 많은 외국계 기업이 필리핀 정부와의 프로젝트를 진행할 때 참고하는 중요한 사례로서 마닐라국제공항 3터미널의 건설 및 운영과 관련하여 필리핀 정부와 최대 투자사인 독일의 공항 운영 전문 회사인 Fraport 간 분쟁이다.

1997년 라모스(Ramos) 행정부는 마닐라국제공항 3터미널 건설을 위하여 독일 공항운영 전문회사인 Fraport와 필리핀 국제공항공사(PIATCO: Philippine International Airport Terminal Co.)의 컨소시엄에 3터미널 건설계약을 체결하였다. 그러나 2002년 아로요(Aroyyo) 정권은 전 정권과의 유착관계로 인한 부정부패를 의심하여 비리 혐의로 계약을 무효화했다. 그러나 독일 Fraport사는 필리핀의 조치가 투자협정의 투자자 보호의무를 위반하였다며 독일-필리핀 투자협정을 근거로 2003년 9월 ICSID에 중재를 신청하였다. 2014년 12월, ICSID는 Fraport에게 반더미(Anti-Dummy Law)법 위반에 대한 손해배상금으로 필리핀 정부에 500만 달러를 지불하도록 명령하였다.

* 자료: Inquirer.net
[(https://newsinfo.inquirer.net/720841/what-went-before-the-naia-3-saga) 2015. 09. 19 및 김승호 (2018), 〈ICSID 중재판정례 해설〉, 법무부]

련하여 발생할 수 있는 분쟁은 공청회를 통해 그 분쟁이 제기된 날로부터 30일 이내에 해결해야 한다고 명시하고 있다. 그리고 투자자나 등록 기업은 위원회의 결정을 통고받은 날로부터 30일 이내에 대통령에게 항소를 제기할 수 있다. 또한 40여 개 국가로부터 필리핀으로 유입되는 투자는 국제투자협정(IIA: International Investment Agreement)의 적용을 받으며 최근 필리핀의 IIA는 신규 투자를 촉진하기 위해 투자 자유화에 더욱 많은 관심을 기울이고 있다. 필리핀은 투자보장협정(BIT: Bilateral Investment Treaty) 가입국으로서 IIA뿐만 아니라 법률 및 개별 투자 계약에 따라 해당되는 경우, 투자자-국가 분쟁해결절차(ISD: Investor-

State Dispute Settlement)를 통해 분쟁을 해결할 수 있으며 외국 중재판정의 승인 및 집행에 관한 협약인 뉴욕협약[162]을 채택한 국가이다. 현행 입법 체계에서는 아세안포괄적투자협정(ACIA: ASEAN Comprehensive Investment Agreement)[163]을 포함하여 IIA보다 약하고 덜 상세한 투자자에 대한 보호 및 보장을 포함하고 있다. 투자자에 대한 핵심 보호 보장과 관련한 법으로는 1987년 제정된 헌법에서 차별 금지 원칙과 수용(expropriation)에 대한 보호를 명시하고 있다.

3.6.4 소결

필리핀은 2018년을 기준으로 우리나라의 20대 교역 상대국 중 17위, 수출 순위로는 8위에 해당하는 국가이며 신남방 국가들 중 3번째로 많은 ODA를 지원하고 있는 나라이다.[164] 또한 필리핀 통계청에 따르면 한국은 싱가포르와 중국에 이어 세 번째로 큰 외국인 투자자로 2019년 기준 약 8억 2,200만 달러를 투자하였다.[165] 2019년 BOI는 역대 최고 투자액인 1조 1,400억 페소를 승인하였으며, 2020년에는 코로나19로

162 Convention on the Recognition and Enforcement of Foreign Arbitral Awards (New York Convention)

163 기존의 아세안투자지역협정(ASEAN Investment Area)이 발전된 것으로, 투자자 분쟁 발생 시 당사자 간 합의를 전제로 투자자가 해당 국가의 사법기관 이외의 제3 중재기관에 사건을 재소할 수 있도록 허용하였다(김형종, 2015).

164 신남방정책특별위원회(2019), 〈아세안 · 인도 경제 · 무역 · 투자 통계집〉, pp. 4-5.

165 싱가폴과 중국은 같은 해에 각각 34억 8,000만 달러, 17억 5,000만 달러를 투자하였다.
Xinhuanet, 〈China becomes second biggest foreign investor of Philippines in 2019〉 2020-02-20(http://www.xinhuanet.com/english/2020-02/20/c_138801875.htm)

인하여 약 11% 감소를 보였음에도 총 1조 페소에 달하는 투자액을 승인한 바 있다.[166] 이렇듯 필리핀은 한국을 포함한 많은 국가들의 관심을 받고 있다. 그러나 여전히 많은 분야에서의 외국인 소유 제한으로 인한 투자 제한, 열악한 인프라, 느린 인터넷, 규제상의 불일치, 부패 등은 필리핀으로의 투자를 어렵게 하고 있다. 또한 복잡하고 여전히 많은 문제를 가지고 있는 필리핀의 사법제도는 상업적 분쟁의 공정한 해결을 방해하기도 한다. 게다가 2016년 6월에 당선된 두테르테 대통령의 과격하고 예측이 불가능한 행보는 많은 외국인 투자자들을 불안하게 하여 취임 이후 외국인 투자액이 급격히 줄기도 하였다.[167]

필리핀 정부는 이러한 투자의 제약을 해결하고 보다 많은 외국인 투자를 유치하기 위하여 다양한 정책을 펼치고 있다. 앞서 설명한 것과 같이 주요 투자유치 기관에 등록할 경우 재정적, 비재정적 혜택을 제공하고 있으며 전국적으로 경제특구를 운영하고 있다. 또한 투자 환경을 개선하고 국내에서의 사업을 유도하기 위하여 기업 소득세를 인하하는 CREATE(Corporate Recovery and Tax Incentives for Enterprises Act)법 등 다양한 법안의 통과를 추진하고 있다. 때문에 필리핀에 투자하고자 한다면 빠르게 변화하는 다양한 제도와 정책들을 면밀히 살펴야 하며 불안정한 경제적·정치적 불확실성에 대한 고려도 필수적이다.

166 Philstar, 〈BOI-approved investments down 11% in 2020〉. https://www.philstar.com/business/2021/01/11/2069520/boi-approved-investments-down-11-2020(2021-01-11)

167 한국경제, 〈'두테르테 리스크'… 필리핀 떠나는 투자자〉. https://www.hankyung.com/international/article/2016093000521(2016. 09.30).

제4장 한국의 동남아 투자가 국내 경제에 미치는 영향 분석

이제 우리는 한국의 동남아 국가에 대한 투자가 한국 경제에 과연 어떠한 영향을 미칠 것인가를 분석하기 위한 모든 준비가 되었다. 즉, 앞서 분석한 2장과 3장의 연구 결과를 기초로 하여 한국의 동남아 국가에 대한 투자가 한국의 고용, 수출, 그리고 국내투자에 어떤 영향을 가져올 것인지를 살펴봄으로써 정책적 시사점을 제시하고자 한다.

해외 직접투자가 한 국가에 미치는 영향은 기업의 해외 직접투자가 어떤 형태로 이루어지고, 그 동기가 무엇이냐에 따라 다르게 나타날 수 있다. 먼저 해외 직접투자의 형태를 살펴보면, Markusen(1984), Helpman(1984) 등 전통적 이론에 따라 크게 두 가지로 구분할 수 있다. 첫째, 대상국의 무역장벽과 규제 회피 등을 목적으로 이루어지는 수평적 FDI(horizontal FDI)이다. 수평적 FDI는 투자대상국에서 생산한 제품을 본국으로 재수출하거나 제3국으로 수출한다. 둘째, 인건비 등 생산요소가격의 국제적 차이를 이용하여 생산비용을 절감하고자 생산을 분화하는 수직적 FDI(vertical FDI)가 있다. 이러한 형태의 FDI는 현지에서 생산된 제품을 해당 국가의 시장에서 판매한다. 그리고 앞서 설명한 두 유형에 더해 비교적 최근에 정립된 Ekholm et al.(2003)이 제시한 제3국으로 수출을 목적으로 생산거점을 이전하는 수출기반형 FDI(cxportplatform FDI)와 투자대상국을 중간공정 단계로 이용하고 최종재 생산은 제3국에서 수행하는 복합형 FDI(complex FDI)를 들 수 있다.

한편 마이클 포터의 다이아몬드 모델을 이용하면 〈그림 4-1〉과 같이 해외 직접투자 동기는 ⓐ전략, 구조 및 경쟁관계; ⓑ시장 수요조건; ⓒ생산요소조건; ⓓ 연관 산업 및 지원 분야를 바탕으로 총 12가지로 세분할 수 있다. 이들 중에서 (1-1) 생산비절감, (1-2) 천연자원 확보, (2-1) 현지국 진출 조건, (2-2) 신제품 개발의 경우 기업이 보유한 고유의 우위(ownership advantage)를, 그 외 나머지는 기업의 열위(ownership disadvantage)를 기반으로 하고 있다.

이렇듯 다양한 형태와 투자동기를 통해 해외 직접투자가 수행되고 있으며, 해외 직접투자는 기본적으로는 기업이 해외시장에서 경쟁력을 확보하는 전략으로 활용되기 때문에 기업의 경쟁력 제고, 글로벌가치사슬(GVCs : Global Value Chains) 참여를 통한 기업 생산성 향상 등의 긍정적인 효과를 가져온다.

그림 4-1. 다이아몬드 모델에 따른 해외 직접투자 동기

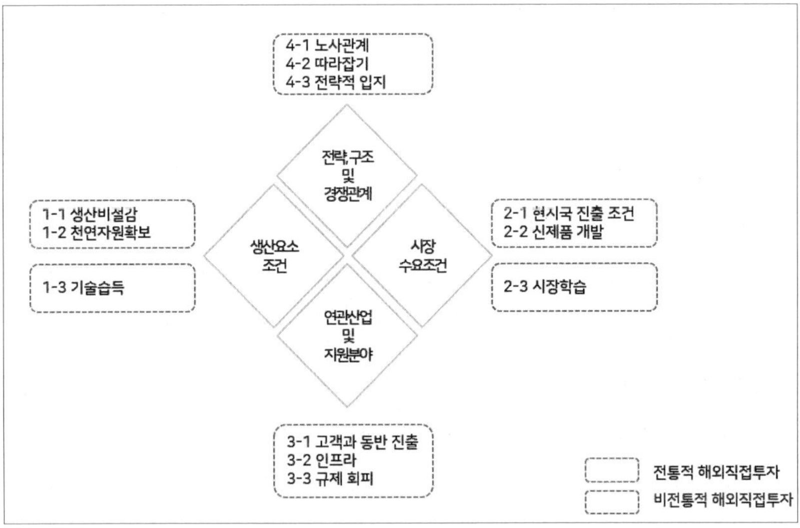

* 자료: Michael Porter(1990), 《The Competitive Advantage of Nations》

그러나 다른 한편으로는 해외 직접투자로 인해 생산시설이 해외로 나가면서, 국내 제조업 기반의 고용과 생산 감소 등 국내경제에 미치는 부정적 영향에 대한 우려가 제기되고 있다. 특히 특정 산업이 해외로 이전됨에 따라 해당 산업에 이용되었던 생산요소들이 재배치되지 못하는 산업공동화(hollowing-out)와 제조업의 고용 또는 부가가치 비중이 지속적으로 하락하는 탈산업화(deindustrialization)가 대표적인 예이다. 이 외에도 국내 생산 및 고용감소에 따른 저숙련 노동의 임금하락이나 기술의 해외이전이 발생하면서 해외 경쟁기업이 잠재적 위협이 될 수도 있음을 주장하는 의견도 존재한다.

현실에서는 이론만으로 설명할 수 없는 다양한 상호작용이 일어나고 있기 때문에 그 영향 역시 여러 양상으로 나타날 수 있으며, 영향을 받는 대상이 무엇인지에 따라서도 달라질 수 있다. 그렇다면 한국의 해외 직접투자는 어떤 방향으로 국내 경제에 영향을 미치고 있을까? 이 질문에 답하기 위해 본 장에서는 한국의 해외 직접투자가 국내경제에 미치는 영향을 고용, 수출, 국내투자 등으로 세분화하여 실증 분석함으로써 해외 직접투자가 한국경제에 미치는 영향을 평가해 보고자 한다.

4.1 기존 연구

먼저 해외 직접투자가 고용에 미치는 영향을 살펴보면, 이를 다루고 있는 기존 연구는 상당히 많이 존재한다. 그러나 해외 직접투자가 국내고용에 미치는 영향을 이론적으로 명확히 설명하기란 사실상 불가능하다. 왜냐하면 고용에 미치는 영향의 경우 수평적 투자가 이루어지면 국내 생산시설을 해외로 이전하기 때문에 단기적으로는 국내고용에 부정적인 영향을 미치지만, 장기적으로 기업의 성장을 이끌 수 있기 때문에 그 효과를 단정하기 어렵다. 또한 생산 분화를 위한 수직적 투자의 경우 투자대상국으로의 중간재 수출을 견인할 수 있기 때문에 국내 고용이 증가할 수 있는 측면도 있다. 이러한 현상을 반영하듯 기존 연구에서 해외 직접투자와 국내고용의 관계는 명확하게 구분되지 않고, 해외 직접투자의 유형이나 투자대상국의 특성, 노동의 숙련 정도 등에 따라 상이하게 보고되고 있다.

〈표 4-1〉과 〈표 4-2〉는 해외 직접투자가 고용에 미치는 영향을 해외 연구와 국내 연구로 나누어서 정리한 것이다. 표에서 보듯이 해외 직접투자가 국내고용에 미치는 영향을 일률적으로 말하는 것은 불가능하다. 한국의 해외 직접투자와 고용에 대한 연구에서 박현준(2003)과 임현준(2003)은 해외 직접투자와 산업공동화, 탈산업화의 관계분석을 통해 둘 사이에 주목할 만한 관계가 없다고 보고하고 있지만, 강성진·이홍식(2010)의 경우에는 상당한 관련이 있는 것으로 분석하고 있다. 특히 탈산업화의 속도가 너무 빠르게 일어날 경우 인력의 재배치에 소요되는 정책적, 시간적 여유가 부족하여 성장 잠재력이 저해될 수 있음을

표 4-1. 해외직접투자와 국내고용에 관한 해외 연구

저자(연도)	국내고용에 대한 영향
BlomstrÖm et al.(1997)	· 미국 1989년, 스웨덴 1970-1994년 기간 다국적기업 대상 분석 - 미국: 수직적 FDI가 주로 이루어지기 때문에 개발도상국에서의 생산이 많아질수록 자국 고용 감소 - 스웨덴: 수평적 FDI가 주로 이루어진 결과, 선진국으로의 해외직접투자가 국내고용을 증가시키는 것으로 분석
Riker and Brainard (1997)	· 1983-1992년을 기간으로 미국 다국적기업(제조업) 대싱 분석 · 자회사가 위치한 국가의 임금수준이 하락하는 경우 미국 국내고용이 감소하여 대체관계에 있는 것으로 나타남
Hanson et al.(2005)	· 1994년 BEA data을 이용하여 미국 다국적 기업 대상 OLS 회귀분석 · 모기업과 해외 자회사 간 중간재 무역이 증가할수록 비숙련 노동의 임금이 낮아짐
Castellani and Navaretti (2004)	· 1993-1998년을 기간으로 이탈리아 다국적기업과 자국내 생산 기업 대상 · 해외직접투자가 고용에 미치는 영향은 확인되지 않았음
Becker et al.(2005)	· 1998년, 2000년 스웨덴과 독일 다국적기업 대상 · 자회사의 고용이 증가할수록 국내 고용은 감소하여 대체관계에 있음
Becker and Muendler (2008)	· 1999-2001년 독일 다국적기업과 국내 기업 간 비교 연구 · 해외 직접투자가 국내고용에 긍정적 영향을 미치며, 고학력인 숙련 노동의 고용에 더 큰 영향을 미치는 것으로 나타남
Konings and Murphy (2006)	· 1993-1998년 유럽 내 다국적기업과 자회사를 대상으로 분석 · 북유럽 지역의 경우 자회사 임금과 모회사의 고용 간에 대체관계 존재 · 유럽 중심부, 동유럽 및 저임금 국가들은 대체관계가 존재하지 않는 것으로 분석

표 4-2. 한국의 해외 직접투자와 국내고용에 대한 연구

저자(연도)	국내 고용에 대한 영향
박승록(2005)	· 1993년부터 2003년간 해외 직접투자 대상 · 고용 감축 효과를 측정한 결과, 고용 손실이 발생했음을 확인함
박현준(2003)	· 1980년부터 2002년까지를 기간으로 제조업 부문 해외 직접투자와 탈산업화 관계를 분석한 결과 상관관계가 주목할 만한 정도는 아닌 것으로 분석됨
임현준(2003)	· 1980년부터 2000년 기간에 대해 해외 직접투자가 제조업 제품 수출에는 긍정적 영향을 미치지만 제조업 교역 수지에 대한 영향은 유의하지 않은 것으로 보고됨 · 이는 역수입으로 인한 수입 증가 효과가 크지 않음을 의미하므로 제조업 생산 및 고용 비중의 하락(탈산업화)을 초래하지 않는 것으로 해석
신현열 · 오진석(2005)	· 1995년부터 2004년 제조업 부문 해외직접투자와 국내 고용은 보완관계에 있는 것으로 나타남
강성진 · 이홍식(2010)	· 1990년부터 2008년의 산업연관표를 이용하여 생산 및 고용의 전후방 연관 효과 계산 · 전 기간에 걸쳐 모든 산업의 고용이 감소하는 것으로 나타남
Debaere et al.(2010)	· 1981-1995년 한국 다국적기업 대상 분석 -개도국의 경우 단기적으로 국내고용에 부정적 -선진국의 경우 장기적으로는 고용에 영향이 없는 것으로 분석
Yoon(2016)	· 1998년부터 2010년 기간의 산업별 패널 자료 이용 · 제조업을 수출특화산업과 수입특화산업으로 구분 · 오프쇼링과의 관계에서 전자는 고용 감소, 후자는 영향이 없는 것으로 나타남
박순찬 · 조성택 · 이홍식 (2017)	· 1998년부터 2014년까지 제조업 21개 산업 대상 · 수입 중간재 비중을 이용해 아웃소싱의 고용에 대한 영향을 분석한 결과 유의미한 결과를 발견할 수 없었음

지적하고 있다.

다음으로 해외 직접투자가 국내투자에 미친 영향을 분석한 기존 연구를 살펴보면, 해외 직접투자와 국내투자와의 관계 역시 명확한 방향

표 4-3. 해외 직접투자와 국내투자에 미치는 해외 연구

저자(연도)	국내투자에 대한 영향
Belderbos(1992)	· 스위스, 스웨덴, 네덜란드 등 소규모 경제에 기반을 둔 다국적기업 자료를 이용 · 자본 제약을 가정하고 해외 직접투자와 국내투자 사이에 대체관계를 보임
Stevens and Lipsey(1992)	· 미국의 7개 다국적기업을 대상으로 분석한 결과 투자재원 조달 비용의 존재로 인해 국내투자의 감소가 발생할 수 있음을 보임
Feldstein(1995)	· 자금조달처(국내/현지)에 따라 국내투자에 대한 영향이 결정됨 · OECD 국가의 FDI 총액과 국내투자 사이에 대체관계가 존재 · 그러나 해외 자회사를 통해 조달된 자금의 국내 유입이 발생하면 국내투자가 증가할 수 있다고 설명
Desai et al.(2005a, 2005b)	· 미국 다국적기업 대상, 투자재원의 가변성을 전제 · 수평적 FDI 발생 시 최종 재수출 대체로 직접적 국내투자 감소 · 모기업의 광고나 R&D활동 등을 활용하는 경우 간접적으로 국내투자 증가
Braunerhjelm and Oxelheim(2000)	· 스웨덴을 대상으로 수직적 통합산업과 수평적 통합산업 구분 · 수직적 통합산업은 국내투자와 보완관계, 수평적 통합산업은 대체관계에 있음
Hejazi and Pauly(2003)	· 캐나다 다국적기업을 대상으로 해외 직접투자 동기를 구분하여 분석 · 시장 접근 목적의 해외 직접투자는 국내투자와 보완관계에 있음 · 요소부존도 차이를 이용하는 경우 국내생산 감소를 야기해 대체관계에 있음

표 4-4. 한국의 해외 직접투자와 국내 투자에 대한 연구

저자(연도)	국내 투자에 대한 영향
김현정(2008)	· 1990년부터 2006년 기간의 분기시계열 자료 이용 · 전 기간에 대해 보완관계가 나타났지만 외환위기 이후에는 유의한 상관관계가 없는 것으로 분석 · 제조업의 경우 대체적으로 보완관계를, 지역별 분석에서는 선진국과는 관련성이 존재하지 않지만 개도국은 보완관계
이시욱(2008)	· 1981-2006년에 대한 총량 분석, 1992-2003년에 대한 산업수준 분석, 2001-2005년에 대한 기업수준 분석 수행 · 총량 분석 결과 명확한 연관성이 보이지 않았으나 산업, 기업수준 분석의 경우 보완관계가 실증되었음
강성진 · 손상학(2009)	· 토빈Q 이론을 활용하여 상장기업을 대상으로 기업 패널자료를 이용해 재벌/비재벌 기업 구분하여 분석 · 기업 규모별로 국내투자에 미치는 영향이 상이하며, 비재벌기업의 경우 부정적 영향을 미치는 것으로 분석
전봉걸 · 이현진(2015)	· 2007년부터 2011년까지 기업 단위 자료 이용 · Pooled OLS, 패널분석 결과 두 변수 간에 보완관계가 존재 · 제조업 대상 2변수 토빗 및 SUR 모형 분석에서는 뚜렷한 영향을 발견할 수 없었음

표 4-5. 한국의 해외 직접투자와 수출에 대한 연구

저자(연도)	수출에 대한 영향
김준동(1994)	· 한국의 해외직접투자와 수출 간의 관계를 계량 분석한 최초의 논문 · 대체로 수출을 촉진하지만, 산업별로 상이한 결과를 나타냄 · 화학부문의 경우 긍정적인 상관관계가 보였지만, 섬유/의복의 경우 부정적인 영향이 나타남
서경영 · 이한영(2002)	· 1990년부터 2001년까지 제조업을 대상으로 분석 · 투자대상국이 선진국인 경우 무역수지가 악화되었지만 개도국의 경우에는 무역수지 개선효과가 있음이 나타남
이홍식 · 이준형(2007)	· 1996년부터 2006년 기간을 대상으로 한국 다국적기업 데이터 이용 · 투자대상국의 소득수준, 분업관계, 투자 목적에 따라 수출에 대한 영향이 상이하게 나타남을 밝힘 · 투자대상국이 개도국이며, 모기업으로 재수출 비중이 높은 경우 보완관계가 더 커지는 것으로 분석됨
김혁황 · 현혜정(2011)	· 1992년부터 2008년을 대상으로 제조업 부문에 대한 영향 분석 · 한국의 해외직접투자는 수출과 상호 보완적 관계를 갖고 있음을 보임

을 찾아보기 어렵다. 일반적으로 해외 직접투자가 증가하면서 국내투자의 감소를 우려하는 문제가 제기되고 있지만, 그 관계에 대한 기존 연구들의 결과는 일률적이지 않음을 〈표 4-3〉에서 알 수 있다. 특히 한국의 해외 직접투자와 국내투자의 관계를 분석한 연구 역시 구축효과에 대한 뚜렷한 영향은 찾아보기 어려운 것으로 보인다.

이제 해외 직접투자가 수출에 미치는 영향을 분석한 기존 문헌에 의하면 해외 직접투자가 수출에 미치는 영향은 Markusen and Maskus(2001)가 지적한 바와 같이 수직적 FDI 또는 수평적 FDI 여부에 따라 대체 또

표 4-6. 해외 직접투자와 수출에 대한 해외연구

저자(연도)	수출에 대한 영향
Lipsey and Weiss(1984)	· 미국 다국적기업 대상 연구에서 해외생산과 수출 간 보완관계를 밝힘 · 특히 중간재 수출과 해외 자회사 생산 간의 강력한 보완관계가 나타남
Yamawaki(1991)	· 미국 내 일본 기업 대상 · 해외직접투자와 수출 간의 보완관계가 존재함을 보임
Kawai(1994)	· 일본의 대아시아 해외 직접투자 대상 · 해외 직접투자 결과로 수출이 증가되었으며, 동시에 수출 역시 해외 직접투자를 증가시키는 결과를 보임
Svensson(1996)	· 1974-1990년을 기간으로 스웨덴 다국적기업의 해외 직접투자 분석 · 해외 생산의 증가가 투자대상국의 중간재 수요를 증가시키지만, 최종재 수요를 감소시켜 전체적으로 대체효과가 존재함을 확인
Clusing, K (2000)	· 1977-1994년을 기간으로 미국 다국적기업이 진출한 29개국 대상 · 해외 직접투자가 수출에 긍정적인 영향을 미치는 것으로 분석
Helpman et al.(2004)	· 38개국과 52개 산업에 대한 미국 다국적기업의 수출 및 해외 직접투자 데이터 · 수평적 FDI와 수출 간의 관계에 있어 산업 내 존재하는 이질적인 기업(heterogeneous firm)의 역할을 실증 분석하여 둘 사이의 대체관계를 보임

는 보완관계로 상이하게 나타나고 있다. 즉, 기존 연구에 따르면 국가별, 산업별, 기업별 자료를 바탕으로 해외 직접투자와 수출 간의 관계를 규명하고 있으며 그 결과는 각 자료가 가진 특징에 따라 상이하게 나타나고 있다.

한국의 해외 직접투자가 수출에 미치는 영향을 분석한 많은 연구들은 해외 직접투자가 수출을 증가시키지만, 선진국의 경우에는 무역수지가 악화되는 것으로 보고하고 있다. 특히 최근에는 총수출을 금액과 품목 수로 분해하거나 부가가치 수출과의 관계를 조명한 연구가 수행되었으며, 대체로 해외 직접투자가 수출과 보완관계에 있는 것으로 분석되었다[전현배 외(2013) ; 박가희·박순찬(2014); 전주성·왕승현(2015); 김주권(2018)].

4.2 영향 분석[168]

4.2.1 고용에 미치는 영향 분석

이제 한국의 해외 직접투자가 국내경제에 미친 영향을 실증분석모형을 통해 살펴본다. 먼저 해외 직접투자가 고용에 미치는 영향을 살펴보기 위해 노동시장이 경직되어 있는 한국의 특성을 반영하여 동태모형을 고려한 분석모형을 〈식 4-1〉과 같이 설정한다.

$$\ln L_{it} = \gamma_0 + \gamma_1 \ln L_{it-1} + \gamma_2 \ln RD_{it} + \gamma_3 \ln K_{it} + \gamma_4 \ln \widetilde{W_{it}} + \gamma_5 \ln Size_{it} + \gamma_5 \ln OFDI_{it} + \mu_i + \lambda_t + \epsilon_{it} \quad \text{〈식 4-1〉}$$

여기서 RD는 연구개발투자, $Size$는 사업체 수, μ_i는 산업고정효과를 나타내며 λ_t는 연도고정효과, $\epsilon_{it} \sim i.i.d(0,\sigma^2)$는 오차항을 의미한다. 하부첨자는 i는 산업, t는 연도를 나타낸다. 이때 연구개발투자는 산업 내 기술수준을 측정하며, $Size$는 산업 내 사업체 수로 상품수요의 가격탄력성을 측정한다. 만약 동일 산업 내 산업체 수가 많다면, 시장에 다양한 상품이 존재하여 경쟁이 치열하다는 것을 의미한다. 즉 상품수요의 가격탄력성이 높은 상황을 가정한다.

분석을 위해 이용한 자료는 제조업에 한정하였는데, 그 이유는 농림어업 및 광업의 경우 국내 산업기반이 크지 않아 해외 직접투자로 인한 이들 업종의 고용 감소를 예단하기 어려운 측면이 있기 때문이다. 또한 서비스업 역시 산업이 갖고 있는 특성상 국내 고용이 감소할 유인이 적

168 이 책은 한국의 동남아 국가에 대한 투자를 다루고 있지만, 해외 직접투자가 국내경제에 미치는 영향을 파악하고 있는 이 부분에서는 동남아 국가에 한정하여 분석할 경우 자료 제약 등의 한계로 그 영향이 과소 또는 과대 추정될 우려가 있다. 따라서 대세계 투자 자료를 이용하여 실증분석하고 그 결과를 통해 전체 수준의 맥락에서 한국의 대동남아시아 해외 직접투자가 국내 경제에 미치는 영향을 추정하고 있음을 밝힌다.

그림 4-2. 한국의 해외 직접투자와 고용 간의 관계

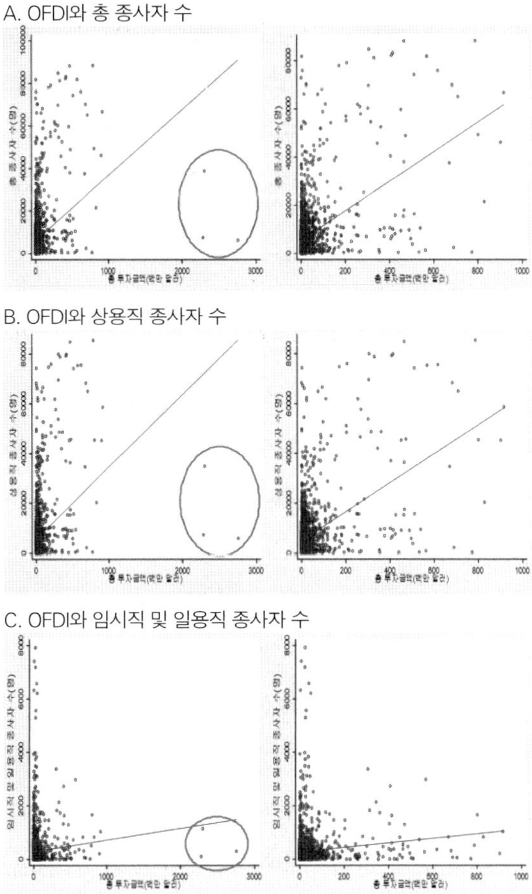

다. 예를 들어 해외 광산개발을 위한 해외 직접투자가 수행되거나 국내 시중은행이 해외에 개점한다고 하여, 국내 광산이 폐업하거나 국내 지점의 수를 대폭 줄이는 등의 현상이 발생할 가능성은 거의 없다.

분석에 이용된 자료는 KSIC 세세분류(5단위)를 기준으로 작성된 광업제조업 조사와 국가과학기술지식정보서비스(NTIS)의 연구개발비 자료, 한국수출입은행 해외경제연구소에서 제공하는 해외 직접투자 통계를 이용하였다. 산업 구분은 제10차 한국표준산업분류(KSIC: Korea

Standard Industry Classification)를 이용하였으며, 분석 기간은 글로벌 금융위기의 영향에서 벗어난 이후인 2011년부터 2018년에 대해 수행되었다.

분석에 앞서 수집된 자료를 바탕으로 두 변수의 관계를 살펴본 결과 한국의 해외 직접투자와 고용은 양(+)의 선형관계가 존재하는 것으로 나타났다. 특히 임시직 및 일용직보다 상용직에서 보다 강하게 나타나고 있는 것으로 확인되었다.[169]

앞의 〈식 4-1〉을 고정효과(fixed effect) 모형으로 먼저 추정하였다. 그러나 동태패널(dynamic panel) 모형인 〈식 4-1〉을 고정효과로 추정할 경우 동태패널 편의 및 국내고용과 해외 직접투자 간의 내생성(endogeneous) 문제가 발생하게 되어 일치 추정량을 얻을 수 없게 된다. 이러한 문제를 해결하기 위해 1차 차분방정식에 수준변수(level variable)의 시차값을 도구변수(instrument variable)로 사용하는 Arellano and Bond(1991)이 제안한 차분일반화적률법(difference GMM)을 적용한다.[170]

〈표 4-7〉은 분석결과를 보여주고 있다. 표에서 보듯이 한국의 해외 직접투자는 고용에 영향을 미치지 못하는 것으로 분석되었다. 먼저 고정효과 모형의 추정결과를 살펴보면, 상용직 종사자 수에 대해 유의한 양(+)의 영향을 미치는 것으로 나타났으나 계수값이 0.003-0.004로 그 영향은 미미한 것으로 보인다. 이 외 전기의 고용수준($L.\ln L$), 자본투입($\ln K$), 원재료투입($\ln M$), 상품수요의 가격탄력성($\ln Size$) 등이 높을수록 총 종사자 수와 상용직 종사자 수는 증가하는 것으로 나타났다.

차분GMM에서는 모든 모형에서 한국의 해외 직접투자가 국내고용

169 이러한 선형관계가 이상치에 의해 영향을 받을 수 있음을 고려, 해외 직접투자 금액이 20억 달러 이상인 경우를 제외하고 분석한 경우에도 유사한 선형관계가 관측되었다.

170 차분 GMM이 일치 추정량을 갖기 위한 AR 검정과 Hansen 검정을 실시한 결과 대부분의 모형에서 오차항이 서로 독립적이고, 도구변수가 적절히 선택된 것으로 분석되었다.

표 4-7. 총 해외 직접투자가 고용에 미치는 효과

종속변수	고정효과						차분GMM					
	총 종사자 수		상용직 종사자 수		임시직 종사자 수		총 종사자 수		상용직 종사자 수		임시직 종사자 수	
	모형1	모형2	모형1	모형2	모형1	모형2	모형1	모형2	모형1	모형2	모형1	모형2
$L.\ln L$	0.076*** (0.029)	0.095*** (0.032)	0.030*** (0.011)	0.038*** (0.012)	0.017 (0.052)	0.074 (0.048)	0.024*** (0.008)	0.025*** (0.008)	0.013** (0.006)	0.018*** (0.006)	-0.036 (0.041)	-0.023 (0.039)
$\ln K$	0.251*** (0.033)	0.266*** (0.038)	0.158*** (0.027)	0.165*** (0.026)	0.053 (0.084)	0.028 (0.072)	0.216*** (0.045)	0.244*** (0.050)	0.202*** (0.052)	0.215*** (0.049)	0.085 (0.208)	0.034 (0.218)
$\ln M$	0.022*** (0.008)	0.031*** (0.010)	0.222*** (0.036)	0.237*** (0.033)	0.081 (0.081)	0.091 (0.069)	0.015 (0.019)	0.034 (0.028)	0.141** (0.061)	0.168** (0.068)	0.044 (0.314)	0.037 (0.339)
$\ln \tilde{W}$	0.021 (0.081)	0.009 (0.083)	-0.033 (0.080)	-0.041 (0.074)	0.218** (0.106)	0.306*** (0.081)	-0.261** (0.124)	-0.173 (0.148)	-0.343*** (0.114)	-0.254** (0.124)	0.437** (0.200)	0.439** (0.183)
$\ln RD$	-0.008 (0.006)		0.002 (0.006)		-0.026 (0.025)		-0.009 (0.007)		-0.001 (0.007)		-0.028 (0.034)	
$\ln Size$	0.513*** (0.055)	0.522*** (0.056)	0.455*** (0.049)	0.469*** (0.045)	0.884*** (0.160)	0.809*** (0.158)	0.551*** (0.093)	0.735*** (0.112)	0.480*** (0.075)	0.586*** (0.076)	1.812** (0.515)	1.786*** (0.555)
$\ln OFDI$	0.002* (0.001)	0.002 (0.001)	0.004*** (0.001)	0.003** (0.001)	0.001 (0.007)	0.002 (0.005)	0.002 (0.002)	0.002 (0.002)	0.003 (0.002)	0.002 (0.002)	0.005 (0.010)	0.009 (0.008)
Obs.	1,870	2,341	1,863	2,334	1,834	2,294	1,861	2,332	1,854	2,325	1,808	2,264
산업 수	476	476	476	476	475	475	475	475	474	474	471	472
R^2	0.637	0.669	0.690	0.730	0.170	0.211						
도구변수 수							90	110	90	110	90	110
AR(1) p값							0.000	0.000	0.000	0.000	0.000	0.000
AR(2) p값							0.353	0.969	0.253	0.371	0.773	0.994
Hansen p값							0.317	0.087	0.391	0.378	0.663	0.539

* 주: ( ) 안은 강건표준오차이며, *, **, ***는 각각 유의수준 10%, 5%, 1% 내에서 유의함을 의미.

에 유의미한 영향을 주지 못하는 것으로 분석되었다. 그리고 전기의 고용수준($L.\ln L$), 자본투입($\ln K$), 상품수요의 가격탄력성($\ln Size$) 등이 높을수록 총 종사자 수 및 상용직 종사자 수는 증가하는 것으로 분석되었고, 이 외 원재료투입($\ln M$)은 높을수록, 종사자 1인당 임금은 낮을수록 상용직 종사자 수가 증가하는 것으로 분석되었다.

다음으로 한국의 해외 직접투자를 수평적 투자로 대변되는 선진국(OECD 회원국)과 수직적 투자가 주로 이루어지는 국가(비회원국)으로 구분하여 분석한 결과인 〈표 4-8〉을 보면, OECD 회원국에 대한 해외 직접투자가 고용에 미치는 영향은 양(+)의 값을 가지는 것으로 분석되었지만 그 계수값은 0.002로 미미하기는 하나 국내 고용을 증가시키는 영향을 나타내고 있다. 그러나 비회원국으로 한정하여 분석했을 때는 고용에 유의미한 영향을 미치지 못하는 것으로 분석되었다. 이론적으로는 생산분화를 목적으로 하는 수직적 투자가 발생하면, 국내 고용이 감소할 가능성이 높지만 〈표 4-8〉의 비회원국 분석 결과를 보면 통계

표 4-8. 투자대상국의 경제발전 수준에 따른 영향: 고정효과

종속변수	총 종사자 수		상용직 종사자 수		임시직 종사자 수	
	OECD회원국	비회원국	OECD회원국	비회원국	OECD회원국	비회원국
$L.\ln L$	0.094*** (0.032)	0.095*** (0.032)	0.038*** (0.012)	0.039*** (0.012)	0.075 (0.048)	0.074 (0.048)
$\ln K$	0.267*** (0.038)	0.266*** (0.038)	0.167*** (0.025)	0.166*** (0.026)	0.029 (0.072)	0.029 (0.072)
$\ln M$	0.031*** (0.010)	0.031*** (0.010)	0.237*** (0.033)	0.237*** (0.033)	0.090 (0.069)	0.090 (0.069)
$\ln \tilde{W}$	0.009 (0.083)	0.009 (0.083)	-0.040 (0.074)	-0.040 (0.074)	0.305*** (0.082)	0.306*** (0.081)
$\ln Size$	0.520*** (0.056)	0.522*** (0.056)	0.467*** (0.045)	0.470*** (0.046)	0.814*** (0.159)	0.809*** (0.158)
$\ln OFDI$	0.002* (0.001)	0.001 (0.001)	0.003*** (0.001)	0.001 (0.001)	-0.004 (0.005)	0.001 (0.005)
상수항	1.067** (0.517)	1.055** (0.518)	0.468 (0.397)	0.455 (0.399)	-2.021*** (0.706)	-2.023*** (0.707)
관측치 수	2,341	2,341	2,334	2,334	2,294	2,294
산업 수	476	476	476	476	475	475
R^2	0.669	0.669	0.730	0.729	0.211	0.211

주 1) ( ) 안은 강건표준오차이며, *, **, ***는 각각 유의수준 10%, 5%, 1% 내에서 유의함을 나타냄.

주 2) 차분 GMM 분석 결과는 총해외 직접투자 대상과 마찬가지로 별다른 영향을 주지 못하는 것으로 나타나 별도로 보고하지 않음.

표 4-9. 기술집약도에 따라 해외 직접투자가 고용에 미치는 효과: 고정효과

종속변수	총 종사자 수		상용직 종사자 수		임시직 종사자 수	
	저기술산업	고기술산업	저기술산업	고기술산업	저기술산업	고기술산업
$L.\ln L$	0.075* (0.040)	0.116** (0.050)	0.028** (0.014)	0.058*** (0.020)	-0.006 (0.053)	0.133** (0.065)
$\ln K$	0.194*** (0.039)	0.318*** (0.046)	0.134*** (0.031)	0.203*** (0.038)	0.052 (0.095)	-0.016 (0.114)
$\ln M$	0.025** (0.010)	0.032* (0.019)	0.242*** (0.035)	0.211*** (0.043)	0.082 (0.103)	0.112 (0.094)
$\ln \widetilde{W}$	-0.196** (0.092)	0.129 (0.108)	-0.221*** (0.064)	0.087 (0.114)	0.132 (0.113)	0.472*** (0.109)
$\ln Size$	0.584*** (0.073)	0.463*** (0.072)	0.507*** (0.055)	0.429*** (0.068)	0.865*** (0.260)	0.794*** (0.199)
$\ln OFDI$	0.001 (0.002)	0.003 (0.002)	0.001 (0.002)	0.004** (0.002)	-0.001 (0.006)	0.005 (0.009)
상수항	2.595*** (0.515)	0.068 (0.600)	1.328*** (0.365)	-0.109 (0.506)	-1.429 (1.086)	-2.616** (1.010)
관측치 수	1,277	1,064	1,272	1,062	1,252	1,042
산업 수	261	215	261	215	260	215
R^2	0.642	0.727	0.716	0.756	0.246	0.211

주 1) ( ) 안은 강건표준오차이며, *, **, ***는 각각 유의수준 10%, 5%, 1% 내에서 유의함을 나타냄.

주 2) 차분 GMM 분석결과는 총해외 직접투자 대상과 마찬가지로 별다른 영향을 주지 못하는 것으로 나타나 별도로 보고하지 않음.

적으로 유의하진 않으나 계수값은 양(+)의 값을 가지고 있다.

한편 제10차 한국표준산업분류 2단위를 기준으로 기술집약도에 따라 저기술, 고기술 산업으로 구분[171]하여 한국의 해외 직접투자가 고용에 미친 영향을 분석한 〈표 4-9〉에 의하면 고기술 산업에서 해외 직접투자가 이루어지는 경우 상용직 종사자의 고용에 미치는 효과가 크게 분석되었다.

분석결과를 종합하면, 한국의 해외 직접투자는 국내 고용을 증가시킨다. OECD 회원국을 대상으로 한 분석에 따르면, 선진국으로의 수직

171 고기술 산업: 19(코크스, 연탄 및 석유정제품), 20(화학물질 및 화학제품), 21(의료용 물질 및 의약품), 24(1차 금속), 26(전자부품, 컴퓨터, 영상, 음향 및 통신장비), 27(의료, 정밀, 광학기기 및 시계), 28(전기장비), 29(기타 기계 및 장비), 30(자동차 및 트레일러), 31(기타 운송장비) 등.
저기술 산업: 고기술 산업을 제외한 음식료품 및 담배(10-12), 섬유 및 의복, 가죽 및 가방(13-15), 목재, 종이, 인쇄 및 기록매체 복제업(16-18), 고무 및 플라스틱(22), 비금속 광물제품(23), 금속가공제품(25), 가구 및 기타 제품(32-34) 등.

적 투자가 이루어지더라도 국내 고용을 대체하는 영향보다는 긍정적인 영향이 존재한다. 특히 고기술 산업의 상용직 종사자 수에 대한 영향이 상대적으로 크게 나타났다.

4.2.2 국내투자에 미치는 영향 분석

다음으로 한국 해외 직접투자의 국내투자 파급효과에 대해서 살펴보기로 한다. 이 책에서는 김현정(2008)[172]과 이시욱(2008)[173]의 산업별 분석모형을 일부 차용하여 그 영향을 추정하였다. 추정에 사용될 모형은 〈식 4-2〉와 같다.

$$\ln DI = \gamma_0 + \gamma_1 \ln DI_{-1} + \gamma_2 \ln VA + \gamma_3 R + \gamma_4 \ln W + \gamma_5 \ln Size + \gamma_6 \ln OFDI + \mu_i + \lambda_t + \epsilon \quad \text{〈식 4-2〉}$$

여기서 VA는 부가가치, R은 실질금리, W는 임금, $OFDI$는 해외 직접투자를 나타내며, μ_i는 산업고정효과, λ_t는 연도고정효과, $\epsilon_{it} \sim i.i.d(0,\sigma^2)$는 오차항을 의미한다. $Size$는 산업특성을 통제하기 위한 산업별 매출액[174]을 나타내고 아래첨자 i는 산업, t는 연도를 의미한다.

---

172 김현정(2008)은 해외자본스톡 대비 해외투자가 국내자본스톡 대비 국내투자에 미치는 효과를 분석하였으나, 국내외 자본스톡을 산업별/연도별로 계산하는 것은 어려운 작업으로 본 연구에서는 해외 직접투자의 계수값이 탄력성의 의미를 가지는 형태로 모형을 변경하였다.

173 이시욱(2008)은 국내투자가 산업 특성에 의해 영향을 받을 수 있고, 누락변수의 존재, 역인과성 문제, 투자변수에 대한 자기상관 문제가 발생할 수 있음을 지적하며 산업규모와 자본집약도를 고려한 모형을 제시하였다. 그러나 본 연구의 분석모형인 〈식 4-2〉에는 자본집약도를 구성하는 임금과 설비투자가 포함되어 있기 때문에 이를 고려하지 않았다.

174 고용에 미치는 영향에서 는 상품수요의 가격탄력성으로 산업 내 사업체 수를 이용하였으나 국내투자에 미치는 영향에서 는 산업의 규모로 산업의 매출액을 이용하였다.

〈식 4-2〉 역시 동태패널 모형으로 내생성 문제를 해결하기 위해 1차 차분한 방정식에 차분변수(difference variable)와 수준변수를 각각 도구변수로 사용하여 계수값을 추정하는 시스템일반화적률법(system GMM)(Arellano and Bover, 1995; Blundell and Bond, 1998)을 고려하여 추정하였다.

분석에 이용된 자료는 한국은행의 기업경영분석을 바탕으로 국내투

그림 4-3. 해외 직접투자와 국내투자 간의 관계

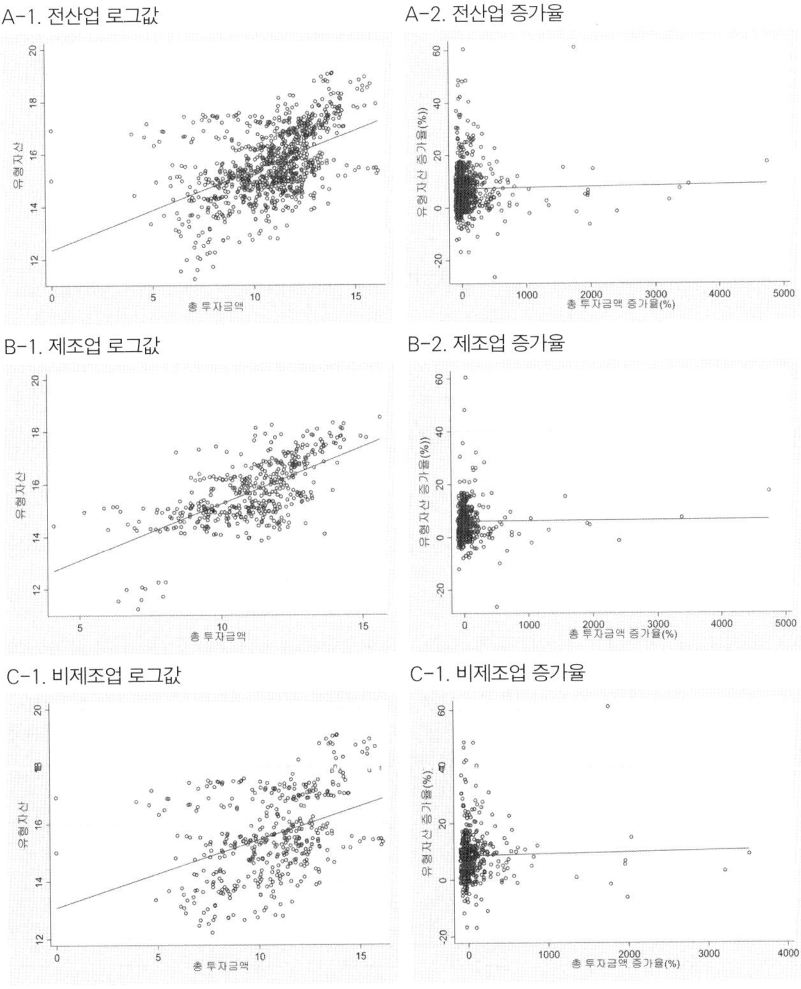

자, 부가가치, 실질금리, 임금, 매출액을 구하였다.[175] 해외 직접투자자료는 앞의 고용에서와 마찬가지로 한국수출입은행 해외경제연구소 해외 직접투자통계를 이용하였으며, 분석자료중 금액으로 표시된 자료는 한국은행 경제통계시스템에서 제공하는 생산자물가지수를 이용하여 실질금액으로 변환하여 이용하였다. 달러화로 표시된 해외 직접투자의 경우 연평균 원-달러 환율을 이용하여 원화로 단위를 통일하였다.

분석을 위해 수집된 자료를 바탕으로 한국의 해외 직접투자와 국내투자(설비투자) 간의 관계를 살펴본 결과 해외 직접투자와 국내투자 간에는 양(+)의 선형관계가 뚜렷하게 나타난 반면, 해외 직접투자와 국내투자의 증가율 사이에서는 그 관계가 상대적으로 약하게 나타났다.

고정효과와 시스템GMM을 이용하여 추정한 결과는 〈표 4-10〉에 정리하였다. 고정효과 분석결과 한국의 해외 직접투자는 국내투자에 통계적으로 유의미한 영향을 미치지 않는 것으로 분석되었고, 산업을 전산업 및 제조업·비제조업으로 구분한 경우에도 동일한 결과가 나왔다.[176] 다만 전산업의 경우 전기(t-1)의 설비투자($L.\ln DI$), 임금($\ln W$), 매출액($\ln Size$) 등이 높을수록 국내설비투자 규모가 증가하는 것으로 분석되었지만 물가상승률(PR)의 증가는 설비투자 규모의 감소에 영향을 주는 것으로 나타났다. 이는 물가상승률이 증가하면서 자본비용 감소보다는 불확실성의 증가에 더 민감하게 반응했기 때문으로 해석할 수 있다. 한편, 제조업의 경우 연구개발투자($\ln RD$)가 국내투자를 보완

175 · 국내투자: 설비투자 = 건물구축물 + 기계장치 + 선박·차량운반구 + 기타설비자산
· 부가가치: 인건비 + 영업잉여 + 세금과 공과 + 감가상각비 + 이자비용
· 실질금리: 차입금평균이자율 − 물가상승률
· 임금: 손익계산서 상의 급여 + 퇴직급여 + 복리후생비 + 제조원가명세서 상의 노무비 + 복리후생비

176 다만 계수값이 양(+)으로 분석되어, 한국의 해외 직접투자가 국내투자를 보완하는 것으로 풀이된다.

표 4-10. 총 해외 직접투자가 국내투자에 미치는 효과

종속변수	고정효과						시스템GMM					
	전산업		제조업		비제조업		전산업		제조업		비제조업	
	모형1	모형2	모형1	모형2	모형1	모형2	모형1	모형2	모형1	모형2	모형1	모형2
$L.\ln DI$	0.212*** (0.062)	0.215*** (0.061)	0.076* (0.038)	0.083* (0.043)	0.379*** (0.041)	0.379*** (0.040)	0.710*** (0.106)	0.767*** (0.105)	0.354** (0.172)	0.389** (0.190)	0.891*** (0.064)	0.925*** (0.074)
$\ln VD$	0.089 (0.075)	0.103 (0.078)	0.040 (0.088)	0.058 (0.086)	0.211 (0.138)	0.210 (0.135)	0.167 (0.129)	0.202* (0.118)	0.107 (0.107)	0.106 (0.094)	0.188 (0.153)	0.224 (0.139)
NR	−0.015 (0.015)	−0.013 (0.015)	0.014 (0.018)	0.007 (0.016)	−0.028 (0.020)	−0.028 (0.020)	−0.004 (0.039)	−0.014 (0.043)	−0.005 (0.041)	−0.007 (0.048)	−0.016 (0.035)	−0.034 (0.046)
PR	−0.005*** (0.001)	−0.005*** (0.001)	−0.005*** (0.001)	−0.005*** (0.001)	−0.004 (0.003)	−0.004 (0.003)	−0.020*** (0.005)	−0.019*** (0.005)	−0.010*** (0.003)	−0.010*** (0.003)	−0.011*** (0.004)	−0.012*** (0.004)
$\ln W$	0.549*** (0.139)	0.562*** (0.140)	0.363* (0.189)	0.427** (0.199)	0.578*** (0.169)	0.578*** (0.168)	−0.361* (0.191)	−0.350** (0.162)	−0.026 (0.340)	0.036 (0.327)	−0.109 (0.142)	−0.164 (0.133)
$\ln Size$	0.358*** (0.120)	0.358*** (0.124)	0.577*** (0.122)	0.667*** (0.150)	0.090 (0.141)	0.091 (0.138)	0.466** (0.232)	0.331 (0.218)	0.629*** (0.171)	0.621*** (0.199)	0.156 (0.121)	0.029 (0.145)
$\ln RD$	0.027 (0.019)		0.148*** (0.048)		−0.001 (0.013)		0.018 (0.034)		0.064 (0.088)		−0.010 (0.029)	
$\ln OFDI$	0.001 (0.005)	0.001 (0.005)	0.001 (0.007)	0.001 (0.007)	0.003 (0.006)	0.003 (0.006)	−0.036 (0.027)	−0.023 (0.025)	0.021 (0.019)	0.035 (0.030)	−0.001 (0.019)	0.003 (0.021)
Obs.	768	768	392	392	376	376	768	768	392	392	376	376
산업수	96	96	49	49	47	47	96	96	49	49	47	47
R^2	0.807	0.805	0.911	0.904	0.699	0.699						
도구변수 수							72	64	72	64	72	64
AR(1) p값							0.001	0.002	0.074	0.063	0.024	0.027
AR(2) p값							0.307	0.321	0.196	0.195	0.912	0.867
Hansen p값							0.509	0.518	0.931	0.838	0.956	0.929

주: ( ) 안은 강건표준오차이며, *, **, ***는 각각 유의수준 10%, 5%, 1% 내에서 유의함을 의미.

하는 것으로 분석되었다.

시스템GMM분석에서도 한국의 해외 직접투자는 국내투자에 유의미한 영향을 미치지 못하는 것으로 분석되었으며, 산업별 분석에서도 동일한 결과를 얻었다. 한편 전산업의 경우 전기(t-1)의 설비투자($L.\ln DI$), 부가가치($\ln VA$), 매출액($\ln Size$)이 높을수록 설비투자규모가 증가하고, 물가상승률(PR)과 임금($\ln W$)이 증가할수록 설비투자규모가 감소하는 것으로 나타났다. 다만 임금의 경우 고정효과와 달리 음(-)으로 추정되고 있어 노동과 자본이 서로 대체관계에 있는 것으로 풀이된다.

또한 제조업과 비제조업에 대한 분석결과가 서로 상반되게 나타났는데, 제조업의 경우 산업의 규모($\ln Size$)가 국내투자에 유의미한 영향을 미치지만, 비제조업의 경우 영향을 전혀 주지 못하고 오히려 전기(t-1)의 설비투자($L.\ln DI$)에 크게 영향을 받는 것으로 분석되었다. 이는 비제조업의 경우 설비자산이 빨리 마모되어 일정 수준의 설비자산이 유지될 수 있도록 설비투자가 꾸준히 이뤄지기 때문인 것으로 판단된다. 이 외 비제조업의 설비투자가 제조업보다 장기간에 걸쳐 일어난 현상이기 때문으로도 추측해 볼 수 있다.

〈표 4-11〉과 같이 투자대상국을 경제발전 수준에 따라 구분하고, 그 영향을 추정한 결과 OECD 회원국의 경우 국내 투자에 미치는 효과는 통계적으로 유의하지 않은 것으로 분석되었다. 다만 종 해외 직접투자 분석과는 달리 OFDI의 계수값이 음(-)으로 나타나고 있는 것이 특징이다. 비회원국 대상의 투자 역시 국내투자에 대한 어떠한 영향도 발견할 수 없었다.[177]

---

177 국내고용에 대한 분석과 마찬가지로, 산업 구분을 통한 추가적인 분석도 시도하였으나 별 다른 영향을 발견할 수 없었다.

표 4-11. 투자대상국의 경제발전 수준에 따른 영향: 고정효과

종속변수	전 산업		제조업		비제조업	
	OECD회원국	비회원국	OECD회원국	비회원국	OECD회원국	비회원국
$L.\ln DI$	0.215^{***} (0.061)	0.214^{***} (0.061)	0.083^{*} (0.043)	0.083^{*} (0.043)	0.381^{***} (0.042)	0.379^{***} (0.039)
$\ln VD$	0.103 (0.078)	0.103 (0.078)	0.059 (0.086)	0.059 (0.086)	0.209 (0.134)	0.212 (0.136)
NR	−0.013 (0.015)	−0.013 (0.015)	0.007 (0.016)	0.007 (0.016)	−0.028 (0.020)	−0.028 (0.020)
PR	-0.005^{***} (0.001)	-0.005^{***} (0.001)	-0.005^{***} (0.001)	-0.005^{***} (0.001)	−0.004 (0.003)	−0.004 (0.003)
$\ln W$	0.561^{***} (0.140)	0.568^{***} (0.140)	0.421^{**} (0.199)	0.425^{**} (0.200)	0.583^{***} (0.165)	0.592^{***} (0.167)
$\ln Size$	0.360^{***} (0.124)	0.354^{***} (0.123)	0.673^{***} (0.151)	0.669^{***} (0.150)	0.088 (0.136)	0.077 (0.138)
$\ln OFDI$	−0.001 (0.002)	0.005 (0.005)	−0.002 (0.003)	−0.001 (0.006)	−0.003 (0.005)	0.009 (0.006)
상수항	-3.912^{***} (1.095)	-3.946^{***} (1.099)	-4.410^{***} (1.316)	-4.396^{***} (1.333)	-3.869^{**} (1.472)	-3.956^{**} (1.497)
관측치 수	768	768	392	392	376	376
산업 수	96	96	49	49	47	47
R^2	0.805	0.806	0.904	0.904	0.700	0.701

주 1) ( ) 안은 강건표준오차이며, *, **, ***는 각각 유의수준 10%, 5%, 1% 내에서 유의함을 나타냄.
주 2) 시스템 GMM 분석 결과는 유의미한 영향이 없는 것으로 나타나 별도로 보고하지 않음.

즉, 국내투자(설비투자) 역시 해외 직접투자에 대한 영향을 받지 않는 것으로 보인다. 다만 제조업에 대한 OECD 투자의 경우 설비투자를 구축시키는 효과가 일부 존재하나 그 효과는 크지 않은 것으로 분석되었다. 이는 수평적 성격의 투자는 국내생산만으로는 해외시장에 접근하기 어려워 이뤄지는 해외 직접투자이기 때문에, 해외생산의 증가와 직결되어 국내생산에 소요되는 투자를 감소시킬 가능성에 따른 것으로 해석할 수 있다.

4.2.3 수출에 미치는 영향 분석

이제 한국의 해외 직접투자가 수출에 어떠한 영향을 미치는지 살펴보기로 한다. 이를 위한 모형은 양자 간 무역을 실증분석하는 데 가장 널리 사용되고 있는 Tinvergen(1962)의 중력모형(graivity model)을 이용하였다. 이는 〈식 4-3〉과 같은데, 이 때 X_{ij}는 i국의 대 j국 수출, GDP_i는 i국의 GDP, GDP_j는 j국의 GDP, τ_{ij}는 i국과 j국 간 무역비용, $\epsilon_{ij} \sim i.i.d.(0,\sigma^2)$는 오차항을 의미한다.

$$\ln X_{ij} = \gamma_0 + \gamma_1 \ln GDP_i + \gamma_2 \ln GDP_j + \gamma_3 \ln \tau_{ij} + \epsilon_{ij} \quad \langle 식\ 4\text{-}3 \rangle$$

무역비용에는 통상적으로 국가 간 거리, 양국 간 국경의 공유 여부, 공용어의 사용 여부 등이 포함되며 최근에는 관세 및 비관세 장벽을 해소시켜 무역비용을 낮추는 역할을 하는 FTA가 다수 발효되고 있으므로 이를 고려할 필요가 있다. 이외 각국이 갖는 고유한 특성과 시간에 따라 변하는 특성을 통제할 필요가 있다. 이러한 논의를 포함하고, 해외 직접투자에 영향을 줄 수 있는 환율변수를 추가하면 분석모형은 〈식 4-4〉[178]와 같이 확장된다.

$$\begin{aligned} \ln X_{kit} = & \gamma_0 + \gamma_1 \ln GDP + \gamma_2 FTA_{kit} + \gamma_3 \ln exc_{kit} \\ & + \gamma_4 \ln OFDI_{kit} + \mu_i + \epsilon \end{aligned} \quad \langle 식\ 4\text{-}4 \rangle$$

여기서 FTA는 한국과 FTA 발효 여부, exc_{ki}는 한국과 수입국 간의 환율, $OFDI_{ki}$는 한국의 대 i국 해외 직접투자를 의미하며, μ_i는 수입국 고정효과, $\epsilon_{it} \sim i.i.d(0,\sigma^2)$는 오차항을 의미한다.

〈식 4-4〉의 종속변수인 한국의 수출에는 0의 관측치가 다수 존재하며, 이를 로그 선형모형으로 추정할 경우 오차항에 이분산성(heteroskedasticity)의 문제와 더불어 0의 관측치가 추정에서 제외되는 문제가 발생한다. Santos Sila and Tenreyro(2006)은 0의 관측치가 제외되

178 분석모형에 양국 간 거리, 한국과 국경 공유 여부, 공용어 사용 여부 등을 포함하였으나 수입국 고정효과모형으로 분석할 경우 해당 변수와 동일한 역할을 하고, 연도 고정효과 역시 GDP와 동일한 역할을 하므로 제거되었다.

그림 4-4. 해외 직접투자와 수출 간의 관계

A. 대세계

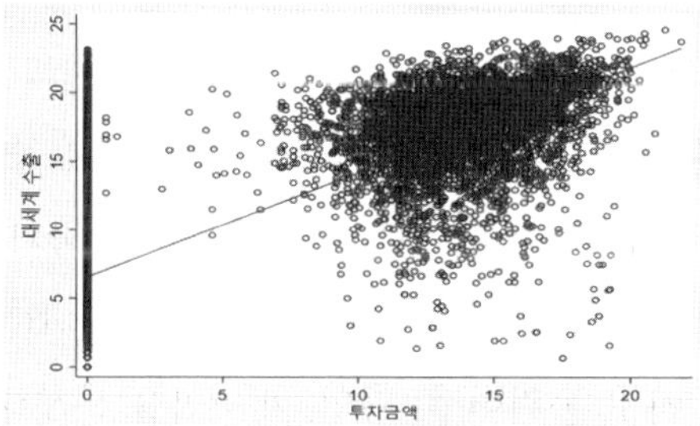

B. OECD 회원국

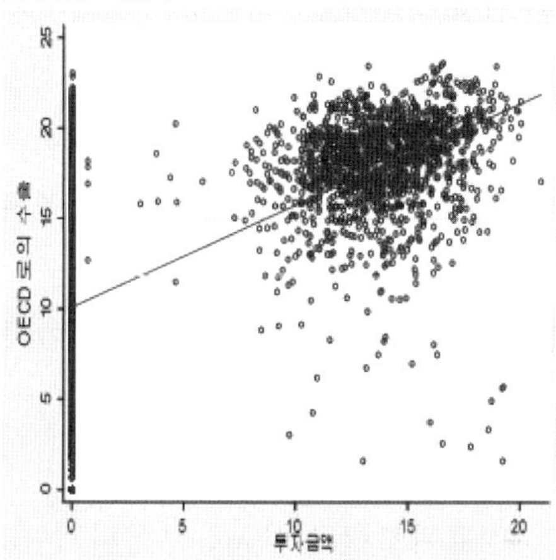

C. 비OECD 회원국

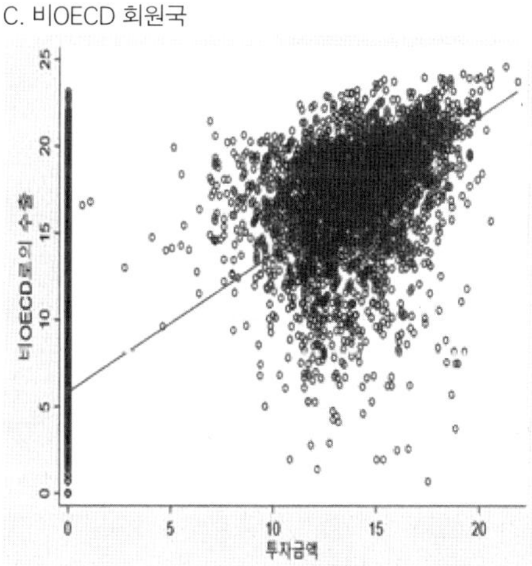

는 경우 선택편의(selection bias)와 이분산 편의가 발생한다고 지적하며, PPML(Poission Pseudo Maximum Likelihood)를 제안하였으며 본 장에서도 이를 이용하여 〈식 4-4〉를 추정하였다.

2012-2018년을 대상으로 분석에 활용되는 자료 중 한국의 수출은 UN comtrade에서 제공하는 HS품목코드로 작성된 국가별, 품목별 자료를 국제표준산업분류(ISIC: International Standard Industrial Classification) Rev.4 기준으로 변경[179]하고 농림어업, 광업, 제조업을 분석대상으로 선정하였다. GDP통계와 환율자료는 World Bank의 WDI(World Development Indicator)에서 구했고, 한국과 FTA를 체결한 국가에 대해서는 산업통상자원부의 FTA포털을 이용하여 더미변수를 생성[180]하였다. 마지막으로 한국의 해외 직접투자 자료는 한국수출입은행 해외경제연구소 해외 직접투자통계[181]를 이용하였다.

수집된 자료를 바탕으로 해외 직접투자와 수출 간의 관계를 산점도를 이용해 살펴본 결과, 한국의 해외 직접투자와 수출 간에 양(+)의 선형관계[182]가 있는 것으로 나타났다.

〈표 4-12〉는 고정효과모형과 PPML 모형의 추정 결과를 나타낸

---

179 UN comtrade에서 HS2012를 기준으로 자료를 구하고, ISIC Rev.4 변환을 위한 연계표가 없어 HS2012→ISIC Rev.3→ISIC Rev.3.1→ISIC Rev.4의 과정을 통해 연계하였다.

180 2012년 이전에 발효한 FTA의 경우 분석기간 모두에서 1의 값을 가지게 되기 때문에 분석에서 제외하여, 분석에는 2013년 이후 발효된 한-터키, 한-호주, 한-캐나다, 한-중국, 한-뉴질랜드, 한-베트남, 한-콜롬비아 FTA를 포함하였다. 단, FTA 발효월이 12월인 한-호주, 한-중국, 한-뉴질랜드, 한-베트남 FTA의 경우 발효연도 다음 연도부터 1의 값을 부여하였다.

181 해외 직접투자통계는 10차 KSIC세세분류(5단위)를 기준으로 제공되고 있어 이를 통계청 통계분류포털의 연계표를 이용해 9차 KSIC 4단위로 변경하였고, 변경 과정에서 품목분류 유지에 제한이 발생해 이를 3단위로 통합하였다. 이에 따라 수출자료도 김혜란(2009)를 참고하여 3단위로 동일하게 통합하여 분류하였다.

182 다만 해당 지역으로 수출은 이뤄지나 투자는 이뤄지지 않는 경우도 있어 투자금액이 0인 곳에도 수출이 다수 분포되어 있는 형태를 띠고 있다.

표 4-12. 전 산업 해외 직접투자가 수출에 미치는 효과

종속 변수	고정효과						PPML					
	대세계		OECD 회원국		비OECD 회원국		대세계		OECD 회원국		비OECD 회원국	
	모형1	모형2	모형1	모형2	모형1	모형2	모형1	모형2	모형1	모형2	모형1	모형2
$\ln GDP$	0.674*** (0.094)	0.760*** (0.069)	0.130 (0.377)	0.110 (0.290)	0.719*** (0.099)	0.787*** (0.071)	0.100*** (0.014)	0.128*** (0.011)	0.033 (0.041)	0.029 (0.031)	0.106*** (0.016)	0.135*** (0.012)
FTA	0.072 (0.067)	0.076 (0.067)	0.068 (0.076)	0.070 (0.077)	−0.045 (0.132)	−0.042 (0.132)	0.001 (0.006)	0.001 (0.006)	0.004 (0.006)	0.004 (0.006)	−0.014 (0.010)	−0.014 (0.010)
$\ln exc$	0.078 (0.059)		−0.033 (0.329)		0.058 (0.061)		0.042*** (0.012)		−0.006 (0.029)		0.046*** (0.013)	
$\ln OFDI$	0.030*** (0.004)	0.030*** (0.004)	0.020*** (0.005)	0.020*** (0.005)	0.036*** (0.005)	0.036*** (0.005)	0.002*** (0.000)	0.002*** (0.000)	0.001*** (0.000)	0.001*** (0.000)	0.002*** (0.000)	0.002*** (0.000)
Obs.	116,186	120,314	21,070	21,070	95,116	99,244	81,977	84,217	17,787	17,787	64,190	66,430
패널 수	16,770	17,286	3,010	3,010	13,760	14,276	11,772	12,052	2,541	2,541	9,231	9,511
R^2	0.004	0.004	0.005	0.005	0.005	0.005						

주: ( ) 안은 강건표준오차이며, *, **, ***는 각각 유의수준 10%, 5%, 1% 내에서 유의함을 의미.

다. 고정효과 분석결과 한국의 해외 직접투자가 1% 증가할 때, 수출은 0.03% 증가하는 것으로 통계적으로 유의하게 분석되었다. 특히 이러한 수출 증가효과는 비OECD 회원국에서 더 크게 나타나는 것으로 분석되었다. 일반적으로 선진국으로의 투자는 시장접근을 주 목적으로 하고 있기 때문에 수출과 대체관계를 띠고, 개도국으로의 투자는 저렴한 생산요소 활용을 주 목적으로 하기 때문에 수출과 보완관계를 나타내지만 한국의 경우 OECD 회원국에 대한 효과 역시 양(+)으로 분석되었다. 또한 상대국의 경제규모($\ln GDP$) 역시 수출에 통계적으로 유의미한 영향을 미치나, OECD 회원국의 경우 이러한 경제규모가 한국의 수출에 영향을 미치지 않는 것으로 분석되었다. 이외 FTA 체결 여부 및 환율은 별다른 영향을 주지 못하는 것으로 나타났다.

PPML을 이용한 분석에서도 마찬가지로 한국의 해외 직접투자와 수출 간에는 보완관계가 있는 것으로 분석되었다. 그러나 고정효과에 비해 그 효과의 크기는 작은 것으로 나타났다. 이외 상대국의 경제규모($\ln GDP$)와 환율($\ln exc$) 역시 수출에 긍정적인 영향을 주는 것으로 분석되었다. 즉 수출대상국의 경제규모가 크고 원화의 가치가 평가 절하될수록 수출이 증가하는 것으로 분석되었다.[183]

이상을 종합하면 한국의 해외 직접투자는 한국의 수출에 전반적으로 긍정적인 영향을 미치는 것으로 나타났다. 이론에 의하면 선진국으로 주로 수행되는 수평적 FDI는 수출과 대체관계를 띠는 것으로 보고되었지만, 한국의 경우 OECD 국가를 대상으로 수행되는 FDI에 대해서도 수출에 대해 양(+)의 영향을 갖는 것으로 나타났다. 즉 한국의 해

183 추가적으로 산업을 저기술 및 고기술산업으로 구분하여 해외 직접투자가 수출에 미치는 효과를 분석한 결과 기술수준에 관계없이 해외 직접투자는 수출에 긍정적인 영향을 미치는 것으로 분석되었으며, 특히 저기술 산업에서의 영향이 더 큰 것으로 분석되었다.

표 4-13. 산업 구분에 따른 해외 직접투자가 수출에 미치는 효과: PPML

종속변수	저기술산업			고기술산업		
	대세계	OECD 회원국	비회원국	대세계	OECD 회원국	비회원국
ln*GDP*	0.093*** (0.023)	0.040 (0.056)	0.099*** (0.025)	0.106*** (0.018)	0.030 (0.058)	0.111*** (0.020)
FTA	0.002 (0.009)	0.002 (0.010)	-0.013 (0.018)	-0.001 (0.006)	0.005 (0.008)	-0.016 (0.010)
ln*exc*	0.062*** (0.018)	-0.005 (0.044)	0.068*** (0.021)	0.025 (0.015)	-0.006 (0.037)	0.029* (0.017)
ln*OFDI*	0.003*** (0.001)	0.003*** (0.001)	0.004*** (0.001)	0.001*** (0.000)	0.000** (0.000)	0.001*** (0.000)
Obs.	43,139	9,695	33,444	38,838	8,092	30,746
패널 수	6,192	1,385	4,807	5,580	1,156	4,424

주: ( ) 안은 강건표준오차이며, *, **, ***는 각각 유의수준 10%, 5%, 1% 내에서 유의함을 의미.

외 직접투자는 FDI의 유형에 관계없이 수출을 견인하는 역할을 하는 것으로 해석할 수 있다.

마지막으로 ISIC Rev.4 2단위를 이용하여 저기술과 고기술 산업을 구분[184]하여 한국의 해외 직접투자가 수출에 미치는 영향을 살펴보았다. 그 결과 저기술 산업에서의 해외 직접투자가 전 산업에 비해 크게 분석되었으며, OECD회원국에 비해 비회원국에 대한 효과가 크게 나타났다. 고기술 산업 부문 역시 수출에 긍정적인 영향을 미치지만 이 역시 비OECD 회원국에서 상대적으로 더 크게 분석되었다.

184 · 고기술 산업: 19(코크스, 연탄 및 석유정제품), 20(화학물질 및 화학제품), 21(의료용 물질 및 의약품), 24(1차 금속), 26(전자부품, 컴퓨터, 영상, 음향 및 통신장비), 27(의료, 정밀, 광학기기 및 시계), 28(전기장비), 29(기타 기계 및 장비), 30(자동차 및 트레일러), 31(기타 운송장비) 등.
· 저기술 산업: 고기술 산업을 제외한 농림수산업(01-03), 광업(05-08), 음식료품 및 담배(10-12), 섬유 및 의복, 가죽 및 가방(13-15), 목재, 종이, 인쇄 및 기록매체 복제업(16-18), 고무 및 플라스틱(22), 비금속 광물제품(23), 금속가공제품(25), 가구 및 기타 제품(32-33) 등.

4.3 소결

본 장에서는 한국의 해외 직접투자가 국내경제에 미치는 영향에 대해 살펴보았다. 고용, 국내투자, 수출에 미치는 효과를 실증분석모형을 통해 분석하였다. 분석결과를 종합하면 먼저 고용의 경우 한국의 해외 직접투자는 상용직 및 임시직을 포함하여 해외 직접투자는 고용에 유의미한 영향을 미치지 못하는 것으로 분석되었다. 일반적으로 생산시설을 이전하는 수평적 FDI는 저숙련 노동자에 대한 고용을 감소시키는 것으로 분석되고 있으나 본 연구에서는 해외 직접투자가 임시직에 대한 고용에도 영향을 미치지 않는 것으로 분석되었다.

국내투자 역시 해외 직접투자에 영향을 받지 않는 것으로 분석되었다. 다만 제조업에 대한 OECD 회원국에 대한 투자(수평적 FDI)는 설비투자를 구축시키는 것으로 분석되었으나 그 효과는 크지 않은 것으로 분석되었다. 이는 해외생산이 증가하면서, 국내생산을 증가시키는 데 필요한 국내투자가 감소하기 때문인 것으로 판단된다.

한편 한국의 해외 직접투자는 수출을 유의미하게 증가시키는 것으로 분석되었다. 이를 OECD 회원국과 비 OECD 회원국으로 나누어 살펴본 결과 비 OECD 회원국으로의 투자와 저기술산업에 대한 투자가 수출 증가에 더 큰 영향을 미치는 것으로 분석되었다. 이는 수직적 FDI의 경우 중간재 수출이 증가하여 전체 수출이 증가한다는 기존 연구와 일치하는 결과이다.

이상과 같이 한국의 해외 직접투자가 국내경제에 어떤 영향을 미치고 있는지를 개괄적으로 살펴본 본 연구는 몇 가지 한계점을 가지고 있다. 먼저 주요 설명변수인 해외 직접투자를 산업별 잔액이 아닌 당해 연도 투자금액을 사용하여 전반적인 해외 직접투자를 대변하지 못할 가능성이 있다. 또한 고용효과 분석에 이용한 광업 제조업 조사의 경우 2015년 자료가 누락되어 있어 정교한 패널분석을 할 수 없었다는 단점이 존재한다. 더불어 고용효과의 경우 종사자 수를 이용하고 있어 해외 직접투자로 인한 고용의 효과를 정확하게 반영하기 어려운 측면이 존재한다. 따라서 보다 정확한 고용효과 분석을 위해서는 전업 환산기준(full-time equivalent) 인원[185] 또는 총 실제 근로시간(total actual hours worked)[186]을 이용할 필요가 있다. 이 외 산업별 분석을 진행함에 따라 실제 기업 내에서 발생하는 효과가 희석되어 분석될 가능성이 있다. 이와 같은 한계점을 보완하여 추가적인 연구를 수행한다면 보다 정확한 해외 직접투자의 효과를 분석할 수 있을 것이다.

185 임시 및 시간제 근로자의 근무시간을 전업 근로자의 근무시간으로 환산.

186 직접 및 연관 노동시간, 대기 및 휴식 시간 등을 포괄.

제5장 결론

다양한 인종적, 문화적 배경을 지닌 동남아 국가는 1967년 아세안을 설립하면서, 싱가포르와 같은 선진국에서 개발도상국과 최빈개도국을 포함하는 다양한 경제적 스펙트럼을 지닌 공동체로 경제통합의 역사를 시작하였나. 아세안은 비록 EU와 같은 관세동맹이 아닌 느슨한 형태의 공동체로 출발하였으나, 2000년대에 들어 경제, 정치·안보, 사회·문화를 포괄하는 공동체로 발전하기 시작하였고, 2015년 12월 아세안 10개국의 단일 시장 및 단일 생산기지를 형성하는 아세안 경제공동체(AEC) 출범을 선언하였다.

또한 아세안은 동아시아 경제통합에서 핵심 주체로 부각하였다. 동남아시아 지역과 한국, 일본, 중국을 포함하는 동아시아 지역의 경제통합에 대한 논의는 1997-1998년 아시아를 휩쓴 외환위기 직후 시작되었다. 외환위기를 겪으면서 대외경제정책에 있어 역내 국가 간의 협력이 중요한 이슈로 부각하였고, 이에 당시 김대중 대통령의 제안으로 아세안과 한국, 일본, 중국을 포괄하는 ASEAN+3 연구가 개시되면서 동아시아 지역의 거대경제권 탄생이 기대되었다. 그러나 급속하게 성장하는 중국을 견제하려는 일본은 ASEAN+3과는 별도로 기존의 ASEAN+3에 호주, 뉴질랜드, 인도가 참여하는 동아시아 정상회의(East Asian Summit, EAS)를 발족시켰고, ASEAN+3과의 불명확한 관계 속에서 동아시아 경제통합에 대한 논의는 지지부진하게 진행되었다. 이러한 상황에서 아세안은 2013년 아세안이 주도하는 새로운 형태의 역내 경제통합인 '역내 포괄적 경제동반자 협정(Regional Comprehensive Economic Partnership, RCEP)'을 제안하였다. 외연적으로는 아세안과 한국, 중국, 일본, 호주, 뉴질랜드, 인도를 포함하는 EAS와 유사하지만, 중국을 둘러싼 참여국들과의 갈등을 조정하는 조정자 임무를 수행하고 아세안이 주도권을 가지고 추진한 RCEP는 지난 2020년 11월 15일 RCEP 제4차 정상회의에서 정식 서명하였다. 비록 자국 시장의 개방압력을 우려한 인도가 참여하지 않기로 하였으나, RCEP는 무역규모, 역내 총생산(GDP), 인구 규모 등에서 세계 최대 규모의 자유무역협정(FTA)이 되었다.

이러한 경제통합의 역사와 더불어, 아세안 경제는 빠른 속도로 성장하고 있다. 2000년 1,195 달러이던 아세안 지역의 1인당 국민소득은 2018년 4,601 달러로 약 4배 가까운 증가를 기록하였다. 전체적인 경제성장률에서도 동남아시아는 꾸준히 성장해 왔는데, 2000년대 들어 아세안 경제는 글로벌 금융위기를 겪었던 2008-2009년을 제외하고는 꾸준한 성장을 보이면서 2000-2018년 연평균 약 5.3%의 빠른 성장을 기록하였다. 특히 1990년대에 새롭게 시장경제 체제를 받아들이기 시작한 인도차이나 반도의 CLMV(캄보디아, 라오스, 미얀마, 베트남) 4개국이 상대적으로 빠른 경제성장을 기록하였는데, 미얀마의 경우 2000-2018년 연평균 9.8% 성장으로 10%에 육박하는 성장을 보여주었다. 캄보디아와 라오스는 동 기간 각각 연평균 7.7%와 7.1%의 성장을 기록하였고 베트남 역시 연평균 6.6%에 달하는 빠른 성장을 기록하였다.

아세안 지역의 국내총생산을 산업별로 분석할 경우, 서비스업에서 도출된 GDP의 비중이 50.1%(2018년 기준)로 절반 이상을 차지하고 있으며 제조업과 농업의 비중은 각각 36.6%와 10.3%를 기록하였다. 농업부문(낙농, 축산업, 어업을 포함하는 농업 부문)의 GDP 비중은 12.8%에서 점진적으로 감소하면서 2018년 10.3%로 하락하였고 제조업의 GDP 비중도 2005년 39.7%에서 2018년 36.6%로 하락하였다. 이는 아세안 지역에서의 제조업이나 농업의 중요성이 감소한 결과라기보다는 관광 산업을 중심으로 한 아세안 서비스 시장의 빠른 성장으로 아세안 지역의 서비스업 비중이 늘어난 결과로 해석된다.

아세안 지역의 국제 교역 역시 빠르게 증가하였다. 아세안 지역의 수출은 2010년 1조 490억 달러에서 2019년 1조 4,232억 달러로 35.7% 증가하였고, 수입은 동 기간 9,524억 달러에서 1조 3,921억 달러로 46.2% 증가하였다. 2010-2019년 기간 아세안 ASEAN의 수출입은 전반적으로 증가 추세를 보였으나, 대외경제 상황이 좋지 않았던 2015년과 2016년 수출입 모두 매우 감소하였다. 그러나 이후 이러한 경제 상황이 회복되는 2017년과 2018년 빠른 증가세로 돌아서면서 2015년 이전의 수준을 넘어서는 수출입 실적을 기록하였다.

아세안 지역의 교역 동향을 살펴보면, 아세안 지역의 역내 교역을 제외할 경우 중국의 급성장과 일본의 대외교역 비중 감소가 특징으로 나타난다. 중국의 경우 2010년 10.7%를 기록한 아세안 총수출 대비 대중국 수출 비중은 2019년에는 14.2%로 매우 증가하였으며, 수입의 경우 대중국 수입 비중은 2010년 12.9%에서 2016년 20%를 넘어 2019년에는 21.9%를 기록하였다. 반면에 일본과의 교역에서 아세안의 수출 비중은 2010년 9.8%에서 2019년 7.7%로 감소하였고 수입 비중 역시 같은 기간 12.2%에서 8.3%로 감소하였다. 그러나 아세안의 대한국 수출은 2010-2019년 기간에 수출 비중에 있어 유의미한 변화를 보이지는 않았다. 2015년 일시적으로 아세안의 대한국 수출 비중이 3.9%까지 감소하기도 하였으나 주로 4%대 초반의 비중을 기록하고 있다. 아세안의 대한국 수입 비중은 2010년 6.0%에서 2017년에는 7.9%까지 증가하기도 하였으나 이후 다소 감소하면서 2019년 ASEAN의 대한국 수입 비중은 7.0%를 기록하였다.

아세안 지역에 대한 투자는 초기에는 동아시아 역내국이면서 해외투자의 여력을 가진 일본을 중심으로 이루어졌다. 일찍이 산업 고도화가 이루어지면서 자국에서 경쟁력이 없어진 노동집약적 산업이나 동남아시아 진출을 위한 일본의 투자가 외국인 투자의 중요한 부분을 차지하였다. 그러나 1990년대 이후 베트남, 캄보디아 등 인도차이나 반도 국가가 아세안에 참여하면서 한국과 중국 등도 아세안 시장으로의 투자가 급증하는 양상을 보였다. 특히 2000년대 이후 아세안이 중국을 대체할 수 있는 생산시장으로 부각하면서 미국, EU, 한국, 중국, 일본 등 주요국을 중심으로 아세안 지역으로의 투자가 빠르게 증가하였다.

한국의 아세안 투자는 베트남, 인도네시아를 중심으로 확대되고 있고, 미얀마, 말레이시아, 캄보디아, 필리핀 등으로의 투자금액은 연간 2억 달러 내외로 비슷한 수준이다. 이와 같은 아세안 6개국으로의 투자 현황을 본 연구에서는 분석하였는데, 국가별로 특이한 사항이 발견되었다. 베트남의 경우 제조업으로의 투자가 압도적이었다. 2019년 기준, 총 투자액 44억 7,300만 달러 중 제조업으로 투자된 금액은 총 25억 5,100만 달러로 전체 금액의 약 57%에 달하였다. 그 뒤를 이어 금융 및 보험업, 도매 및 소매업, 부동산업 등에 집중되었다.

베트남의 부상 이전 한국의 아세안 투자가 집중되었던 인도네시아도 과거보다 많이 줄었지만, 여전히 제조업 중심의 투자가 집중되고 있다. 이에 반해 미얀마는 광업 투자가 대부분을 차지한다. 2019년 기준 총 투자액 2.8억 달러 중 1.3억 달러가 광업에 집중되면서 그 비중이 46.8%를 차지하였다. 이는 상대적으로 다른 동남아시아 국가와 비교하면 미얀마는 산업화가 덜 이루어졌을 뿐만 아니라, 숙련 노동자 부족 등의 이유로 제조업으로의 투자는 이루어지지 않은 것으로 평가된다.

한국의 말레이시아 투자는 감소세가 뚜렷하다. 2012년 7.3억 달러이던 투자 규모가 2019년 2.3억 달러로 감소하였다. 이 중 약 76%가 제조업으로 집중되고 있지만, 아세안 지역 내 베트남, 인도네시아 등 다른 경쟁국의 부상으로 전체적인 규모가 감소하고 있다. 이에 반해 한국의 캄보디아 투자는 미약하나마 증가하는 추세인데, 2015년 4,300만 달러 수준이던 전체 투자 규모가 2019년 2.1억 달러로 증가하였다. 이 중 절반 정도가 금융 및 보험업으로 집중되고 있는데, 금융 부문이 취약한 캄보디아에서 한국 금융기관이 새로운 투자 기회를 찾고 있다. 필리핀 역시 베트남의 부상에 따라 상대적으로 투자 매력을 잃어 가고 있다. 2012년 9.4억 달러로 당시 인도네시아(10.0억 달러), 베트남(9.9억 달러)과 유사한 수준이던 필리핀의 전체 투자 규모는 2019년 2.0억 달러로 급감하였다. 이 중 54.1%가 건설업으로 집중되었고, 그 뒤를 이어 제조업, 과학기술 서비스업 등에 투자되었다.

한국의 투자가 집중되고 있는 베트남, 인도네시아, 미얀마, 말레이시아, 캄보디아, 필리핀 등 6개 국가의 외국인 투자제도와 정책을 분석한 결과, 개별 국가는 유사점과 동시에 특이한 점을 보유하고 있어 한국 기업이 해당 국가에 투자 결정을 내릴 때 다양한 측면을 고려하여야 하는 것으로 나타났다. 베트남 정부는 여타 국가와 유사한 투자 인센티브를 제공하고 있지만, 외국인 직접투자 정책과 관련된 명확한 규정이 없다. 따라서 베트남에 투자를 희망하는 한국 기업은 진출 희망 분야의 투자 관련법이나 여타 관련 규정을 투자 결정 이전 자세히 검토할 필요가 있다. 다만 투자 관련 분쟁 해결 절차가 베트남 현지 법원과 중재원, 외국 중재원, 국제 중재원, 분쟁 당사자가 설립에 합의하는 중재원 등에서 해결할 수 있어, 제도적인 측면에서 분쟁 해결 절차가 상대적으로 잘 정비되어 있다고 판단된다.

인도네시아는 동남아 국가 중 가장 큰 경제 규모를 보유하고 있음에도, 세계은행의 기업환경 평가에 따르면 사업을 시작하기 어려운 나라로 분류된다. 또한 인도네시아의 외국인 직접투자 관련 정책은 변동성이 큰 것으로 평가되어, 인도네시아 정부는 이러한 문제를 해결하기 위해 관련 시스템과 규제를 개선하기 위한 다양한 노력을 기울이고 있다. 법적인 측면에서도 인도네시아 정부는 2007년 외국인 투자와 내국인 투자를 하나의 법률로 통합하여 규율하고 있으며, 2018년부터 온라인 통합 사업 인허가 발급(OSS) 서비스를 도입하여 투자와 관련 인허가의 온라인 서비스를 제공하고 있다.

에너지, 광물자원, 농림수산자원 등 풍부한 천연자원과 값싼 노동력을 보유한 미얀마는 2016년 민간정부 출범과 더불어 개혁·개방 정책을 추진하면서 연간 6%의 성장률을 기록하고 있다. 미얀마 정부는 개혁·개방 정책과 더불어 외국인 투자와 관련된 제도와 규제를 개선하고 있으나, 전력, 도로 등과 같은 기본적인 사회 인프라의 부족이 가장 심각한 외국인 직접투자 유치의 걸림돌이다. 미얀마 중앙정부는 지방정부와 함께 인프라 개발을 위해 노력하고 있으며, 아시아개발은행과 같은 다자 간 개발은행과 한국, 일본 등의 국제개발협력 기관(KOICA, JICA 등)과의 협력을 통해 인프라 확충에 정책적 초점을 두고 있다.

노동집약적 산업에서 탈피하여 고부가가치 산업을 육성하고 있는 말레이시아 정부는 석유·가스, 팜유 및 관련 제품, 민간의료서비스, 쿠알라룸푸르 광역권 개발 등 12개 분야를 국가 경제 핵심 영역으로 지정하고 다양한 인센티브를 제공하고 있다. 그러나 말레이시아에 투자를 희망하는 한국 기업은 부패로 인한 법률의 투명성 문제와 부미푸트라 정책과 같은 외국인 차별정책 등을 자세히 살펴볼 필요가 있다. 따라서 말레이시아 투자 희망 기업은 제도적 불이익을 최소화하기 위해서 MIDA를 적극적으로 활용할 필요가 있다. 또한 동 기업은 MIDA를 통해 각종 세제와 노동 및 환경 분야의 규제 등 투자와 관련된 객관적 정보를 분석하고 자문할 필요가 있다.

캄보디아의 경우 2019년 캄보디아 개발위원회(Cambodia Development Council, CDC)가 승인한 투자프로젝트는 모두 197건이며, 금액은 약 81억 6,000만 달러에 달하고 있다. 이 중 외국인 투자자의 비율은 약 43%이며, 캄보디아 정부는 앞으로도 외국인 투자의 적극적 유치를 위해 투자법 개정 의지를 표명한 상황이다. 특히 CDC는 인센티브 제도와 투명성을 강화하기 위한 투자법을 개정하기 위해 캄보디아 정부의 부처들과 협업 중이어서 캄보디아에 진출을 희망 기업들은 개선되는 법 규정과 캄보디아 정부의 중점사업을 잘 파악해 이에 대한 적극적으로 활용할 필요가 있다.

이 책에서는 한국의 해외 직접투자가 국내경제에 미치는 영향을 고용, 국내투자, 수출에 미치는 효과를 중심으로 실증분석모형을 통해 분석하였다. 분석결과를 종합하면 먼저 고용의 경우 한국의 해외 직접투자는 상용직 및 임시직을 포함하여 해외 직접투자는 고용에 유의미한 영향을 미치지 못하는 것으로 분석되었다. 일반적으로 생산시설을 이전하는 수평적 FDI는 저숙련 노동자에 대한 고용을 감소시키는 것으로 분석되고 있으나, 이 책에서는 해외 직접투자가 임시직에 대한 고용에도 영향을 미치지 않는 것으로 분석되었다.

국내투자 역시 해외 직접투자에 영향을 받지 않는 것으로 분석되었다. 다만 제조업에 대한 OECD 회원국에 대한 투자(수평적 FDI)는 설비투자를 구축시키는 것으로 분석되었으나 그 효과는 크지 않은 것으로 분석되었다. 이는 해외생산이 증가하면서, 국내생산을 증가시키는 데 필요한 국내투자가 감소하기 때문으로 판단된다.

한편 한국의 해외 직접투자는 수출을 유의미하게 증가시키는 것으로 분석되었다. 이를 OECD 회원국과 비OECD 회원국으로 나누어 살펴본 결과 비OECD 회원국으로의 투자와 저기술 산업에 대한 투자가 수출 증가에 더 큰 영향을 미치는 것으로 분석되었다. 이는 수직적 FDI의 경우 중간재 수출이 증가하여 전체 수출이 증가한다는 기존 연구와 일치하는 결과이다.

따라서 일부에서 우려하는 한국의 해외 직접투자로 인한 부정적인 고용감소와 국내투자의 감소는 나타나지 않은 것으로 판단된다. 즉 고용과 국내투자 측면에서의 산업 공동화 현상은 나타나지 않은 것으로 보인다. 오히려 한국의 해외 직접투자로 인해 한국의 수출이 유의미하게 증가한 것으로 분석되어, 한국 기업이 글로벌 가치사슬을 효율적으로 활용하여 수출실적을 향상해 온 것으로 해석된다.

이와 같은 분석의 결과에 따라, 동남아 해외 직접투자가 한국 국내의 고용과 국내투자에 부정적인 영향을 미치지 않고, 오히려 한국 기업은 그동안 동남아 지역에서의 글로벌 가치사슬을 효율적으로 활용하여 수출실적을 향상해 왔기 때문에 보다 적극적으로 동남아 투자를 추진할 필요가 있다. 특히 미국과 중국 간의 양자 간 무역 분쟁이 미국 바이든 행정부 출범 이후에도 지속될 가능성이 커, 한국 기업은 대체시장의 발굴과 경제협력을 강화할 파트너 선정이 중요할 것으로 전망된다. 이에 따라 동남아 경제권과의 경제협력을 보다 강화하여 글로벌 가치사슬을 확대 강화할 필요가 있으며, 이러한 글로벌 가치사슬 확대 강화를 위해 동남아 해외투자를 적극적으로 추진할 필요가 있다.

그러나 앞서 분석한 바와 같이 동남아 국가는 외국인 직접투자를 유치하기 위해 다양한 투자 인센티브를 제공하고 있으나, 제도적, 비제도적인 측면에서 다양한 어려움과 우려되는 사항이 존재하는 것으로 판단된다. 그러므로 한국 기업은 동남아 해외투자를 지역 투자로 동일시하기보다는 개별 국가별로 특이한 사항을 확인하고 관련 정보를 공식적인 창구를 통해 획득하고 분석하여 투자 결정을 내릴 필요가 있다.

또한 앞서 논의된 바와 같이 2020년 11월 서명된 '역내 포괄적 경제동반자 협정(RCEP)'이 발효될 경우 한국 정부의 신남방정책과 더불어 동남아시아로의 해외투자가 더욱 증가하고 한국과의 경제협력이 더욱 강화될 가능성이 크다. 그러나 RCEP 발효로 인해 아세안 지역에서의 한중일 3국 간 경쟁이 오히려 더 가열화될 가능성 역시 배제하지 못한다. 아세안 경제가 발전하면서 아세안 시장의 중요성이 커지고 있고, 한중일 3국 모두 미-중 무역갈등으로 대체시장을 확보해야 하는 과제에 직면해 있기 때문이다. 따라서 한국 기업은 관세철폐의 효과에만 집중하는 단기적인 수출기회 확보보다는 중장기적인 시각으로 경쟁력을 높이려는 꾸준한 노력이 필요하다.

참고 문헌

국문 자료

강대창·박나리·유현석·김형종·이동윤(2011).《ASEAN의 의사결정 구조와 방식》. 대외경제정책연구원 전략지역 심층연구 11-06).

강성진·손상학(2009).〈해외 및 외국인 직접투자가 한국 기업투자에 미치는 영향〉,《국제경제연구》15(2).

강성진·이홍식(2010).〈한국의 해외 직접투자가 탈산업화에 미친 효과분석〉,《국제통상연구》15(1).

김주권(2018).〈해외 직접투자와 무역의 상관관계〉,《동서연구》30.

김준동(1994).《글로벌시대에서의 수출과 해외 직접투자》(대외경제정책연구원 정책자료 94-16).

김혁황·현혜정(2011).〈한국의 해외 직접투자가 수출입에 미치는 영향〉,《국제통상연구》16(3)

김현정(2008).〈해외 직접투자와 국내투자의 관계분석〉,《경제분석》14(1). 한국은행 금융경제연구원.

박가희·박순찬(2014).〈한국의 해외 직접투자가 수출다양도와 수출집약도에 미치는 영향 분석〉,《국제경제연구》20(2).

박순찬·조성택·이홍식(2017).〈글로벌 아웃소싱이 고용에 미치는 영향: 한국 제조업을 중심으로〉,《시장경제연구》46(2).

박승록(2005).〈대중국 해외투자의 국내고용 및 투자에 대한 효과분석〉(한국경제연구원 연구보고서 2005-20).

박원석(2005).〈말레이시아 외국인 투자법제에 관한 연구〉,《비교법학》제16권.

박현준(2003).〈국내기업 탈산업화 현황과 대응방안〉. 한국은행 금융경제연구원.

서경영·이한영(2002).〈해외 직접투자의 경제적 효과 분석〉,《한국은행 조사통계월보》10월호.

성장환·장인석(2010).〈지역개발 여건을 감안한 캄보디아 SEZ 개선방안〉,《아시아

연구》 제13권, 제1호.

신현열·오진석(2005). 〈제조업의 국외직접투자(Outward FDI)가 국내고용에 미친 영향〉,《한국은행 조사통계월보》 11월호.

이성봉 외(1998). 〈주요국의 외국인 투자 유치정책과 시사점: 영국, 싱가포르, 말레이시아〉. 대외경제정책연구원.

이시욱(2008). 〈해외 직접투자와 국내 설비투자간의 연관성 분석〉,《KDI 정책포럼》 제198호.

이행규·유정훈·반기일(2010). 〈라오스 및 캄보디아의 외국인 투자법제 연구〉(법제처 2010년 세계법제연구과제).

이홍식·이준형(2007). 〈An Empirical Assessment of a Tradeoff Between FDI and Exports〉(대외경제정책연구원 연구보고서, 2007).

임현준(2003). 〈국내기업 탈산업화 현황과 대응방안〉,《경제분석》 9(4).

전봉걸·이현진(2015). 〈국내기업의 해외 직접투자가 국내투자에 미치는 영향: 기업 난위 사료를 이용하여〉,《경세분식》 21(1). 한국은행 경제연구원.

전주성·왕승현(2015).〈한국의 해외 직접투자가 수출에 미치는 영향〉,《무역학회지》 40(4).

전현배·조장희·허정(2013). 〈한국의 수출과 FDI는 보완적인가?〉,《국제경제연구》 19(4).

정선인·민혁기(2018). 〈한-CLMV 무역·투자 협력 여건 분석 및 시사점: 베트남과 캄보디아를 중심으로〉(산업연구원 정책자료 2018-328).

조은래(2017). 〈캄보디아의 투자제도와 투자법제에 대한 고찰〉,《법학연구》 제28권 3호.

조혜신·Ploy Pagna·Hap Phalthy(2011). 〈한국과 캄보디아 외자 및 외국인 투자 관련 법제에 관한 연구〉,《법제교류연구》 11-18. 한국법제연구원.

최기호 외(2014). 〈외국인 투자지원을 위한 조세감면의 실효성 분석〉(국회예산정책처 연구용역보고서).

홍범교·기은선(2007). 〈주요국의 외국인 투자 조세지원제도〉. 한국조세연구원.

영문 자료

Arellano, M. and S. Bond (1991). 'Some tests of specification for panel data: Monte Carlo evidence and an application to employment equations', *The Review of Economic Studies* 58(2), pp. 277-297.

Arellano, M. and O. Bover (1995). 'Another Look at the Instrument Variable Estimation of Error-components Models'. *Journal of Econometrics* Vol. 68.

ASEAN (2019). ASEAN Key Figures 2019. ASEAN Secretariat.

ASEAN (2020). ASEAN Statistical Leaflet-2020. ASEAN Secretariat.

Blomström, M., G. Fors, and R. E. Lipsey(1997). 'Foreign direct investment and employment: home country experience in the United States and Sweden', *The Economic Journal* 107(445).

Blundell, R. and S. Bond(1998). 'Initial Conditions and Moment Restrictions in Dynamic Panel Data Models', *Journal of Econometrics* Vol. 87.

Becker, S. O., K. Ekholm, R. Jäckle, and M. A. Muendler(2005). 'Location choice and employment decisions: a comparison of German and Swedish multinationals', *Review of World Economics* 141(4).

Becker, S. O. and M. A. Muendler (2008). 'The effect of FDI on job security', *The BE Journal of Economic Analysis & Policy* 8(1).

Belderbos, R.(1992). 'Large Multinational Enterprises Based in a Small Economy: Effects on Domestic Investment', *Review of World Economics(Weltwirtschaftliches Archiv)* Vol. 128, No. 3.

Braunerhjelm, P. and L. Oxelheim(2000). 'Does Foreign Direct Investment Replace Home Country Investment?: The Effect of European Integration on the Location of Swedish Investment', *Journal of Common Market Studies* Vol. 38, No. 2. pp. 199-221.

Castellani, D. and B. G. Navaretti (2004). 'Investments abroad and performance at home: evidence from Italian multinationals', CEPR discussion papers.

Cheibub, J. A., J. Gandhi, and J. R. Vreeland(2010). 'Democracy and Dictatorship Revisited', *Public Choice* No. 143.

Chheun, Sokla(2020). 'From ASA to ASEAN: Challenges and Opportunities for the Five Founding Fathers (1961-1967)', *AVI Perspective* No. 03.

Clusing, K.(2000). 'Does Multilateral Activity Displaces Trade?', *Economic Inquiry* 39.

Council for the Development of Cambodia(2008). *Cambodia Investment Guide Book.*

Debaere, P., H. Lee, and J. Lee(2010). 'It matters where you go Outward foreign direct investment and multinational employment growth at home', *Journal of Development Economics* (91).

Desai, M. A., C. F. Foley, and J. R. Hines Jr.(2005). 'Foreign Direct Investment and the Domestic Capital Stock', NBER Working Paper. No. 11075.

Feldstein, M. S.(1995). 'The Effects of Outbound Foreign Direct Investment on the Domestic Capital Stock', in M. S. Feldstein, J. R. Hines, and R. G. Hubbard, eds., *The Effects of Taxation on Multinational Corporations.* Chicago, IL: Univ. of Chicago Press.

Lipsey, R. E. and M. Y. Weiss(1984). 'Foreign Production and Exports of Individual Firms', *The Review of Economics and Statistics* Vol. 66, No. 2.

Markusen, J. R. and K. E. Maskus(2001). 'General-Equilibrium Approaches to the Multinational Firm: A Review of Theory and Evidence', NBER Working Paper 8334.

Hanson, G. H., R. J. Mataloni Jr, and M. J. Slaughter(2005). 'Vertical production networks in multinational firms', *Review of Economics and statistics* 87(4).

Hejazi, W., and P. Pauly(2003). 'Motivations for FDI and Domestic Capital Formation,' *Journal of International Business Studies* Vol. 34, No. 3.

Helpman, E., M. Melitz, and S. Yeaple(2004). 'Export versus FDI with heterogeneous firms', *American Economic Review* 94(1).

Kawai, M.(1994). 'Interactions of Japan's Trade and Investment: A Special Emphasis on East Asia', *Institute of Social Science.* University of Tokyo Discussion Paper Series.

Konings, J. and A. Murphy(2006). 'Do Multinational Enterprises Relocate Employment to Low-Wage Regions? Evidence from European Multinationals', *Review of World Economics* vol. 142(2).

Riker, D. A. and S. L. Brainard(1997). 'US multinationals and competition from low wage countries', National Bureau of Economic Research.

Santos Silva, J. M. C. and S. Tenreyro(2006). 'The Log of Gravity', *Review of Economics and Statistics* Vol. 88(4).

Stevens, G. V. G. and R. E. Lipsey(1992). 'Interactions between Domestic and Foreign

Investment', *Journal of International Money and Finance* Vol. 11, No. 1.

Svensson, R.(1996). 'Effects of Overseas Production on Home Country Exports: Evidence Based on Swedish Multinationals', *Weltwirtschaftliclies Archiv* Vol. 132(2).

The Council for the Development of Cambodia (CDC). [http://www. cambodiainvestment. gov.kh/]

Tinbergen, J.(1962). Shaping the World Economy, The Twentieth Century Fund, New York.

Yamawaki, H.(1991). 'Exports, and Foreign Distributional Activities: Evidence on Japanese Firms in the United States', *The Review of Economics and Statistics* Vol. 73, No. 2.

Yoon, S. C.(2016). 'The Employment Effects of Offshoring: Evidence from Korean Manufacturing', *Journal of Korea Trade* 20(1).

인터넷 자료

말레이시아 자산운용협회(Federation of Investment Managers Malaysia: FIMM).(www.fimm. com.)

말레이시아 재무부(Ministry of Finance)(www.treasury.gov.)

말레이시아 투자청(Malaysian Investment Development Authority): https://www. mida.gov. my/home/

외교부. 캄보디아 개황.(file:///C:/Users/SAMSUNG-1/Downloads/2019.2.%20% EC%BA%84% EB%B3%B4%EB%94%94%EC%95%84%20%EA%B0% 9C%ED%99%A9.pdf)

외교부. 아세안협력과. '한눈에 보는 아세안 경제특구.'(외교부 정책보고서 2017).(http:// www. korea.kr/archive/expDocView.do?docId=37502)

ASEAN Briefing. 'Special Economic Zones in ASEAN: Opportunities for US Investors'(https://www.aseanbriefing.com/news/special-economic -zones-in-asean- opportunities-for-us-investors/)

ASEANSTAT.(http://aseanstats.org)

Deloitte(2019). '말레이시아 세무 및 투자 가이드-2019'.(https://www2.deloitte. com/content/ dam/Deloitte/my/Documents/tax/my-tax-guide-to-taxation-investment-in-malaysia-2019-kr.pdf;

MIDA (2017), '2016 Malaysia Investment Performance Report' http://www.mida.gov.

my/home/ administrator/system_files/modules/photo/uploads/20170414162927_ MIDAFINAL%20MIPR2016%2022032017.pdf

Ministry of Commerce (January 2014), 'Cambodia's Diagnostic Trade Integration Strategy and Trade SWAp Roadmap 2014-2018', http://www.moc.gov.kh/tradeswap/userfiles/file/uploadedfiles/Gallery/Cambodia's%20DTIS%20Executive%20Summary%20 2014-2018%20-%20EN5_19_2014_15_18_31.pdf.

OECD (2018), OECD Investment Policy Reviews: Cambodia 2018, OECD Investment Policy Reviews, OECD Publishing, Paris https://www.oecd.org/investment/ oecd-investment-policy-reviews-cambodia-9789264309074-en.htm

UNCTAD web page. https://investmentpolicy.unctad.org/ international- investment agreements/ countries/127/malaysia

United States Department of State. '2020 Investment Climate Statement: Cambodia', https://www.state.gov/reports/2020-investment-climate-statements/ cambodia/

The Council for the Development of Cambodia (CDC), http://www.cambodiainvestment.gov.kh/

World Bank (2017), 'Doing Business 2017–Malaysia.' http://www.doingbusiness.org/ -/media/wbg/doingbusiness/documents/profiles/ country/ mys.pdf

World Economic Forum (2017), 'The Global Competitiveness Report 2016-2017.' http://www3.weforum.org/docs/GCR2016-2017/05FullReport/TheGlobalCompetitiveness Report2016-2017_FINAL.pdf

World Trade Organization (May 2018). 'Trade Policy Review Reported By the Secretariat -Malaysia.' WT/TPR/S/366/Rev.1. https://docs.wto.org/dol2fe/Pages/ SS/directdoc.aspx?filename=q:/ WT/TPR/S366R1.pdf&Open=True

World Trade Organization (May 2018). 'Trade Policy Review Reported By the Secretariat -Malaysia.' https://docs.wto.org/dol2fe/Pages/SS/directdoc.aspx? filename=q:/WT/TPR/S364R2.pdf&Open=True

동남아 투자의 명암

동남아 주요국의 외국인 투자제도와
한국의 대동남아 투자 효과 분석

초판 발행 1쇄 2022년 12월 26일

지은이 강문성·이홍식·송백훈·김한성
윤혜령·김남효·변상필
펴낸곳 고려대학교출판문화원
www.kupress.com
kupress@korea.ac.kr
(02841) 서울특별시 성북구 안암로 145
Tel 02-3290-4230, 4232
Fax 02-923-6311
찍은곳 네오프린텍(주)

ISBN 979-11-91161-95-3 93320

값 18,000원